Jürgen Ebach

Vielfalt ohne Beliebigkeit

Theologische Reden
Band 5

Die Deutsche Bibliothek — CIP-Einheitsaufnahme
Ebach, Jürgen:
Theologische Reden / Jürgen Ebach. - Bochum : SWI-Verl.
Bd. 5. Vielfalt ohne Beliebigkeit. - 2002
ISBN 3-925895-76-0

© 2002 SWI Verlag, Bochum
Selbstverlag des Sozialwissenschaftlichen Instituts
der Evangelischen Kirche in Deutschland
Postfach 25 05 63, 44743 Bochum
Umschlagentwurf und -gestaltung: Ulf Claußen (SWI)
Titelbild: „Le Beau Monde (1962)" von René Magritte
© by VG Bild-Kunst, Bonn 2001
Satz, Layout: Angelika Dräger, SWI-Verlag
Herstellung: Books on Demand GmbH
Alle Rechte vorbehalten
Printed in Germany
ISBN 3-925895-76-0

Inhalt

Vorwort 7

Messianismus und Utopie 12

Die Utopie hat einen Ort 34

„Gerechtigkeit und Frieden küssen sich" oder:
Gerechtigkeit und Frieden kämpfen" 57

Gemeinschaft in Verschiedenheit 70

Frauen bleiben im Rahmen, Frauen fallen aus dem Rahmen 94

Das Buch Exodus und die Frauen 116

Mutmaßungen über die Menschlichkeit Gottes 133

Ruach – Wind, Atem, Gotteskraft, Geist(in) 153

Erinnerungen an Hiob. Dulder oder Rebell? 171

Leben in der Zeit 192

Mobilität 211

Vom Werden eines (Heiligen) Buches 230

Das erwählte Volk und die Völker 249

Vorwort

Nach den bisher vorliegenden vier Bänden „Theologischer Reden" des Verfassers erscheint mit diesem Buch eine fünfte Folge von Vorträgen unterschiedlicher Themen, Texte und Kontexte. Mein herzlicher Dank gilt den MitarbeiterInnen des SWI-Verlags, besonders Frau Angelika Dräger und Herrn Dr. Hartmut Przybylski. Besonders danke ich ein weiteres Mal Holger Domas, der mir bei der Auswahl und Durchsicht der Texte mit Rat und Tat kritisch und einfühlend geholfen hat.

Der Band enthält neben wenigen etwas älteren Texten (aus den Jahren 1995-97) in der Hauptsache Reden aus den beiden vergangenen Jahren. Alle hier versammelten Reden haben die Auslegung und Lektüre biblischer Texte zur Grundlage. Darunter sind drei Bibelarbeiten des Deutschen Evangelischen Kirchentags 1999 in Stuttgart sowie Vorträge in den Evangelischen Akademien in Iserlohn, Meissen und Hamburg, in der Philosophisch-Theologischen Arbeitsgemeinschaft des Dominikanerklosters in Walberberg, beim Evangelisch-Sozialen Kongress in Wolfsburg sowie Gemeindevorträge. Der Text über Psalm 85 wurde zuerst in der Universität Frankfurt vorgetragen; er ist in der Festschrift für Willy Schottroff erschienen. Hebräische und griechische Wörter sind in der hier vorgelegten Druckfassung der Reden in einer stark vereinfachten Umschrift wiedergegeben. Das hat einerseits technische Gründe und wird andererseits den Nichtfachleuten das Lesen erleichtern, während die in den jeweiligen Sprachen Bewanderten die bezeichneten Wörter leicht erkennen werden.

Der überwiegende Teil der Reden erscheint hier zum ersten Mal im Druck. Dabei ist (wie in den bisher vorliegenden Folgen) der Stil der mündlichen Rede(n) beibehalten. Daß es wiederum zu gelegentlichen Überschneidungen kommt, indem ein Aspekt, der in einer Rede ein Nebenthema darstellt, in einer anderen im Zentrum steht, mögen die Leserinnen und Leser verzeihen. In einer Monographie würde man solche Wiederholungen beseitigen – in einer Redensammlung mögen sie als Momente der Vernetzung wahrgenommen werden, zumal das gleiche in je unterschiedlichem Kontext nicht dasselbe ist.

Damit ist in gewisser Weise bereits der Titel dieser fünften Folge Theologischer Reden im Blick. Vielfalt ohne Beliebigkeit – das läßt sich (natürlich) auf vielfache Weise verstehen. Eine Lesart bezieht sich auf die vielfältigen Themen und Texte, die hier zusammen kommen. Daß diese Vielfalt in den Augen der Leserinnen und Leser keine Beliebigkeit darstellt, kann sich der Autor nur wünschen. Vor allem aber bezieht sich der Titel auf eine Weise der Bibellektüre selbst. Daß in der wissenschaftlichen Auslegung biblischer Texte der *eine*, der *wirklich gemeinte* Sinn des Textes ermittelt werden könnte, dürfte mindestens eine Überschätzung der Möglichkeiten der Exegese sein. Doch etwas anderes ist mir noch wichtiger: Daß es nämlich den *einen wirklich gemeinten* Sinn des Textes gebe, könnte bereits eine Erwartung sein, die gegenüber der Sinnfülle biblischer Texte eine Verarmung darstellt. Erst in der Vielfalt der Lektüremöglichkeiten entfaltet sich der Reichtum der Texte und ihrer Tradition und Rezeption.

Es gibt Bibeltexte, die erst in der Wahrnehmung ihrer strikt widersprüchlichen Verstehensmöglichkeiten ihre scharfen Konturen zeigen. So ist es in Psalm 85, in dessen 11. Vers sowohl gelesen werden kann, daß Frieden und Gerechtigkeit sich *küssen*, als auch, daß Frieden und Gerechtigkeit miteinander *kämpfen*. (Dies ist neben der fortdauernden Aktualität des Gerechtigkeitsthemas der Hauptgrund dafür, daß der Beitrag zu diesem Vers und seiner Lektüregeschichte hier noch einmal abgedruckt ist.) Nicht immer konzentriert sich die Vielfalt der Verstehensmöglichkeiten auf einen einzelnen biblischen Text oder gar einen einzigen Vers. Aber es gibt kaum ein Wort der Bibel, das nicht einem anderen biblischen Wort ins Wort zu fallen vermag, ihm einen anderen, ergänzenden oder auch widersprechenden Aspekt hinzufügt. Beispiele dafür finden sich unter anderem in den „Mutmaßungen über die Menschlichkeit Gottes". Daß Gott kein Mann sei, schärfen mehrere Worte des Alten Testaments ein. Worin aber die entscheidende Differenz zwischen Gott und einem Mann liege – das wird in diesen Worten mit ganz gegensätzlichen, ja einander widersprechenden Gründen erklärt. Auch deshalb kann es, was Theologie im engsten Sinne betrifft, nämlich das Reden von Gott selbst, nur um „Mutmaßungen" gehen, wobei in diesem Wort die mitklingenden Worte „Mut", „Maß" und „Anmaßung" allesamt mit zu hören sind. Erst in der Wahrnehmung solcher Vielfalt und solcher Widersprüche wird die Bibel als kanonische Schrift *wahr* genommen. Denn ihre Wahrheit besteht nicht in einer logischen Widerspruchsfreiheit, sondern im Aufdecken eben der Vielfalt und der

Widersprüchlichkeit, die das Leben selbst kennzeichnen. Daher ist die Bibel zwar auch „Heilige Schrift", ihrem eigenen Wahrheitsanspruch gemäß aber ist sie zuerst und vor allem ein „kanonisches Buch", das heißt ein Buch, dessen Wahrheit nicht im bloßen Zitieren und Rezitieren aufgeht, sondern erst in der Auslegung, in der es immer auch darum geht, Texte mit Texten ins Gespräch zu bringen und je heute nach der Gültigkeit zu fragen.

Zugespitzt formuliere ich versuchsweise: Auf die Frage, *wann* eine verbindliche, Glauben und Leben normierende Schrift wahr sei, lautet die Antwort bei einem „Heiligen Buch": *immer*, bei einem „kanonischen Buch": *heute!*

Nun aber hängt alles daran, daß die Vielfalt nicht zur Beliebigkeit wird. Es geht nicht (jedenfalls nicht vor allem) darum, daß man über eine Sache so oder so urteilen kann, daß man bald diese, bald jene Meinung vertreten kann. Es geht zuletzt um die Fragen, in denen man um der Sache selbst so *und* so urteilen muß, will man nicht die in der Sache selbst liegende Dialektik unterschreiten. Das kleine Wort „und" kann sich als eines der vertracktesten (und womöglich ein in hohem Maße „theologisches" Wort) erweisen. Und so ist die entscheidende Frage oft nicht die, *ob* etwas wahr oder falsch *ist*, sondern wann und unter welchen Umständen etwas wahr oder falsch *werden kann*. Über das Buch Kohelet (das Buch des Predigers Salomo) urteilte Luther, es komme daher „wie auf Socken", es habe „weder Stiefel noch Sporen" – was hier nicht etwa meint, daß es so friedlich sei, sondern daß es so seicht, so leisetreterisch sei. Für ihn war das Buch Kohelet eines, das gleichsam auf Filzpantoffeln daher kommt, das keinen Biß hat – so Luther: – „gleichwie ich, als ich noch ein Mönch im Kloster war". Das selbe alttestamentliche Buch aber konnte gut zwei Jahrhunderte später als ein so gefährliches, staatszersetzendes Buch angesehen werden, daß man es, genauer: seine Übersetzung durch Voltaire im Jahre 1759 vor der Sorbonne in Paris verbrannte. Welches Urteil ist „richtig"? Nicht das ist die entscheidende Frage, sondern: Was ist das für ein Buch, daß so *und* so gelesen werden konnte (und kann)? Der Beitrag zu Prediger 3 in diesem Redenband kann zeigen, daß das Leitwort dieses Kapitels auch für seine Lektüre gilt: Alles hat seine Zeit – und es ist nicht zuletzt die Signatur der jeweiligen Zeit, die dem Text Konturen gibt. Das gilt in je spezifischer Weise für die Messiaserwartung und ihre Verknüpfung mit dem Utopiethema (diesem Aspekt gelten die beiden ersten Reden des Bandes), das gilt aber auch für die Lektüre des Hiobbuches und allemal für die Frage nach dem Recht und der Grenze einer „christlichen" Lektüre des Alten Testaments, der hebräischen Bibel, deren erste und bleibend erste AdressatInnen Jüdinnen und Juden sind. Gerade bei diesem letztgenannten Thema wird auch eine Grenze der Vielfalt erkennbar. Es gibt Auslegungen biblischer Texte, die in ihren realen Wirkungen böse waren und sind. Nicht etwa, daß Christinnen und Christen nach einer Auslegung des Alten Testaments im Gesamtzusammenhang der ganzen christlichen Bibel fragen, ist dabei ins Unrecht zu setzen. Zum Unrecht wird aber eine christliche Aneignung des „Alten Testaments", die Jüdinnen und Juden enteignet, sie (bewußt oder verdeckt) des Nichtverstehens ihrer eigenen „Schrift" bezichtigt und die christliche Auslegung als die einzig richtige ausgibt. Und eben darum wird bei diesem Thema sowohl die Grenze der Vielfalt wie wiederum deren Notwendigkeit erkennbar. In diesem Band ist das Thema mit einem Gemeindevortrag in den Blick genommen. Ich hoffe, es bald an anderer Stelle im Blick auf die Grundlegung einer „Theologie des Alten Testaments im Angesicht Israels" weiter ausführen zu können.

Vielfalt ohne Beliebigkeit – das ist nicht zuletzt ein Aspekt der Bedeutungsfelder einzelner biblischer Wörter. Dem geht der Beitrag über das hebräische Wort *ruach* nach, welches Wind, Atem, Energie, Lebenskraft. Geist, Geistkraft (Gottes) bedeutet. Dabei hat dieses Wort nicht nach der Art unserer „Teekesselchen" eben ganz unterschiedliche Bedeutungen, vielmehr kommt in dem einen Wort die Bedeutungsvielfalt und die Verknüpfungen der gemeinten Sache selbst zur Sprache und in Sprache. Geht es in den Suchbewegungen dieses Beitrags um die Auslotung eines Wortes der hebräischen Bibel selbst, so ist es (in umgekehrter Richtung) bei der Rede über „Mobilität" darum zu tun, ein gegenwärtig gebrauchtes Wort dadurch zu problematisieren und zu konturieren, daß es mit biblischen Worten und Geschichten ins Gespräch gebracht wird. Die biblische Erinnerung wird kaum dazu verhelfen, auf die gegenwärtig gestellten Fragen die richtigen Antworten zu geben. Aber sie kann womöglich dazu verhelfen, auf die gegenwärtig gegebenen Antworten die richtigen Fragen zu stellen. Fertige, gar gültige Antworten zu geben, ist nicht nur in diesem Beitrag, sondern in allen hier versammelten „Theologischen Reden" nicht das Ziel. Wenn die Leserinnen und Leser bei dem einen oder anderen Beitrag den Eindruck gewinnen, sie könnten damit etwas *anfangen* (das Wort „anfangen" hat ersichtlich vielfältige, aber keine beliebigen Bedeutungen), dann ist mein Ziel erreicht.

Etwas ungelöst zu lassen, zu keinem eindeutigen Ergebnis zu kommen, kann Ausweis dessen sein, daß man noch nicht gründlich genug nachgedacht hat. Aber es kann auch das Ergebnis des genaueren Nachdenkens sein. Ob die Leserinnen und Leser eher davon enttäuscht sind, daß in den Beiträgen dieses Redenbandes so wenige eindeutige Antworten stehen und am Ende oft so vieles offen bleibt, oder ob sie sich dadurch eher zum eigenen Weiterfragen ermutigt fühlen? Marcel Reich-Ranicki beendet das „Literarische Quartett", die bemerkenswerte Diskussionsreihe über Literatur im ZDF, seit vielen Jahren geradezu rituell mit einem Teilzitat aus dem Epilog von Brechts Stück „Der gute Mensch von Sezuan". Dort heißt es: *Wir stehen selbst enttäuscht und sehn betroffen/ Den Vorhang zu und alle Fragen offen.*

Ich empfehle auch bei Brechts Schrift, das zu tun, was bei „der Schrift", der Bibel, bei ungelösten und womöglich auch unlösbaren Fragen ratsam ist, nämlich *weiter* zu lesen. In Brechts Epilog stehen wenige Zeilen danach die Worte:
Der einzige Ausweg wär aus diesem Ungemach
Sie selber dächten auf der Stelle nach ...

Bochum, Oktober 2001   *Jürgen Ebach*

Messianismus und Utopie*

I.

*„Rebbe – !" schreit ein Wiczlowiczer
und stürmt zum Wiczlowiczer
Rabbi ins Haus, „Rebbe: gestern ist
der Messias erschienen!" –
„Dann", sagt der Wiczlowiczer
Rabbi, klappt den Tamudfolianten
zu, hockt sich vor den Herd hin,
holt eine Handvoll Asche heraus
und bestreut sich das Haupthaar
und Käppchen mit ihr, „dann ist
heute die Hoffnung gestorben!"*
(W. Schnurre, Der Schattenfotograf, 107)

Vielleicht ist das vorangestellte Motto aus *Wolfdietrich Schnurres* wunderbarem Buch „Der Schattenfotograf" besonders geeignet, die dramatische Zwiespältigkeit des Themas „Messianismus und Utopie" blitzlichtartig (*Walter Benjamin* würde vermutlich schreiben: „choc-haft") zu beleuchten. Es wirft ein Licht auch auf einen Zusammenhang der beiden Titelstichworte. Denn gemeinsam ist Messianismus und Utopie, daß die größte ihnen drohende Gefahr ihre vorgebliche (und womöglich noch ihre tatsächliche) Realisierung sein kann.

Das ist die eine Seite der Gefahr, die sich mit Messianismus und Utopie verbindet (die anscheinend oder scheinbar fernere, weshalb ich mit ihr einsetzen wollte). Die andere (die häufiger wahrgenommene) Seite ist die Gefahr der Illusion, die sich mit der Messiaserwartung verbindet und die die Utopie so tangiert, daß im Alltagssprachgebrauch die Worte „utopisch" und „illusionär" geradezu identifiziert werden.

---

* *Vortrag anläßlich einer Tagung des Studienkreises Kirche und Israel, die vom 22.-24. Februar 1999 in Iserlohn stattfand. Eine erweiterte und mit Anmerkungen versehene Fassung dieses Vortrags ist erschienen in KuI 15 (2000).*

Es gibt womöglich Remedien gegen diese Gefahren; eine Immunisierung gibt es gegen beide nicht. Zu beherzigen ist hier – in Umkehr einer zur Sentenz gewordenen Formulierung aus Sirach 3,27 -: „Wer sich *nicht* in Gefahr begibt, kommt darin um" – und ebenso *Friedrich von Logaus* Sinnspruch „In Gefahr und großer Noth/ bringt der Mittel-Weg den Tod" (Sinngedichte, Zugabe Nr. 89, S. 421).

Deshalb ist gegen alle Versuche der Entschärfung bis Stillstellung der messianischen Erwartung und des utopischen Denkens an deren Notwendigkeit, ihrer (buchstäblich zu lesen:) Not-*wendigkeit* festzuhalten.

II.

Die Erwartung gilt dem Kommenden,
die Hoffnung dem Ausbleibenden
(*Elazar Benyoëtz,* Treffpunkt Scheideweg, 60)

„*Nur wenn, was ist, sich ändern läßt, ist das, was ist, nicht alles*", formuliert Theodor W. Adorno in der „Negativen Dialektik" (S. 391). Dieser Satz soll zum Leitfaden werden für den Weg der Erfassung von Messianismus und Utopie. Auch er läßt sich umkehren: Nur wenn, was ist, nicht alles ist, läßt das, was ist, sich ändern.

Beide Fassungen halten fest an der Differenz zwischen Realität und Totalität, indem sie dem, was ist, bestreiten, *nun einmal* so zu sein, das einzig Mögliche zu sein. Wenn das, was ist, alles ist, wird die permanente Gegenwart zur einzigen Zeit – und mit ihr werden die gegenwärtigen Herrschaftsverhältnisse verewigt. Es geht immer so weiter. Deshalb hatten und haben die je Herrschenden das Interesse, das utopische Denken (und mit ihm die verschiedenen Formen des Messianismus von der Antike bis in die Gegenwart) unter Kuratel zu stellen, indem sie Vergangenheit und Zukunft als Differenzräume und -zeiten auszulöschen trachte(te)n.

Ein prägnantes literarisches Beispiel für diese Strategie findet sich in der Utopie, die in kritischer Verkehrung die Gattungsgeschichte der Utopien formal weiterschreibt und in der Sache konterkariert, nämlich in *George Orwells* „1984". Orwell beschreibt dort unter anderem die Aufgabe der „Historiker". In Orwells Staat (dem einen von drei noch existierenden Superstaaten) haben die Historiker die Aufgabe, die alten Archive jeweils auf den neuesten Stand zu bringen, sie nämlich so umzuschreiben, daß immer galt, was jetzt gelten soll. Hatte zum Beispiel DER GROSSE BRUDER vor zehn Jahren in einer Rede erklärt, man lebe mit dem Staat A im Frieden und mit B im Krieg, und hatte er nun in einer Rede erklärt, man lebe mit B im Frieden und mit A im Krieg, so hatten die Historiker dafür zu sorgen, daß er bereits vor zehn Jahren dasselbe gesagt hatte. Was jetzt herrscht, soll stets geherrscht haben und ewig herrschen. Eben das bringt der Leitsatz des „Wahrheitsministeriums" zum Ausdruck, dessen Angestellte die „Historiker" sind. Er lautet:

„Wer die Vergangenheit beherrscht, beherrscht die Zukunft.
Wer die Gegenwart beherrscht, beherrscht die Vergangenheit."

Gegen diesen (so ein Filmtitel von *Alexander Kluge*) „Angriff der Gegenwart auf die übrige Zeit" hält, was die Vergangenheit angeht, die Erinnerung, das Gedenken und *Eingedenken*, und was die Zukunft betrifft, die *Utopie* daran fest, daß das, was ist, nicht alles ist. Es geht um das Festhalten an der Differenz zwischen dem, was ist, und dem, was war, sein kann und sein wird, und damit auch um die Differenz zwischen Anspruch und Realität. Eben diese Differenz-Wahrnehmung ist der historische Ursprung der messianischen Hoffnung.

Ich möchte das in wenigen Strichen nachzeichnen. Der Messias (*hammaschiach*, der Gesalbte) ist zunächst der regierende König, der Davidide in Jerusalem. Psalm 2 etwa ist ein Zeugnis dieser – vielleicht darf man sagen: – „präsentischen Messianologie". Der König ist der Messias Adonajs (*meschicho*, sein Gesalbter), mehr noch: er ist sein Sohn (V. 7b): *ani hajjom jelidtika* – ich bin es, der ich dich heute gezeugt [geboren] habe). Mit dem Messiastitel, allgemeiner mit dem Königtum, verbindet sich ein hoher Anspruch: Der König sorgt für Recht und Gerechtigkeit, seine Herrschaft realisiert sich im Sieg über die Feinde und in Wohlfahrt und Glück für sein Volk.

Aber entspricht diese – im Hofstil der altorientalischen Königsideologie gehaltene – Stilisierung einer realen Erwartung, und hat die Erwartung einen Anhalt an der Wirklichkeit? Wie verhalten sich Ideal und Realität zueinander?

Die Frage nach dem Wirklichkeitsstatus solcher messianischer Texte läßt sich recht anschaulich am Beispiel von Psalm 72 entfalten. Man kann die den Psalm durchziehenden Verbformen, die das Tun des Königs bezeichnen (das Volk mit Gerechtigkeit richten *jadin*, den Armen Recht schaffen *jischpot*, ihnen helfen *joschia* u.v.m.), präsentisch verstehen: Ein guter, ein wirklicher König tut das, er tut es jetzt, während seiner Regierungszeit. Man kann die Verben aber auch als Futur, Jussiv oder Optativ wiedergeben (wie in der Lutherbibel), ein guter König werde, solle, möge das tun. Dabei wiederum kann man die Realisierungszeit sehr unterschiedlich verstehen. Die Bandbreite reicht vom „jetzt" und „bald" über das „dereinst" bis zum „dermaleinst" und schließlich zum „nicht in dieser Welt". In der überlieferten Fassung von Ps 72 gelten Erwartung und Hoffnung nicht dem regierenden König, sondern dem Königssohn (*bän-mäläk*), der Psalm schließt den Davidpsalter ab und ist David zugeschrieben, der ihn gesprochen hat: *lischlomo* (V.1a) – was man an dieser Stelle verstehen wird als „für Salomo".

Erwartung und Hoffnung sind nicht dasselbe (mit dem als Motto dieses Abschnitts zitierten Satz von *E. Benyoëtz*). Indem und je mehr die Erwartung enttäuscht wird, mutiert sie zur Hoffnung. Die Differenz zwischen Ideal und Wirklichkeit, Anspruch und Realität erzeugt Erwartung und Hoffnung in zweifacher Richtung. Dabei zeigt sich die bereits angesprochene Komplementarität von Hoffnung und Erinnerung.

Da ist in der *einen* Richtung das Festhalten am Anspruch in der Form seiner Prolongation in die Zukunft. Was der je regierende Herrscher nicht erfüllt, wird von einem kommenden messianischen Herrscher erwartet. Dieser kommende knüpft an an die bisherige Geschichte *und* bricht mit ihr.

So setzt das Bild vom Seitenzweig aus der „*Wurzel Jesse*" (Jes 11) den abgehauenen Stammbaum der David-Dynastie sachlich und in der Abfolge der Texte (10,33f.!) voraus und knüpft in der Rede von der Wurzel *Jesse* zugleich an die Familie Isais an, das heißt geht eine Generation hinter den *König* David zurück. Ganz ähnlich verfährt Micha 5 in der Erwartung des künftigen Herrschers aus *Bethlehem*, das heißt nicht aus Jerusalem und doch in Anknüpfung an den Ursprung der Davididen. So ist es vielleicht auch in Jer 23,5f. Dort wird für David ein zukünftiger gerechter Sproß (*zämach zaddik*) angekündigt, der Recht und Gerechtigkeit üben wird, denn im Namen dieses kommenden Davididen – *jhwh zidkenu* (Adonaj ist *unsere* Gerechtigkeit) – kann man eine gezielte Opposition hören gegenüber dem Namen des regierenden Davididen mit dem Namen Zedekia (*zidki jahu* [*meine* Gerechtigkeit ist Adonaj]). Die erhoffte Erfüllung ist zugleich der erwartete Abbruch.

Und dann gibt es die *andere* Richtung, in der die zukünftige Erwartung einer idealisierten Vergangenheit entspringt. Kommen soll einer wie David, wiederkommen wird David selbst. Es dürften die realen Erfahrungen mit den realen Königen gewesen sein (bei Salomo angefangen), die bald zu einer Idealisierung Davids führten.

Beide Linien erscheinen in den entsprechenden Texten in enger Verknüpfung. Was einmal anders war – und wenn es nur anders hätte sein können –, kann und wird auch zukünftig wieder anders werden. Idealisierte Erinnerung und utopische Hoffnung nehmen miteinander die Gegenwart in die Zange und bestreiten ihr gemeinsam, daß das, was ist, alles ist. In dieser Grundstruktur gehen die Entstehung der messianischen Hoffnung und die Ausbildung der Gattung „Utopie" parallel.

Diese Umklammerung der sogenannten Realität durch (wenn ich ein Selbstzitat gebrauchen darf:) *„erinnerte Zukunft und erhoffte Vergangenheit"* zeigt sich in der Hebräischen Bibel noch grundsätzlicher, nämlich in der Relation zwischen Schöpfung und Eschatologie.

Als Beispiel möge wieder Jes 11 dienen. Im Motiv des „Tierfriedens" (V.6-8 – „da wird der Wolf als Gast und Schutzbürger wohnen beim Lamm, und der Leopard wird beim Böcklein lagern ..." – der gewaltigen Utopie vom Frieden in und mit der Natur bis hin zum Frieden [und Frieden Schließen] zwischen Kind und Giftschlange) kehrt als Verheißung wieder, was nach Gen 1 einmal war (V.29ff., die Nahrungszuweisung an Mensch und Tier mit der Wirklichkeit eines Lebens [und einer menschlichen Herrschaft] ohne Blutvergießen. Weder töten Menschen Tiere, noch töten Tiere Menschen noch Menschen und Tiere einander. *Herbert Marcuse* hält realmetaphorisch an dieser Utopie fest, wenn er von einer kommenden Zeit spricht, in der die großen Fische die kleinen nicht mehr fressen ...). Aber man kann (historisch-exegetisch und sachlich) die Relation von Erinnerung und Hoffnung auch umgekehrt sehen. Denn der – buchstäblich: vorsintflutliche – Vegetarismus von Mensch und Tier als Wirklichkeit der Schöpfung ist verstehbar als rückwärtsgewandte Prophetie: Was einmal sein soll und sein wird, soll und wird einmal gewesen sein. Es ist diese Relation von Vergangenheit und Zukunft, die im Hebräischen in der doppelten Zeitrichtung des Wortes *olam* und im Deutschen in der gleichermaßen doppelten Bedeutung des Wortes „einst" gerinnt. In diesem Sinne ist der Verfasser von Gen 1 *Historiker*, gerade nicht Historiker vom Schlage derer von „1984", auch nicht Historiker als Konstrukteur einer Universalgeschichte (was – *vor* dem Jüngsten Tage – mit Benjamin zu sprechen allemal „eine Sache der Dunkelmänner" [Passagen-Werk, 608] und „immer nur eine Sorte von Esperanto" [GS I/3, 1240] sein kann), vielmehr Historiker im Lichte des Aphorismus von *Friedrich Schlegel* „Der Historiker ist ein rückwärts gekehrter Prophet" (Athenäum-Fragment 80). Vielleicht darf ich eine bereits vor Schlegels Satz formulierte Notiz von Novalis hinzufügen: „Ächt historischer Sinn ist der prophetische" (Physikalische und mathematische Bemerkungen, Nr. 255, S.794). Und in eben diesem Sinne heißt es bei Benjamin: „Der echte Begriff der Universalgeschichte ist ein messianischer" (GS V/1, S.608).

In der womöglich letzten Zuspitzung der Differenzwahrnehmung, der Messianismus und Utopie sich verdanken, hat die Hoffnung keinerlei Anhalt mehr an Möglichkeiten der Verbesserung, sondern einzig daran, daß es schlimmer nicht werden kann. Es ist die strikte Negativität, an die sich die Möglichkeit des Umschlagens einzig noch halten kann. In dieser Hinsicht gibt es eine Verbindungslinie zwischen der talmudischen (bSanh 98b) Anknüpfung der Messiaserwartung an *Echa* (Threni) 1,16 (*ki-rachak mimmäni menachem* – ja, fern von mir ist ein Tröster), mit der sich zusammen mit dem Motiv von „Menachem" als Name des Messias die Erwartung (oder Hoffnung?) verbindet, daß die Stunde der größten Not (die Stunde der Zerstörung des Tempels) die Geburtsstunde des Messias sei (vgl. *jBer 2,4f.*), und dem Schlußaphorismus der „Minima Moralia" Adornos, wo es heißt, daß „die vollendete Negativität, einmal ganz ins Auge gefaßt, zur Spiegelschrift ihres Gegenteils zusammenschießt" (S.283 – der ganze „Zum Ende" überschriebene Text ist für unser Thema von größter Bedeutung).

III.

„Sie müssen schon entschuldigen,
aber in einer Welt kann ich nicht leben."
(Jacob Taubes – mitgeteilt in dem von
A. und J. Assmann verfaßten Vorwort
zu *J. Taubes,* Vom Kult zur Kultur, 12)

Von den Gefahren, die sich mit Messianismus und Utopie verbinden, war bereits die Rede. Eine ist, daß Hoffnung in Eskapismus umschlägt, das Festhalten an der Möglichkeit der Weltveränderung in Weltflucht, daß der Trost zur falschen Vertröstung wird und die Utopie zur Illusion und daß der Traum von Ende der Gewalt nicht selten zu noch größerer Gewalt (erlittener und auch ausgeübter Gewalt) führt. Es geht dabei allemal um einen schmalen Grat, der das eine vom anderen trennt und auf dem zu wandern nicht nur beschwerlich, sondern auch gefährlich ist. Schauen wir uns unter diesem Aspekt eine chassidische messianische Geschichte genauer an, eine vom Rabbi Levi Jizchak von Berditschew:

„Als man den Hochzeitskontrakt für den Sohn des Rabbis aufsetzte, schrieb man, wie es Brauch ist, hinein, die Hochzeit werde an dem und dem Tag in Berditschew sein. Da zerriß der Berditschewer wütend den Kontrakt und rief: ‚Wieso in Berditschew? Schreibt: Die Hochzeit wird an dem und dem Tag in Jerusalem sein. Nur für den Fall, daß der Messias an diesem Tag noch nicht gekommen ist, wird die Hochzeit in Berditschew sein.'" (zitiert nach *Elie Wiesel,* Chassidische Feier, 107)

In der *Realität* fand jene Hochzeit (wenn sie statt fand) in Berditschew statt, denn der Messias war nicht gekommen. Aber ist diese Realität die ganze Wirklichkeit? Auch der Rabbi wird um diese Realität gewußt haben. Aber seine Haltung kehrt, ohne die Realität preiszugeben, Realität und Erwartung um. Das Erwartete wird zu dem Fall, von dem man ausgehen muß, die sogenannte Realität behält ihren Platz ganz am Rande des gerade noch für möglich Erachteten. Es mag sein, daß uns diese extreme Erwartungshaltung nicht nur fremd, sondern auch gefährlich anmutet. Gefährlich ist sie auch, wie es stets gefährlich ist, die sogenannte Realität zu entwichtigen. Aber ist nicht auch die frühe christliche Apokalyptik durch eine solche Erwartung des Messias gekennzeichnet? Und deshalb wendet sich die Frage kritisch an uns Christinnen und Christen selbst. Wie ernst meinen wir es denn, wenn wir den frühchristlichen Ruf „Maranatha" (Komm, unser Herr!) aus 1.Kor 16 beziehungsweise der griechischen Übersetzung „*erchou kyrie Iesou*" (Komm, Herr Jesus!) aus Apk 22 in unseren Gebeten sprechen? Mir scheint es nicht untypisch für die bürgerliche Frömmigkeit, daß die vermutlich häufigste Form die des Mittagsgebets ist: „Komm, Herr Jesus, sei du unser Gast!". Es ist verräterisch, daß hier für Jesus der Gaststatus reklamiert wird. Von einem Gast nehmen wir ja an, daß er irgendwann einmal wieder geht ...

Da gibt es einen etwas tückischen Witz (den, wie ich hörte, der französische Philosoph *Jacques Derrida* gern erzählt). Da geht der Heilige Vater abends nach getaner Arbeit ganz allein in den Vatikanischen Gärten spazieren. Ihm begegnet ein Mann. Ist es der Gärtner? Nein, der Papst erkennt rasch, daß es sich um Jesus handelt. Man muß sich nicht miteinander bekannt machen; das Gespräch nimmt rasch einen vertrauten Ton an. Nach einer Weile fragt Jesus den Heiligen Vater: „Hast du noch eine Frage an mich?" „Ja", erwidert der Papst: „Wann kommst du *wieder*?"

Der Witz ist durchaus *sophisticated*. Man kann sich in die Hoffnung auf das Kommen so eingewöhnen, daß sie die Möglichkeit des Gekommen-*Seins* fast ausschließt. Eine „Messiasvergessenheit" kennzeichnet das gegenwärtige Christentum. „Jesus annonçait le Royaume et c'est l'Eglise qui est venue" (*Jesus kündigte das Reich Gottes an, gekommen ist die Kirche*) – der oft zitierte (übrigens affirmativ gemeinte) Satz von *Alfred Loisy* liefert eine präzise Beschreibung.

Die Frage nach der Differenz zwischen Hoffnung und Eingewöhnung ins Nicht-mehr-Erwarten bleibt ebenso wie die nach der Aufgabe (im doppelten Wortsinn) der Weltgestaltung angesichts des erwarteten Endes dieser Welt. Im Blick auf die Apokalyptik und den Messianismus wurden diese Fragen zum Gegenstand einer Kontroverse zwischen *Gershom Scholem* und *Jacob Taubes*. Scholem hatte in seinem Vortrag auf der Eranos-Tagung 1959 mit dem Titel „Zum Verständnis der messianischen Idee im Judentum" die Auffassung vertreten, der Preis des Messianismus sei für das Judentum der Rückzug aus der Geschichte und die Preisgabe des Politischen gewesen. Diese Auffassung kommt auch in einem weiteren Aufsatz Scholems „Der Nihilismus als religiöses Phänomen" (1974) zum Ausdruck und ebenso in seinem großen Werk „Sabbatai Zwi. Der mystische Messias". Dort bemerkt Scholem: „Es sei an diesem Punkt mit aller gebotenen Vorsicht erlaubt zu sagen, daß die jüdische Historiographie sich im allgemeinen dazu entschlossen hat, die Tatsache zu ignorieren, daß das jüdische Denken einen sehr hohen Preis für die messianische Idee gezahlt hat" (S.18). Scholems Urteil hat durchaus Anhalt an historischen und politischen Entwicklungen. Dagegen reklamierte Taubes in seinem Aufsatz „Der Messianismus und sein Preis" – auch seinerseits mit guten Gründen – die politische Sprengkraft des apokalyptisch-messianischen Prinzips. „Für ihn", so formulieren *Aleida* und *Jan Assmann* in der Einleitung zu den unter dem Titel „Vom Kult zur Kultur" gesammelten Aufsätzen Taubes', unter denen sich „Der Messianismus und sein Preis" findet, „bündelt und formt der Messianismus die antagonistischen Kräfte, anstatt sie zu paralysieren und hat sie immer wieder in revolutionäre Aktion umgesetzt. Der Messianismus fundiert keinen Ausstieg, sondern ganz im Gegenteil einen Einstieg in die Geschichte und einen Exodus aus der natürlichen Welt des Kosmos und der ihm eingegliederten politischen Ordnung." (S.14)

Beide Positionen haben nicht nur ihr Recht, sondern auch gute Gründe. Die erkennbare Zurückhaltung vieler Rabbinen gegen die Apokalyptik (die, wie es *Pinchas Lapide* in einem schönen Aperçu genannt hat, „endemische Krankheit, eine akute Entzündung der jüdischen Hoffnungsorgane" [im Vorwort zum Katalog einer von der Stadt Ludwigshafen zum 100. Geburtstag ihres *großen* Sohnes *Ernst Bloch* veranstalteten Ausstellung mit dem Titel „Apokalypse", S.12]) und gegenüber dem Messianismus ist zu beachten. *Reinhold Mayer* teilt diese Zurückhaltung, wenn er in seinem 1998 erschienenen Buch „War Jesus der Messias?" Christinnen und Christen eher die Anknüpfung an den „Toralehrer" Jesus als die an den „Messias" Christus empfiehlt (bes. S.197ff.). Doch wiederum: Ohne Gefahren sind beide Positionen nicht. Könnte die im rabbinischen Judentum wahrnehmbare Zurückhaltung in der Befürchtung, *trügerischer* Veränderung zu erliegen, die *mögliche* Veränderung verpassen, weil die Furcht vor den falschen Messiassen größer werden kann als die Hoffnung auf den Messias selbst, so kann umgekehrt die apokalyptische Haltung in ihrer Hoffnung auf den Abbruch der herrschenden Verhältnisse zuletzt jeden Abbruch für besser erklären als das Bestehende, weil die messianische Hoffnung allemal größer ist als die Furcht, betrogen zu werden. (In den letzten Sätzen könnte man das Wort „messianisch" versuchsweise durch das Wort „utopisch" ersetzen, und die Nähe beider Kategorien würde wiederum erkennbar.)

„*Daß es ‚so weiter' geht, ist die Katastrophe.*" – In diesem Diktum Benjamins bündelt sich die Unbedingtheit des Festhaltens an apokalyptisch-messianischer Erwartung gegen jede Perennierung gegenwärtiger Verhältnisse wie gegen jeden Fortschrittsmythos –, und Benjamin setzt den Satz fort: „*die Rettung hält sich an den kleinen Sprung in der kontinuierlichen Katastrophe*" (GS I/2, 683 [„Zentralpark"]). *Johann Baptist Metz* hat diese Benjaminische Linie in seinen „Unzeitgemäße(n) Thesen zur Apokalyptik" noch einmal verdichtet in seine berühmt gewordene „Kürzeste Definition von Religion: Unterbrechung" (Glaube, S.150). Doch ich will mich bei aller Zustimmung, ja Begeisterung für dieses Denken doch einigermaßen ehrlich fragen, ob ich denn wirklich so konsequent auf „Unterbrechung" setzen möchte, ob ich denn wirklich darauf hoffe, daß es *nicht* „so weiter" geht. Nun gewiß: Alles kommt darauf an, was jenes ominöse „es" sei. Ist die kontinuierliche Katastrophe erst dann unterbrochen, wenn nichts „so weiter" geht? Aber gibt es nicht auch die Kontinuität von Leben, gehört nicht neben die von *Gerhard von Rad* in seinem Blick auf das Alte Testament und seine Überlieferungen so betonte Dramatik von Katastrophe und Rettung auch der von *Claus Westermann* so betonte Fluß des Lebens und der Segen? Gibt es nicht neben den großen Zeiten, die Eschatologie, Messianismus und Chiliasmus begreifen, auch die kleinen Zeiten, die Frage, wie ich über diesen Tag, diese Woche komme? So sehr der Weltlauf verstört ist und es, wie wir bei Adorno gelernt haben, „kein richtiges Leben im falschen" (Minima Moralia, S.43) gibt, so sehr möchte ich doch auch, daß das eine oder andere „so weiter" geht. Und so möchte ich (irgendwie dann doch – auch gegen die Sentenz des Barockdichters Logau) zuweilen einen Mittelweg suchen – ohne das aristotelische *metaxy* zur Parole zu erheben, welches sich leicht verwandelt in das kleinbürgerliche Sich-Einrichten im Gegebenen. Auch dieses Sich-Arrangieren „lebt" von einer Hoffnung, der nämlich, daß es nicht noch schlimmer komme. Jedes Unglück, jede Katastrophe hätte immerhin noch schlimmer kommen können, wird dann eingebracht, und es heißt: Noch ein Glück, daß ...

Friedrich Torbergs „Tante Jolesch" bemerkte dazu: Gott soll einen hüten vor allem, was noch ein Glück ist ... (S. 14)

Und dann gibt es ja noch die andere Form des Sich-Arrangierens, denn auch in der Katastrophe kann man sich häuslich einrichten. „Grand Hotel Abgrund" nannte *Georg Lukács* ironisch die „Frankfurter Schule". *Emil Cioran* spricht von der „Vision eines ideal Schlimmsten, einer wollüstig gefürchteten Sintflut" (Geschichte und Utopie, S.95).

Was also ist jenes *„es"*, das nicht immer „so weiter" gehen soll? Gefragt sind abermals Differenz-Wahrnehmungen.

Eine wichtige Differenzierung innerhalb der jüdischen Apokalyptik und des jüdischen Messianimus ist die Unterscheidung zwischen der „kommenden Welt" und der „messianischen Zeit". Inwieweit der Hinweis von *Emmanuel Lévinas* (Messianische Texte, S.60), die „zukünftige Welt" sei „eine persönliche und intime Ordnung außerhalb der Erfüllungen der Geschichte", zutreffend ist (oder ob er nicht auf fatale Weise in die Nähe Bultmann'scher Verwandlung der Apokalyptik in eine Größe individuell-existenzieller Frömmigkeit kommt), sei für diesmal dahingestellt. Richtig ist zweifellos das Festhalten an der Unterscheidung zwischen der „messianischen Zeit" und dem *olam habba*, der „kommenden Welt" (als Orts- *und* Zeitvorstellung).

Die messianische Zeit fällt nicht in eins mit der Erfüllung und auch nicht mit dem Abbruch *aller* Geschichte. Die Differenz zwischen der erfahrbaren Gegenwart und der messianischen Zeit kann sich verkürzen und konkretisieren in das Aufhören politischer Gewaltherrschaft (so ein Diktum Rabbi Schemuels in *bSanh 99a*). Nicht alles wird anders, aber Entscheidendes. Deshalb möchte ich in den zitierten Sätzen Benjamins jenes *„es"*, das nicht „so weiter" gehen soll, mit dem „kleinen Sprung" zusammen lesen, an den sich Rettung hält. „Das entstellte Leben", so Benjamin im Kafka-Essay (GS II/2, S.432; sowie in den „Denkbilder[n]", GS IV/1, S.419), „wird verschwinden, wenn der Messias kommt, von dem ein großer Rabbi gesagt hat, daß er nicht mit Gewalt die Welt verändern wolle, sondern nur um ein Geringes sie zurechtstellen werde." Bloch hat das Wort in den „Spuren" aufgenommen (man könnte auch sagen: er hat es „geklaut", S.211f.), und Scholem hat es (nebst der Identität des „großen Rabbi") auf sich selbst zurückgeführt (Walter Benjamin – Gershom Scholem. Briefwechsel 1933-1940, S.156 Anm. 2), doch zeigt *Michael Brocke* (Rabbi Nachman, S.284) – mit leichter

Ironie im Blick auf Scholem –, daß eben dieser Gedanke sich bereits bei Nachman von Bratzlaw findet.

„... *nur um ein Geringes sie zurechtstellen"*, werde der Messias die Welt. Zuweilen – und das verbindet abermals Messianismus und Utopie – bedarf es nur einer geringen Zurechtstellung, nur einer winzigen Verschiebung, damit – ein Beispiel und mehr als ein Beispiel – aus einem *nowhere* (nirgendwo) ein *now here* (jetzt und hier) wird. Das Wortspiel mit dem „nowhere", dem „Nowhere-Land", das „now here" sein kann, führt uns unmittelbar an den neuzeitlichen Beginn der Gattung „Utopie".

IV.

*„Nicht um die Konservierung
der Vergangenheit, sondern um
die Einlösung der vergangenen
Hoffnung ist es zu tun."*
(*Horkheimer/Adorno*, Dialektik der Aufklärung,
Vorrede [1944], 5.)

Das Wort „Utopie" rührt her von dem ersten neuzeitlichen Literaturwerk der Gattung, von Thomas Morus' *„De optimo rei publicae statu sive de nova insula Utopia"*. Utopia bedeutet Nicht-Ort beziehungsweise Nochnicht-Ort – Nusquama, Nowhere-Land. *Utopia* bedeutet aber auch *Eutopia* (der gute Ort), wie es bereits in der ersten gedruckten Ausgabe von 1516 (erschienen bei *Thierry Martin* in Löwen) in einem Hexastichon des Anemolius heißt und wie auch der Titel der ersten italienischen Ausgabe (Venedig 1548) lautet. Morus' *Utopia* ist eine Insel. Die Menschen leben dort glücklich und friedlich, weil es kein Privateigentum gibt. Utopia ist darin – und in vieler anderer Hinsicht – entworfen als das Gegenbild zur Renaissancegesellschaft in Europa und besonders im England Heinrichs VIII., dessen Lordkanzler Morus wurde, bis er wegen der Verweigerung des Suppremats, das heißt der Anerkennung des Königs als Herr der Kirche, zum Tode verurteilt und hingerichtet wurde. Das Morusbild in der Rezeption des Werkes enthält äußerste Gegensätze und ist durchaus geeignet, ein Licht auf das Utopiethema im ganzen (auch in seiner Verbindung mit dem Messianismusthema) zu werfen. Ich muß es bei wenigen

Hinweisen belassen (für weiteres kann ich nur auf die umfangreiche Morus-Literatur verweisen; eine kleine Blütenlese findet sich im Nachwort, das *Heiner Höfener* zum wunderschönen Reprint einer der ersten deutschsprachigen Ausgabe [Basel 1524] verfaßt hat).

Da feiert *Karl Kautzky* Morus als einen Mann, „der seinen Zeitgenossen weit voraus war" (so „löst" ein Fortschrittssozialist das Problem, wie ein Autor in vorkapitalistischen Zeiten „Kommunistisches" sagen konnte); Bloch nennt Morus einen der „edelsten Vorläufer des Kommunismus" („Prinzip Hoffnung", S.601). Dagegen wollte *Heinrich Brockhaus* in einer Schrift von 1929 Morus, wie Bloch (ebd.) es spöttisch kennzeichnet, „vom Ludergeruch des Kommunismus befreien", indem er in der „Utopia" eine reformatorische Erneuerungsschrift für die Kirche mit dem „Athos" als Modell erkennt (Es sei *Erasmus* gewesen, der den Ur-Morus gefälscht habe ...). Eine Schrift von 1933 (der Autor heißt *Georg Quabbe*) nennt Morus den „verfluchten Vater des dreimal verfluchten Sozialismus". Bei dem Historiker *Gerhard Ritter* (Die Dämonie der Macht, S.53ff.) wird Morus dagegen zum „Ideologen des englisch-insularen Wohlfahrtsstaates". Die Reihe der Urteile ließe sich leicht fortsetzen, und all diesen Urteilen ließen sich recht ähnliche über den „Urkommunismus" der frühen christlichen Gemeinden, über Chiliasten wie *Joachim von Fiore* und messianische Sozialisten wie *Moses Heß* an die Seite stellen.

Literarisch nimmt Morus in der Form des „Inselromans" antike Autoren auf (Jambul, Euhemeros – auch Platons „Staat" hat entsprechende Züge); neu aber ist der Rekurs auf die zeitgenössischen Entdeckungen und die Nachrichten aus „Amerika". Noch hat die Weltkarte weiße Flecken; das „Nirgendwo-Land" kann als „Irgendwo-Land" beschrieben werden. Auf Inseln und in fernen Ländern werden auch andere Utopien der frühen Neuzeit angesiedelt (von *Campanellas* „Sonnenstaat" und *Bacons* „Nova Atlantis" bis zu *Defoes* „Robinson Crusoe" und – in dessen Gefolge – vielen weiteren Robinsonaden (man denke nur an die von *Arno Schmidt* so geliebte „Insel Felsenburg" von *Johann Gottfried Schnabel*).

Erwähnen sollte ich noch die 1619 erschienene „Christianopolis" des schwäbischen Protestanten *Johann Valentin Andreae*, des Autors der Rosenkreuzer-Schriften, in der sich das Motiv der utopischen Insel mit dem des „himmlischen Jerusalem" und der „civitas christiana" verbindet.

Es gibt Hinweise darauf, daß sich bei Andreae bereits eine „proto-pietistische" Lesart des Utopiethemas anbahnt, die in dem utopischen Entwurf eines viel berühmter gewordenen Freundes und Schülers Andreaes, nämlich in *Johann Amos Comenius'* Schrift „Das Labyrinth der Welt und das Paradies der Herzen" zur direkten Leseanweisung wird: Der Ort der Utopie ist kein entferntes Land und auch keine entfernte Zeit, sondern die geordnete Seele des einzelnen Menschen im Gegenüber zum Chaos der Welt. Die Parallele zur protestantischen, vor allem der späteren pietistischen Jesusbeziehung des einzelnen Frommen ist unübersehbar; auch hier gehen Messianismus und Utopie weite Strecken gemeinsam.

In einer großen Zahl dieser Utopien stoßen wir (ungeachtet der jeweiligen Ausprägungen im einzelnen) auf das Grundmodell, das wir bereits bei der Entstehung der Messiaserwartung beobachten konnten. Es geht um den Widerspruch zwischen Anspruch und Wirklichkeit ebenso wie darum, das, was einmal war, hätte sein können, als das, was sein kann, kritisch gegen das zu wenden, was ist. Die Utopie ist ein Mittel, geradezu eine Stilform der Kritik.

Dieses Merkmal bleibt der Gattung „Utopie" durch zwei kategoriale Veränderungen hindurch. Die eine ist die Verschiebung von der Raum- zur Zeitutopie, die aus dem Verschwinden der „weißen Flecken" auf der Weltkarte resultiert. Nun kann das, was das ganz andere ist, nicht mehr (real oder metaphorisch) an einem fernen Ort lokalisiert werden, sondern findet seinen Ort in einer fernen Zeit. Diese Zukunftsutopien verbinden sich besonders im 19. und zu Beginn des 20. Jahrhunderts mit einem – vor allem bei Sozialisten – fast grenzenlosen Fortschrittsoptimismus (von *Etienne Cabet* bis *Edward Bellamy*). Da gibt es aber auch *William Morris* mit seiner gerade nicht technizistischen, man könnte fast sagen: Hippie-Utopie „News from Nowhere" (*Wilhelm Liebknecht* hat für die deutschen Erstausgabe ein Vorwort geschrieben). Bei allen Unterschieden gilt für diese Utopien: Kommen *wird* und schon beschreibbar *ist* die neue Zeit, die Zeit, in der die endlich gerechten ökonomischen Verhältnisse den besseren Menschen schaffen, in der es keine Verbrechen mehr gibt, in der jeder und jedem zukommt, was ihnen gebührt.

Ein Schlaglicht mag beleuchten, worin bei diesen Entwürfen die Gefahr lauert. *Edward Bellamy* schildert in „Looking Backward 2000-1887 (übersetzt von *Clara Zetkin*) die neue Zeit, in der es keine Verbrechen mehr geben wird, weil es kein Privateigentum und deshalb zum Beispiel keine Notwendigkeit zum Diebstahl mehr gibt und weil die gute Erziehung nicht mehr das Privileg weniger ist. Die Gefängnisse sind deshalb längst abgerissen, denn, so wird der Erzähler belehrt: „Heutzutage haben wir keine Gefängnisse mehr. Alle Fälle von Atavismus werden in den Pflegehäusern behandelt" (S.154). „Atavismus" bezeichnet einen krankhaften Zustand des Rückfalls in längst überwundene Zeiten – ein Fall für die Psychiatrie, nicht für das Gericht. Das klang damals human, das war auch human gemeint. Aber was, wenn diese Utopie verwirklicht wird? Dann nämlich sind wir im „Archipel GULAG", in einer Welt, in der Opposition als eine Form der Krankheit, des Irrsinns gewertet und so behandelt wird. Und plötzlich ist aus dem humanen Entwurf der reale Terror geworden – nicht im Geiste der Utopie, sondern in ihrer exakten Realisierung.

Damit sind wir bereits bei der zweiten kategorialen Veränderung der Gattung „Utopie". Sie verbindet sich mit den (mit Orwells „1984" bereits angesprochenen) Fortsetzungen der *Form* bei Wechsel des *Ziels*, nämlich mit den *Mä*topien (das, was keinen Ort haben *soll*) beziehungsweise *Dys*topien dieses Jahrhunderts. Orwells „1984" und *Aldous Huxleys* „Brave New World" sind die wichtigsten Werke dieser Gattung. In diesen „Utopien" wird das, was sein kann und wird (wenn es „so weiter" geht ...), zum Horrorbild, und zwar als konsequente Extrapolation jetzt schon herrschender Trends. Auch hier ist die Utopie eine Form der Kritik, der Kritik an der drohenden Vervollkommnung des Unheils. Diese Utopien sind ihrerseits eine Kritik von Utopien (z.B. bei Huxley denen der Gleichheit). Und so wurden diese Utopien (ich denke an meine Schulzeit) zur Armatur gegen jedweden Sozialismus.

Deshalb ist es kein Wunder, daß der Zusammenbruch des angeblich real existierenden Sozialismus auf der siegreichen Seite dazu führte, nun ein für alle Male ein „Utopie-Verbot" auszusprechen. Das Wort „Utopie" sei, so dekretierte *Marcel Reich-Ranicki*, fortan als „obszön" zu werten – *Joachim Fest* verkündete das gleiche (und so kam es in der FAZ zur endlich gelungenen Symbiose des Politik- und Wirtschaftsteils mit dem Feuilleton). Bald nach der „Wende" beendete *Norbert Blüm* eine Rede in Polen mit den Worten: „Marx ist tot, Jesus lebt!" Ach, Nobby, möchte ich zu solch rührendnaiven Sentenzen rufen, merkst du denn nicht, daß, wenn die neoliberalen Marktfetischisten endlich ganz das Sagen haben, nicht nur die Marxsche Utopie, sondern auch und erst recht die Botschaft Jesu ad acta gelegt wird? Merkst du denn nicht, daß dann der aufgeklärte Zynismus eines *Francis Fukuyama* und seiner Dekretierung des „Endes der Geschichte" das Feld behaupten wird? (... wobei Fukuyama wenigstens noch den Preis benennt, den diese permanente kapitalistische Gegenwart kosten wird.)

Gleichwohl: Die Decouvrierung des falschen Triumphs der Rechten ersetzt nicht die notwendige Selbstkritik der Linken. Denn im Namen der Verwirklichung der Utopie konnte der vorgeblich real existierende Sozialismus sich lange behaupten. Trotz alledem und alledem an der Notwendigkeit der Utopie festzuhalten bedarf deshalb derselben großen Kraft (des Herzens und des Verstandes) wie trotz aller falschen Messiasse am Messianismus festzuhalten, damit, was ist, nicht alles ist.

Die von mir unternommene Parallelisierung von Messianismus und Utopie impliziert ein Problem, das nun noch etwas genauer in den Blick kommen muß. Denn das utopische Denken, gerade im utopischen Sozialismus, repräsentiert eine Form des Messianismus ohne Messias. Von dieser Spielart messianischer Hoffnung soll nun ein wenig ausführlicher die Rede sein, wobei wir, wie sich zeigen wird, unmittelbar an alttestamentliche Zeugnisse anknüpfen können.

V.

„Die Juden glauben: nach der Ankunft
des Messias werde die Hölle ans Paradies
gestoßen, damit man einen größern Tanzsaal
habe, und Gott tanze vor."
(*Jean Paul*, Siebenkäs,
Werke, 1.Abt. Bd. 2, 112)

Wenn man sich mit dem jüdischen Messianismus befaßt, stellt man – womöglich mit Verwunderung – fest, daß in dieser Tradition der Gedanke eines Messianismus ohne Messias-Gestalt vorkommt, daß die messianische Zeit nicht unbedingt eines personal gedachten Messias bedarf. Dabei müßte man sich eigentlich wundern, daß man sich wundert. Denn es hätte doch schon immer auffallen müssen, daß eine ganze Reihe der klassischen messianischen Texte des Alten Testaments, die in christologischer Auslegung auf den „Christos=Messias" Jesus verweisen sollen, das Wort „Messias" gar nicht enthalten. Und ebenso gibt es gewichtige Bibeltexte (man denke nur an Jesaja 65, 17ff.), die eine „messianische Zeit" entwerfen, ohne daß von einer messianischen Person die Rede ist. Deshalb hat die Trennung zwischen Messias-Begriff und messianischen Hoffnungen wie die zwischen einer Messiasgestalt und der Erwartung einer messianischen Zeit in der „Schrift" selbst Anhalt. Und deshalb ist die Aufnahme messianischer Erwartungen und Hoffnungsbilder in sozialistischen und anarchistischen oder zionistischen Entwürfen nicht deshalb als Verflachung oder als Verkehrung einer konkreten Figur in eine abstrakte Idee zu kritisieren, weil sie nicht mit einer messianischen Figur rechnen.

(... wenn man einmal davon absieht, daß manche Leitfiguren jener Bewegungen selbst solche Züge annahmen bzw. ihnen solche Züge zugeschrieben oder zu-fotografiert wurden – ich denke an die Marx- oder Herzl-Ikonen ebenso wie an die Jesus-Ikonologie der Che-Guevara-Bilder um 1968.)

Manfred Voigts hat in einem instruktiven Aufsatz mit dem Titel „Jüdischer und universalistischer Messianismus" insbesondere über die politischen Beerbungen des jüdischen Messianismus gehandelt. Bevor ich auf einige Aspekte dieses Themas eingehe, empfiehlt sich eine Zwischenbemerkung.

Es gab eine Zeit, in der man sozialistische und kommunistische Gedanken und Menschen in Deutschland wirkungsvoll diffamierte, indem man sie als „jüdisch" und „Juden" – heute würde man sagen –: „outete". Heine und Marx, Börne und Heß, Rosa Luxemburg und Leon Davidowitsch Bronstein, genannt Trotzki, Karl Radek und Gustav Landauer, Erich Mühsam, - und man könnte fortsetzen: Walter Benjamin und Theodor W. Adorno, Max Horkheimer und Erich Fromm, Herbert Marcuse und Leo Löwenthal – jüdische Menschen, jüdisches Erbe! Inzwischen könnte die „Falle" umgekehrt in Anschlag gebracht werden, nämlich so, daß mit der – angeblichen oder tatsächlichen – Aufdeckung des „Kommunistischen" das „Jüdische" in Mißkredit gebracht wird. Gegen beide Formen der Diffamierung ist zu streiten.

„Die Messiaszeit ist das gegenwärtige Weltalter, welches mit Spinoza zu keimen begonnen hat und mit der großen *Französischen Revolution* ins weltgeschichtliche Dasein getreten ist." Dieser Satz steht bei Moses Heß in „Rom und Jerusalem" (S.272). Voigts (Messianismus S.85) bemerkt: „Für viele und gerade die führenden Köpfe innerhalb des Judentums war die Staats- und Gesellschaftsform, die sich nun herauszubilden schien, eine moderne Form des ersehnten messianischen Reichs." Während sich Moses Heß in seinem „proto-zionistischen" Entwurf von der Vorstellung einer kommenden Messiasgestalt löste, blieb jene bei Rabbi *Zvi Hirsch Kalischer*, dem, wie man sagen könnte, religiösen Pendant zu Heß, erhalten, jedoch, wie *Jacob Katz* (Zwischen Messianismus und Zionismus, S.33) formuliert, als „bemerkenswerter Kompromiß. Er hielt am Dogma eines personhaften Messias fest, verlegte jedoch das Datum seiner Ankunft auf einen späteren Zeitpunkt im Erlösungsprozeß, während die unmittelbar zu unternehmenden Schritte – nämlich die Sammlung des Volkes in seinem Heimatland – von ihm als eine menschliche Aufgabe verstanden wurden."
Differenz und Nähe von Messianismus und politischer Freiheitsbewegung kommen auch im folgenden Zitat aus Franz Rosenzweigs „Stern der Erlösung" (S.319) zur Sprache:

„Es ist ja kein Zufall, daß nun zum ersten Mal ernsthaft begonnen wurde, die Forderungen des Gottesreiches zu Zeitforderungen zu machen. Erst seitdem wurden all jene großen Befreiungswerke unternommen, die, so wenig sie an sich schon das Reich Gottes ausmachen, doch die notwendigen Vorbedingungen seines Kommens sind. Freiheit, Gleichheit, Brüderlichkeit wurden aus Herz-worten des Glaubens zu Schlagworten der Zeit und mit Blut und Tränen, mit Haß und eifervoller Leidenschaft in die träge Welt hineingekämpft in ungeendeten Kämpfen."

Ich füge ein Bloch-Zitat hinzu, das den biblisch-apokalyptischen, den jüdisch-messianischen Urgrund jener Kämpfe benennt:

„Millionenmal wurde der Richterstuhl Gottes, am Ende der Zeit, als Substitut für ein Revolutionstribunal gesetzt, das in realitate nicht zustande kam. Dergleichen wirkte gewiß auch als Verschiebung, aber es wirkte nicht minder als Stachel gegen völlige Kapitulation: Die Posaunen des Jüngsten Gerichts hielten unter anderem wach für die Gerechtigkeit der Marseillaise." (Naturrecht und menschliche Würde, S.229)

Freilich müßte das Festhalten am Gedanken des „Jüngsten Gerichts" auch stark genug sein, gegen seine vorgebliche Einlösung durch die „Marseillaise" – und aller weiteren Behauptungen der angeblichen Verwirklichung der Gerechtigkeit – sich zu behaupten. Die apokalyptische und messianische Erwartung muß sich auf Realisierung richten, soll sie nicht bloße Ideologie sein und zur falschen Vertröstung herhalten. Zugleich muß sie gegen jede vorgeblich eingetretene Erfüllung streiten, das heißt die Nicht-Realisierung offenlegen, solange nicht eine neue Erde steht und alle Tränen abgewischt sind.

VI.

„Der falsche Messias zu
Konstantinopel an H***
Als der Prophet nicht geriet, da
ward er ein Türke zu Stambul,
Freund, sei vernünftig wie er,
werde du jetzt Philosoph."
(Friedrich Schiller,
Gedichte, BA Bd.1, 317)

Schillers Ratschlag zur Verwandlung „nicht geratener" Prophetie in „vernünftig(e)" Philosophie geht mit dem Vorschlag *Reinhold Mayers*, weniger an den Messias als an den Toralehrer Jesus anzuknüpfen nicht parallel, aber ich sehe doch gewisse Ähnlichkeiten und mit ihnen ein Hinübergleiten auf die andere Seite der Gefahr. Mayer erinnert an den peiorativen Nebenton, den das Wort „christos" im Griechischen hat, nämlich „ölig" (Jesus S.199). Die „Christen" als „Ölige" – das wäre denn wohl das schiere Gegenteil der Aufforderung, Salz der Erde zu sein. Aber auch und gerade der *Verzicht* auf messianische und apokalyptische Erwartungen kann im Namen des Realismus und des Pragmatismus zum „Schmieröl" werden fürs Räderwerk des permanenten *status quo*. Die entscheidende Frage aber lautet: Haben wir eigentlich das Recht, auf die Erwartung des ganz anderen zu verzichten, weil es uns doch irgendwie noch gut geht und es allemale noch schlimmer kommen könnte? Ich möchte statt eines ausformulierten Antwortversuchs an dieser Stelle nur zwei Sätze aus verschiedenen Kontexten zitieren und konfigurieren. Der erste steht in den „Sprüchen der Väter" (mAvot II,16) und wird auf Rabbi Tarphon zurückgeführt:

lo aläka hammela'ka ligmor welo atta bän chorin lehibbatel mimmänna (Du hast nicht die Pflicht, die Arbeit zu vollenden, aber auch nicht die Freiheit, sie einzustellen).

Der Satz des Rabbi Tarphon bezieht sich auf das Studium der Tora, das nicht unterlassen werden darf, auch wenn oder gerade weil es nie zum Ende kommt. Ist es erlaubt, ihn – gegen seinen unmittelbaren Kontext – auch auf die messianische Hoffnung zu beziehen und ihn zusammen zu hören mit dem Schlußsatz von Benjamins Essay über Goethes Wahlverwandtschaften (GS I/1, S. 201). Er lautet:

„*Nur um der Hoffnungslosen willen ist uns die Hoffnung gegeben.*"

VII.

ämät maschal haja
(ein wirkliches
Gleichnis war das),
(bSanh 92b.)

ämät maschal haja – das ist der Satz des Rabbi Jehuda ben Elai, mit dem er den Wirklichkeitsstatus der in Ez 37 berichteten Wiederbelebung der toten Gebeine Israels bestimmt. *Klaus Wengst* hat in seinem Buch „Ostern. Ein wirkliches Gleichnis, eine wahre Geschichte" (bes. 12ff.) die rabbinische Debatte in bSanhedrin 92b zum Ausgangspunkt seiner Überlegungen zur Wirklichkeit von „Ostern" gemacht. Die Erklärung des Rabbi Jehuda ist eine von mehreren kontroversen Urteilen in diesem talmudischen Diskurs. So vermag Rabbi Nechemja die Zusammenfügung der Worte *ämät* und *maschal* nicht zu akzeptieren: „Wenn wirklich, wieso ein Gleichnis, und wenn ein Gleichnis, wieso wirklich?" Er fügt im Hebräischen nur einen Buchstaben hinzu und urteilt seinerseits: *beämät maschal haja* (in Wirklichkeit war es >nur< ein Gleichnis).

Beide Positionen haben ihr Recht – und dazu die weiteren, für die ich auf den Text in Sanhedrin 92b und auf die meines Erachtens theologisch außerordentlich wichtigen Beobachtungen und Überlegungen von K. Wengst verweisen muß. Aber unter allen dort genannten Auffassungen zur Wirklichkeit der (genauer: *dieser*) Auferstehungsgeschichte, von denen keine als falsch überführt, geschweige denn als „nicht jüdisch" disqualifiziert wird (auch der Rationalist Nechemja wird nicht behandelt wie *Gerd Lüdemann* in Göttingen und von Hannover ...), ist der Versuch des Rabbi Jehuda der bemerkenswerteste, die Weigerung nämlich, die Kategorien „Wirklichkeit" und „Gleichnis" auseinander zu reißen.

Ich möchte dafür plädieren, die Messiaserwartung (auch und gerade die christliche) in eben diesem Sinne zu verstehen und – in eben diesem Sinne – an ihr als „Wirklichkeit" fest zu halten und sie – gleichwohl und *so* – als *maschal*, als Gleichnis, zu lesen. In dieser Perspektive möchte ich den beiden genannten Gefahren von Messianismus und Utopie ins Auge sehen und ihnen – ohne Immunisierungsversuch – begegnen, der Gefahr der Vernichtung ihres Erwartungsgehalts durch ihre vorgebliche Realisierung *und* der Gefahr des Abkippens der Hoffnung in Illusion.

Ich versuche, diese Perspektive mit einer zweiten – anscheinend, aber, wie ich meine, nur scheinbar – gegensätzlichen verbinden. Ich möchte jede Messiaserwartung (auch und gerade die christliche) und jede Utopie zurückbinden an ein Gebot der Tora, an eines der „Zehn Worte" (Zehn Gebote), an das freilich, das nicht in allen christlichen Katechismen „zählt". Ich meine das Bilderverbot.

Das Bilderverbot untersagt, Darstellungen und Projektionen zu verfertigen und sie zu verehren, als wären sie Gott. Wer die eigenen Produkte, seien es materielle, seien es erdachte oder auch erhoffte, zu seinem Gott macht und ihnen dient, macht sich (und im bösen Fall auch andere) zum Sklaven der eigenen Hervorbringungen. So ist es auch, wenn eine Utopie, ein Entwurf des „richtigen Lebens" die Herrschaft über das „wirkliche Leben" antritt und dieses nach seinem Bilde zu formen beginnt. Gewalt wird dann zur Antwort auf alles, das, und auf alle, die sich dem Projekt und der Projektion nicht fügen, sei es ein Mensch, von dem man sich ein Bild gemacht hat (ein Thema bei *Bert Brecht* und *Max Frisch*), sei es die Gesellschaft oder der Verlauf der Geschichte, die sich nach den Bildern zu richten hat.

Nun gibt es bekanntlich das Problem, wie das Bilderverbot in der Bibel damit zusammengeht, daß gerade dieses Buch von Bildern (von Sprachbildern und Gleichnissen z.B.) *lebt*.

Es geht, scheint mir, letztlich nicht um die Bilder, sondern um das Machen und vor allem um die Behauptung der Identität zwischen Bild und Sache. Und deshalb müssen Bild und Sache, Gleichnis und Faktizität *unter*schieden werden, aber sie dürfen nicht *ge*schieden werden. Denn beide, Bild und Realität, Gleichnis und Realität gehören gemeinsam zur Wirklichkeit. Aber kein Gleichnis, kein Bild darf für sich Totalität beanspruchen, aus keinem darf das Recht abgeleitet werden, die Menschen, die Gesellschaft, die Geschichte – das Leben – nach diesem einen Bilde, nach dieser einen Utopie zu *machen*.

Diese beiden Perspektiven – das Gleichnis, freilich das „wirkliche Gleichnis" – die wahre Geschichte, als Ort und Status der messianischen Erwartung zu verstehen und die Utopie mit dem Bilderverbot zu verbinden – taugen nicht zum Rezept.

Sie sind vielleicht nicht einmal Lösungsansätze der mit den Stichworten „Messianismus und Utopie" gestellten Fragen.

Aber sie sind womöglich – und das wäre nicht nichts – Perspektiven, die helfen, die *Fragen* in der richtigen Weise zu *stellen*.

Die Utopie hat einen Ort*
Bibelarbeit über Jesaja 65, 17-25

Der Text

Am Anfang dieser ersten der drei Bibelarbeiten des Kirchentags möchte ich den Text – Jesaja 65,17-25 – im Zusammenhang vorlesen. Ich lese ihn in der Übersetzung, die eine Gruppe von Theologinnen und Theologen für diesen Kirchentag erarbeitet hat, einer Übersetzung, der es in mehrfacher Hinsicht um eine gerechte Sprache zu tun ist. Sie versucht, dem hebräischen Text gerecht zu werden, sie bemüht sich um Sprachformen, in denen Frauen weder verächtlich noch unsichtbar gemacht werden, und sie möchte die jüdische Lektüre der Hebräischen Bibel – die geschichtliche und die gegenwärtige – in Respekt wahrnehmen. Letzteres ist *ein* Grund, warum wir seit mehreren Jahren in den Kirchentagsübersetzungen den Eigennamen des Gottes Israels mit *Adonaj* wiedergeben. Der Abschnitt Jes 65, 17-25 ist formuliert als Rede Adonajs, als Gottesrede:

Ja, siehe doch, wie ich einen neuen Himmel erschaffe
und eine neue Erde.
Der früheren wird man sich nicht erinnern,
sie steigen nicht ans Herz hinauf.
Vielmehr: Darüber freut euch fort und fort,
was ich erschaffe!
Ja, siehe, ich erschaffe Jerusalem zum Jubel
und ihr Volk zur Freude.
Und ich juble über Jerusalem
und freue mich an meinem Volk.
Kein Laut des Weinens ist mehr darin zu hören

---

* Deutscher Evangelischer Kirchentag Stuttgart 1999, Liederhalle Hegelsaal (Donnerstag, 17. Juni 1999)

und kein Laut des Schreiens.
Nie mehr kommt von dort ein Säugling an Lebenstagen
und doch schon im Greisenalter, der nicht seine Lebenstage erfüllt.
Als Kind gilt dann ja, wer mit hundert Jahren stirbt, und wer sich
verfehlt, gilt als verwünscht, nur hundert Jahre geworden zu sein.
Sie bauen Häuser und wohnen darin,
pflanzen Weinberge und essen ihre Frucht.
Nicht bauen sie, und andere wohnen darin,
nicht pflanzen sie, und andere essen.
Ja, wie die Tage des Baumes sind die Tage meines Volkes,
und was ihre Hände erarbeiten, sollen meine Erwählten verbrauchen.
Sie mühen sich nicht ab ins Leere und gebären nicht für jähen Tod.
Nachwuchs der Gesegneten Adonajs sind sie
und ihre Nachkommen mit ihnen.
So wird es sein: Noch bevor sie rufen, antworte ich,
sie reden noch, schon erhöre ich sie.
Wolf und Lamm weiden einträchtig,
ein Löwe frißt Stroh wie das Rind;
und die Schlange – Staub ist ihr Brot.
Nicht wirken sie Böses noch Verderben
auf meinem ganzen heiligen Berg –
Adonaj hat's gesprochen.

Diese Worte stehen im vorletzten Kapitel des Jesajabuches, sie gehören zu den Teilen des Buches, die lange nach der Zeit des historischen „Jesaja" verfaßt wurden und die als „Fortschreibung" seiner Prophetie zu verstehen sind. Eine solche anknüpfende Weiterführung ist mehr als ein literarisches Stilmittel; sie bringt zum Ausdruck, daß die prophetischen Worte von neuen Zeitläufen nicht einfach überholt und „ad acta" gelegt wurden. Vielmehr erfolgte die Wahrnehmung der neuen Zeit im fortdauernden Gespräch mit schon gesprochenen und überlieferten Worten. Die je neue „Zeitansage" wird nicht *er*funden, sondern *ge*funden. In dieser Hinsicht knüpft der Versuch, den prophetischen Text in unserer Zeit zu hören und in einer Bibelarbeit im Nachdenken der alten Worte Perspektiven für unsere Gegenwart und Zukunft zu finden, an das innerbiblische Gespräch selbst an.

Prophetische Texte überdauern die Zeiten, aber sie sind nicht zeitlos. Jes 65 bringt die Lage und die Fragen seiner Entstehungszeit zur Sprache. Es ist die Zeit nach dem Ende des „Babylonischen Exils" Israels; der Text mag am Ende des 6. Jh. v. Chr. oder etwas danach verfaßt worden sein. Die zuvor im Jesajabuch stehenden Verheißungen der Rückkehr aus dem Exil, der Heimkehr ins Israelland hatten sich erfüllt; die ebenso verheißene heilvolle Umgestaltung des Landes war dagegen weithin ausgeblieben. Die reale dürftige Lage und die großen Verheißungen kommen in den Schlußkapiteln des Jesajabuches, zu denen „unser" Text gehört, gleichermaßen zu Wort. Wie die konkreten ökonomischen Fragen, die Fragen nach den Bedingungen von Arbeit und Leben, zusammen kommen mit den größten Hoffnungen, der Erwartung von nicht weniger als einer neuen Erde und – noch erstaunlicher womöglich – einem neuen Himmel, das ist das wohl Bemerkenswerteste des Textes.

Wie geht die Hoffnung auf das ganz andere, die allergrößte denk- und hoffbare Utopie zusammen mit den Fragen nach dem Alltagsleben? Wie kann man der schlechten Alternative zwischen Illusion und Resignation entgehen, bei der entweder das konkrete Leben hier und jetzt entwichtigt und preisgegeben wird an eine Utopie oder angesichts der realen Fragen und des je nötigen Sich-nach-der-Decke-Streckens zuletzt in Vergessenheit gerät, daß ein ganz anderes Leben sein soll, sein kann und sein wird? Wie gehen Hoffnung und Realismus, Utopie und Nüchternheit zusammen? Gehen sie zusammen? Wie kann man wahrnehmen, was ist, und doch daran festhalten, daß das, was ist, nicht alles ist? Das sind viele Fragen an den Text unserer Bibelarbeit; es sind zugleich die Fragen, die uns heute *bewegen* (oder umgekehrt: *lähmen*) – gerade bei diesem Kirchentag, dessen Hauptthema „Zukunft" ist.

Utopische Hoffnung

Ja, siehe doch, wie ich einen neuen Himmel erschaffe und eine neue Erde.

So beginnt der Text. Ist eine gewaltigere Zukunftsansage denkbar? *Ein neuer Himmel und eine neue Erde*, und zwar nicht als etwas, das dermaleinst oder in einer jenseitigen Welt und Zeit sein wird, sondern als etwas, das Gott erschafft, im Erschaffen begriffen ist – so, daß es jetzt schon sichtbar wird!

Gott ist der Schöpfer des Himmels und der Erde – das ist die Aussage des ersten Verses der Bibel (*1.Mose 1,1*), und so bekennen wir es im Ersten Artikel des Glaubensbekenntnisses. Das Wort *bara* – erschaffen –, das in 1.Mose 1,1 und im ersten Vers unseres Bibelarbeitstextes steht, wird in der Bibel nur mit dem Gott Israels als Subjekt gebraucht; Gott und nur Gott ist der Schöpfer. Wir beziehen die Rede von Gott als Schöpfer gewöhnlich auf ein vor- und urzeitliches Tun, auf Gott als „*prima causa*", als den, der „*am Anfang*" Raum und Zeit, Welt und Leben erschaffen hat. Wir verbinden mit der Schöpfung die fernste Vergangenheit, den Ursprung von Zeit. Gottes Schöpfung ist aber nicht nur urzeitliches Geschehen, sondern auch das je ganz Neue, das Gott in der Geschichte bis zu ihrem Ende erschafft. Im Text aus dem Jesajabuch gehören Schöpfung und *Zukunft* zusammen, Schöpfung und *kommende* Zeit. Es geht um das Erschaffen von etwas ganz *Neuem*, eines neuen Himmels und einer neuen Erde. In diesem neuen Himmel wird Gott die Menschen erhören, auf dieser neuen Erde werden Menschen leben ohne Ausbeutung, ohne frühen Tod, ohne Tränen. So groß *kann*, so groß *darf* gehofft, nein: *erwartet* werden. Eine gewaltige Utopie. Aber ist sie – die Frage stellt sich unweigerlich – nicht in dem Sinne „utopisch", in dem man das Wort in der Umgangssprache benutzt, wo es gleichbedeutend geworden ist mit „illusionär"? Ein schöner Traum, aber nur ein Traum, denn wir leben nicht unter jenem neuen Himmel und auf jener neuen Erde?! Aber wäre das ein richtiges Urteil über diesen Text? Werfen wir einen zweiten genaueren Blick auf die Schilderung des Neuen und fragen nach dem, was an Altem geblieben ist:

Was bleibt?

Lesen wir nach dem Auftakt, der Ansage eines neuen Himmels und einer neuen Erde, weiter, so zeigt sich, daß es auf der neuen Erde noch den Tod geben wird, daß es auf der neuen Erde noch Arbeit geben wird, ja daß es auf der neuen Erde noch Verfehlung und Schuld geben wird. Und doch sind alle Lebensbedingungen neu. Sie sind so kategorial anders, daß es heißt:

Der früheren wird man sich nicht erinnern,
sie steigen nicht ans Herz hinauf.
Vielmehr: Darüber freut euch fort und fort, was ich erschaffe!

Daß man sich der früheren Dinge und Ereignisse, Lebensbedingungen und Beschwernisse nicht mehr *erinnern* werde, mag überraschen. Ist doch kaum ein Wort, kaum ein Denken und Tun in der Bibel so eingeschärft wie die Erinnerung. *Tiskor!* Gedenke! Erinnere dich! Von diesem Imperativ lebt geradezu die biblische und jüdische Überlieferung. *Manès Sperber* hat das Judentum einmal „die Religion des guten Gedächtnisses" genannt. Und betonen nicht auch wir gerade heute die Notwendigkeit des Gedenkens gegen jede „Schlußstrichmentalität", die lebendige Kraft der Erinnerung gegen das Vergessen und Verdrängen, den behutsamen und bewahrenden Umgang mit dem Gewordenen gegen die Wegwerfgesinnung, in der zum Beispiel jedes Produkt, für das Werbung gemacht wird, das Prädikat „neu" beansprucht? Wie ist das zu verstehen, daß man sich des Früheren nicht mehr erinnern werde?

Die früheren Realitäten, so heißt es, *steigen nicht ans Herz hinauf.* Mit einer gewissen anatomischen Verschiebung könnte man verdeutlichen: Sie schlagen nicht mehr auf den Magen. Gemeint ist, daß die eingefahrenen Erklärungen mit ihrem „*das* war schon immer so – *das* war noch nie so – es ist eben so, wie es nun einmal ist", daß die zur Eingewöhnung ins Vorfindliche geronnenen Erfahrungen nicht mehr bestimmend sein werden. Die lange Geschichte der Enttäuschungen und der unerfüllt gebliebenen Hoffnungen wird nicht länger die Grenzen der Erwartung bestimmen. Alles kann ganz anders werden. Nichts, was ist, muß so sein, denn das, was ist, ist nicht alles.

Die Erwartung einer Zeit, in der man sich der früheren nicht mehr erinnern wird, macht auf die andere Seite der Erinnerung aufmerksam. Gerade eine Kultur der Erinnerung muß auf der Hut sein vor *der* Weise der Erinnerung, die dazu führt, daß die alten Schlachten immer noch einmal und immer wieder geschlagen werden. So war es lange zwischen Deutschen und Franzosen – die „Revanchisten" beider Seiten verlangten stets neu Revanche für die einst verlorenen Schlachten. So ist es in Serbien mit dem magischen Datum der Schlacht auf dem Amselfeld am Sankt-Veits-Tag im

Juni 1389. Das Amselfeld liegt mitten im Kosovo. Auch deshalb ist der Konflikt so aufgeladen, so erinnerungs- und identitätsbesetzt – *auf beiden Seiten*. Auch Erinnerung kann vernichten. Es gibt eine notwendige Erinnerung; es gibt aber auch ein heilsames Verlernen und Vergessen. Seine Parole wäre nicht: „Schwamm drüber", sondern eher ein „Laß es gut sein", keine Schlußstrichmentalität, sondern das Setzen darauf, daß die alten Muster nicht ewig gelten, daß sie die Zukunft gerade nicht determinieren sollen. Um *solchen* Vergessens willen aber ist Erinnerung nötig. Ich möchte an einen biblischen Text erinnern, der zeigt, daß die Relation zwischen dem Vergessen und dem Erinnern etwas anderes sein kann als ein logischer Widerspruch. Es geht um Israels, um Gottes Krieg mit Amalek. In 5.Mose 25,17-19 steht:

Gedenke, was dir Amalek antat auf dem Wege, als ihr auszogt aus Ägypten, wie sie auf dem Weg über dich kamen und wie sie, als du müde und matt warst, alle, die aus Schwäche hinter dir zurückblieben, von dir abschnitten und Gott nicht fürchteten. Es sei so: Wenn dir Adonaj, dein Gott, Ruhe gewährt vor allen deinen Feinden ringsum, in dem Lande, das Adonaj, dein Gott, dir zum Eigentum gibt, es zu erben, so wirst du wegwischen den Namen Amaleks unter dem Himmel. Nicht sollst du vergessen!

Die Passage spielt an auf ein Ereignis der Wüstenwanderung, als die Amalekiter Israel überfielen und feige die unbewaffnete Nachhut erschlugen. In der Zeit, als diese Texte formuliert wurden, und erst recht in der, in der sie im Judentum ausgelegt wurden, gab es ein historisches Volk Amalek längst nicht mehr. Amalek ist also kein reales Volk, dem gegenüber Israel sich als Erbfeind verhalten soll. Vielmehr wurde Amalek zur Chiffre für *den* Feind Israels, der das *Volk* Israel vernichten will. Amalek wurde deshalb auf das Römische Reich gedeutet und in diesem Jahrhundert auf Nazideutschland. Gegenüber diesem Feind gilt die doppelte Forderung, seinen Namen auszuwischen, die schärfste Form des Vergessens also, und *das* nie zu vergessen. Amalek soll nie wieder siegen! In diesem Sinne soll Amalek vergessen werden, sein Tun soll nie wieder Welt und Wirklichkeit bestimmen. Doch damit das so sein kann, darf nicht vergessen werden. In diesem „Nie wieder!" fällt die Aufforderung zum Vergessen und die zur Erinnerung zusammen.

Der früheren wird man sich nicht erinnern, sie steigen nicht ans Herz hinauf. Der Satz in Jes 65 sagt an, daß die früheren Verhältnisse das neue Leben nicht mehr bestimmen werden. Das wird gerade dann als das Neue wahrnehmbar, wenn man – in der genannten Weise – das Vergessen und das Erinnern zusammenhält. Die als neue Schöpfung erkennbar werdende Umgestaltung, die gewaltige Utopie eines Lebens, in dem es zwar den Tod, aber kein jäh abgeschnittenes Leben geben wird, in der es Arbeit geben wird (auch harte körperliche Arbeit), aber keine Arbeit mehr, die ins Leere geht, die neue Wirklichkeit eines Lebens, in dem es zwar noch Verfehlungen und Schuld geben wird, sich diese Verfehlungen aber nicht als Vergiftung und Zerstörung des ganzen Lebens auswirken werden, ist Grund genug für den Jubel: *Darüber freut euch fort und fort, was ich erschaffe!*

Diesseitshoffnung

Ich habe nun schon mehrfach das Wort „Utopie" zur Kennzeichnung der Erwartung „unseres" Textes gebraucht. Ich meine es durchaus nicht in dem Sprachgebrauch, der „utopisch" mit „illusionär" in eins setzt, sondern im ursprünglichen Sinn, in dem das Utopische das ist, was noch keinen Ort (*u-topos*) hat, sondern jetzt nur (und schon) erdacht, erwartet, in der Kritik am Vorfindlichen formuliert und in der gewissen Hoffnung auf ein anderes Leben beschrieben werden kann. Das Wort „Utopie" geht zurück auf das erste neuzeitliche Buch der literarischen Gattung „Utopie", auf *Thomas Morus*' 1516 erschienene Schilderung der Insel „Utopia". Mit der Gattung „Utopie" verbindet unseren Jesajatext vieles, nicht zuletzt die Schilderung des Möglichen und Kommenden als Kritik am Vorfindlichen. Aber eines trennt die Erwartung von Jes 65 von der Utopie, und zwar von ihrem Wortsinn. Denn was der Text unserer Bibelarbeit im Modus der Erwartung schon beschreibt, ist nicht u-topisch im Sinne des Nicht- oder Noch-nicht-*Ortes*. Es *hat* einen konkreten Ort:

Ja, siehe, ich erschaffe Jerusalem zum Jubel und ihr Volk zur Freude.
Und ich juble über Jerusalem und freue mich an meinem Volk.

Jerusalem wird verwandelt – Jerusalem bleibt Jerusalem, das Volk Gottes wird verwandelt – das Volk Gottes („*mein Volk*" – und später „*meine Erwählten*" – heißt es in der Gottesrede) bleibt das Volk Israel. Es hängt alles daran, beides, die Neuschöpfung und das Bleibende, wahrzunehmen und beides zusammenzuhalten. Jerusalem ist und bleibt die Stadt, auf die sich die Verheißung bezieht; das Volk Israel ist und bleibt Träger und Adressat dieser Verheißung. Die Utopie hat einen Ort.

Die Vorstellung vom neuen, vom himmlischen Jerusalem im Anschluß an Jes 65 und mehr noch an die Aufnahme des Jesajatextes im 21. Kapitel der Johannesoffenbarung hat in der christlichen Bibellektüre dazu geführt, daß Jerusalem seines konkreten Ortes beraubt wurde und daß ein neues „Gottesvolk" anstelle Israels sich als Adressat und Träger dieser Verheißung verstand. Und so wurden mittelalterliche Dome nach dem Modell des „himmlischen Jerusalem" erbaut, und „Rom", das christlich gewordene Rom, setzte sich an die Stelle Jerusalems – und mit und nach ihm andere Machtzentren vom Mittelalter bis in die Gegenwart. So wird zum Beispiel (ich greife nur einige Beispiele aus der deutschen Literatur auf) Genf bei *Heine* zum „kalvinistischen Jerusalem", Italien bei *Goethe* zum „neuen Jerusalem wahrer Gebildeten" und Paris, wieder bei *Heine*, zum „neuen Jerusalem" des 19.Jahrhunderts. Es gibt auch ein innerliches „neues Jerusalem" (im ersten Teil des „Stunden-Buchs" schrieb – vor genau einem Jahrhundert – *Rilke*: „... *sooft ich bete oder male/ ist Sonntag, und ich bin im Tale/ ein jubelndes Jerusalem*"). Aber es gibt auch ein „neues Jerusalem" von unten, in den kritisch-utopischen Entwürfen und revolutionären Praxisformen vom Mittelalter bis zur Gegenwart.

Wir müssen nicht weit gehen zu einem solchen „neuen Jerusalem", wir sind schon da, an eben diesem Ort. In dieser Stuttgarter Liederhalle hielt nach dem Ersten Weltkrieg *Louis Häusser*, einer der vielen „christrevolutionären Gurus" zwischen Arbeiterbewegung, Messianismus, Dadaismus und Freikörperkultur, der 1919/20 sein „Stammquartier" in Stuttgart bezogen hatte, Vorträge, zu denen die Massen strömten; in den „Waldheimen" auf den Höhen um Stuttgart, besonders in Degerloch wurde – durchaus in Anknüpfung an die messianischen Züge des Pietismus um *Christoph Blumhardt* – die neue Zeit, die neue Welt, das *neue Jerusalem* gefeiert. Ich zitiere einen Ausschnitt aus einer Schilderung eines beteiligten alten Arbeiters:

„Das alte Stuttgart mit seiner Liederhalle, wo Lou Häusser Massenversammlungen abgehalten hat. Wir für ihn Propaganda machten, zum Leid, Hass der Obrigkeit, die wir verspotteten und lächerlich machten.

Die Umgebung dieser Stadt mit ihren Weinbergen, Obstgärten, wo wir uns satt essen konnten und in den Wachhäuschen (der Weinberge) übernachteten. Manchmal auch in den Wäldern, oder bei Freunden, wo wir gastfrei lebten, das war für uns das Paradies.

Wir fühlten uns zurückversetzt in die Zeit vor 2000 Jahren; so muß es gewesen sein mit CHRISTUS und seinen Jüngern in der Umgebung der Stadt Jerusalem."

(zitiert nach *U. Linse*, Barfüßige Propheten, Berlin 1983, 85f.)

Was soll man sagen zu all diesen Orten und Formen des „neuen Jerusalem"? Ich möchte unterscheiden zwischen den Formen der Beraubung Israels und solchen, in denen die Verheißung des neuen Jerusalem, der neuen Erde, des neuen Himmels, transparent wird für die Erwartung eines neuen Lebens an vielen Orten in der Welt. Und ich möchte ebenso unterscheiden zwischen dem herrschaftlichen, imperialen „neuen Jerusalem" christlicher Machtgeschichte und dem „neuen Jerusalem" von unten, der Umkehrung der herrschenden Verhältnisse, der Erwartung eines Lebens jenseits von Gewalt und Ausbeutung und gleichwohl und deshalb in *dieser* Welt.

Wo Israel nicht enteignet wird, wo die ihm geltende Verheißung ihm nicht entrissen und einem anderen Erben zugeteilt wird, da scheint es mir nicht nur erlaubt, sondern geboten, die Bilder Israels von einem neuen Leben fruchtbar zu machen für das Leben von Menschen überhaupt. Und so werden wir unseren Bibelarbeitstext in doppelter Weise bedenken – in seiner bleibenden Bezogenheit auf Israel, auf Jerusalem, als eine Utopie, die einen Ort hat, *und* in der Perspektive, die dieser Text für unsere Frage nach der Zukunft zu eröffnen vermag.

Arbeit und Leben

Das Leben in der neu werdenden Stadt wird geschildert:

Kein Laut des Weinens ist mehr darin zu hören und kein Laut des Schreiens.

Nie mehr kommt von dort ein Säugling an Lebenstagen und doch schon im Greisenalter, der nicht seine Lebenstage erfüllt.

Das also wird es nicht mehr geben: Einen Säugling an Lebenstagen, der doch schon im Greisenalter ist, der sein Leben nicht leben, nicht zu Ende leben kann. Ein Kind, das nur wenige Tage zu leben hat, ist schon bei der Geburt am Lebensende angekommen, wie es sonst ein Mensch im Greisenalter ist. Das ist vermutlich der Sinn des an dieser Stelle nicht leicht verstehbaren Verses. Aber ich sehe auch die Bilder von den hungernden Kleinkindern in Afrika und anderswo vor mir, Kinder, die erst wenige Jahre alt sind und doch wie Greisinnen und Greise aussehen. Hohe Säuglings- und Kindersterblichkeit ist eine Realität in der Zeit der Abfassung des Jesajatextes, und in vielen Ländern ist sie es noch immer. Nicht daß es den Tod nicht mehr geben werde, ist Merkmal der neuen Erde, aber daß es den jähen, den vorzeitigen Tod nicht mehr geben werde, den Tod, der ein Leben nicht abschließt, sondern abbricht. Daß sie „alt und lebenssatt" gestorben seien, lesen wir in der Bibel von einigen Menschen. Das heißt nicht, daß sie das Leben satt hatten, sondern daß sie von Leben gesättigt waren und dann auch sterben konnten, wie es ebenso heißt, „in *schalom*", daß sie genug hatten, ihr Genüge hatten am Leben und es deshalb auch loslassen konnten. Gegen das Nicht-satt-Werden (im übertragenen, aber auch im ganz materiellen Sinne) richtet sich solche Hoffnung, aber ebenso gegen die Unersättlichkeit. Die Hoffnung gilt dem Genug-Haben, gerade nicht dem „Nie-genug-kriegen-Können".

Als Kind gilt dann ja, wer mit hundert Jahren stirbt, und wer sich verfehlt, gilt als verwünscht, nur hundert Jahre geworden zu sein.

Nicht der Tod ist verbannt von der neuen Erde, sondern das nicht zu Ende gelebte Leben. „Sollst hundert Jahre alt werden", wünscht man einem Menschen, und dieser Segenswunsch müßte, so verstehe ich den Satz, in der neuen Welt wie ein Fluch klingen: Sollst *nur* hundert Jahre werden! Denn wenn ein Mensch nur hundert Jahre alt wurde, dann wird man fragen, worin er, worin sie sich denn wohl verfehlt haben mag. Mit Witz formuliert hier der Text, aber noch dieser verrückte Traum beläßt

Verfehlung und Schuld als Wirklichkeit auch der neuen Erde. Perfektibilität ist nicht das Ziel dieser Hoffnung. Auch die Menschen unter dem neuen Himmel und auf der neuen Erde sind keine Engel. Sie sind Menschen, und zum Menschenleben gehören auch Fehler und Schuldfähigkeit (ohne die Menschen entweder *computerisiert* oder *infantilisiert* würden). Nicht das fehllose Leben ist der Traum von Jes 65, wohl aber, daß die Verfehlungen von Menschen nicht das Leben vergiften und vernichten mögen.

Die Fortsetzung nimmt nun die ganz realen Arbeitsbedingungen in den Blick:

Sie bauen Häuser und wohnen darin, pflanzen Weinberge und essen ihre Frucht.
Nicht bauen sie, und andere wohnen darin, nicht pflanzen sie, und andere essen.

Zum Leben unter dem neuen Himmel und auf der neuen Erde gehört Arbeit. Häuser bauen, Weinberge pflanzen und bestellen, schwere körperliche Arbeit. Auch in anderen biblischen Verheißungen gehört Arbeit ebenso zum Leben, wie im „Paradies", im Garten Eden gearbeitet wurde. Das unterscheidet die biblische Vorstellung von gelingendem Leben von der vom Schlaraffenland, das unterscheidet aber auch die biblische von der griechischen und römischen Auffassung von Arbeit. Träumt die klassische Antike *von der Befreiung vom Zwang der Arbeit*, so die Bibel *von der Befreiung der Arbeit vom Zwang*. Denn das ist der kategoriale Unterschied zwischen der in der Zeit der Abfassung unseres Bibelarbeitstextes (und in so vielen weiteren Zeiten) erfahrbaren Realität und dem erhofften, erwarteten, kommenden Leben, daß in ihm Arbeit ohne Ausbeutung stattfindet, daß die Arbeitenden die Früchte ihrer Arbeit selbst werden genießen können. Häuser bauen und sie selbst bewohnen, Weinberge pflanzen und bearbeiten und die Früchte, die Trauben und den Wein, selbst genießen können – da geht es nicht um moderne Eigenheim-, Schrebergarten- und Selbstversorgerträume, da geht es um Leben und Arbeit, ohne daß andere, Mächtigere, die Arbeitskraft ausbeuten und den Ertrag an sich reißen. Es geht ganz irdisch, ganz materiell darum, daß Arbeit Ertrag bringen soll und daß man die Früchte der Arbeit möge verzehren können.

Diese Auffassung von der Arbeit streitet gegen den antiken Traum von „automatisch" vonstatten gehender Arbeit (einer der vielen utopischen Träume, deren Problematik sich gerade im Zuge ihrer *Erfüllung* erweist!). Sie folgt aber auch nicht dem Arbeitsethos, das Arbeit als Zweck des Lebens ansieht. In der neuen Welt, so höre ich Jes 65, lebt man weder, um zu arbeiten, noch arbeitet man, um zu leben, vielmehr *gehört* Arbeit zum Leben, und zwar eine Arbeit, bei der Tun und Ergebnis, Mühe und Ertrag nicht getrennt und – das ist das wichtigste – nicht ungerecht auf verschiedene Menschen und Gruppen aufgeteilt sind.

Ja, wie die Tage des Baumes sind die Tage meines Volkes,
und was ihre Hände erarbeiten, sollen meine Erwählten verbrauchen.

Die Tage des Baumes stehen hier gewiß für ein langes Leben, vielleicht auch für ein „aufrechtes" Leben. Das Bild bedarf nicht der Auslegung, aber ich möchte zwei weitere „Baumworte" hinzuzitieren, eines aus der jüdisch-chassidischen Literatur des 19. und eines aus der türkischen Literatur dieses Jahrhunderts. Beide Worte können auch als ein Kommentar zu Jes 65,22 gehört werden.

Rabbi Jizchak Eisik sprach: „Die Losung des Lebens ist: ‚Gib und nimm.' Jeder Mensch soll ein Spender und ein Empfänger sein. Wer nicht beides in einem ist, der ist ein unfruchtbarer Baum."
(nach *M. Buber,* Erzählungen der Chassidim, 10. Aufl. 1987, 709)

Und der türkische Dichter *Nazim Hikmet* (1902-1963) formuliert in den berühmt gewordenen Schlußzeilen seines Gedichts „Die Einladung" aus dem Jahr 1947 etwas, das ich auch im Jesajatext höre, wenn von den Tagen des Baumes wie den Tagen des Volkes die Rede ist. Bei *Nazim Hikmet* heißt es:

Leben! Einzeln und frei wie ein Baum
und brüderlich wie ein Wald,
ist unsere Sehnsucht.

Nicht nur mit der Arbeit, sondern auch mit der Geburt verbinden sich in der Welt, gegen die der Jesajatext seine Verheißungen und Erwartungen ausspricht, Erfahrungen des Scheiterns, der Leere, der Nichtigkeit. Und deshalb heißt es im utopischen Hoffnungsbild:

Sie mühen sich nicht ab ins Leere und gebären nicht für jähen Tod. Nachwuchs der Gesegneten Adonajs sind sie und ihre Nachkommen mit ihnen.

Kinder sollen nicht für jähen Tod geboren werden; Mütter sollen Kinder nicht gebären für jähen Tod – eine besonders bedrückende Nichtigkeitserfahrung ist hier ins Gegenbild gefaßt. Der Traum vom besseren Leben ist die Negation aller bisherigen Erfahrungen. In diesen Worten zeigt sich, daß der prophetische Text *auch* eine Klage ist, eine Klage, in der er in der Sprache der gewissen Erwartung formulieren kann, was im Kommen ist und doch noch nicht angekommen ist. Mütter *gebären* Kinder für frühen und oft auch gewaltsamen Tod; Menschen *mühen* sich ab ins Leere. Familien *sind* auseinandergerissen und leben nicht in mehreren Generationen zusammen. Es wird so *sein*, daß die Generationen alle „Gesegnete Adonajs" sind. Es *wird* so sein! Die Formulierung der Hoffnung macht auch die Differenz sichtbar zwischen dem, was ist, und dem, was sein soll und wird, und ist deshalb auch Ausdruck gegenwärtiger Not. Utopie ist immer auch Kritik. Und die Kritik enthält – leise, aber doch hörbar – eine Frage an Gott. Im Blick auf die Formulierung des Textes als Gottesrede müßte man fast sagen: Die Worte enthalten eine Frage, die Gott sich selbst stellen muß. Hier zeigt sich, so verstehe ich das, warum es mit einer neuen *Erde* nicht getan ist, warum es auch eines neuen *Himmels* bedarf.

Warum ein neuer Himmel?

So wird es sein: Noch bevor sie rufen, antworte ich, sie reden noch, schon erhöre ich sie.

Vom neuen Himmel und der neuen Erde ist die Rede, weil in den Worten „Himmel und Erde" wie in 1.Mose 1,1 die *ganze* Welt einbegriffen ist. Aber die Erwartung eines neuen Himmels läßt sich auch so lesen, daß der Himmel noch Wünsche offen läßt. Nach den Zeugnissen der Bibel ist der

Himmel der Ort (wenn auch nicht der einzige), an dem Gott wohnt. In Jes 57,15 (wie „unser" Text Teil der nachexilischen Fortschreibung der Jesajaprophetie) heißt es, Gott wohne ganz oben und ganz unten, „*hoch und heilig im Himmel und bei denen die gedemütigt sind, denen die Luft zum Atmen genommen ist*".

Was bedeutet es, wenn Gott im Blick auf den neuen Himmel und die neue Erde sagt: „*Noch bevor sie rufen, antworte ich, sie reden noch, schon erhöre ich sie*"? Es wird die Zeit kommen, so verstehe ich das, in der die Kommunikation zwischen Erde und Himmel, zwischen Gott und den Menschen, zwischen Israel und seinem Gott ungestört und ununterbrochen sein wird. Ist es denn jetzt nicht so? Bleiben Gebete ungehört und Bitten unerhört? Wenn wir die Verheißung und Erwartung des Textes für die Zukunft ernst nehmen, so muß für die Gegenwart die Antwort heißen: So ist es. Es gibt die Erfahrung, daß Gebete unerhört bleiben, und es ist eine bittere Erfahrung. Haben die Menschen etwas falsch gemacht, wenn sie diese Erfahrung machen? Haben sie womöglich die Antwort überhört, die Gott gab? Ja, so kann es sein. Aber die Bibel richtet diese Frage auch an Gott selbst: Warum erhörst Du unsere Gebete nicht, warum läßt Du so viele Menschen allein – oft dann, wenn sie am dringendsten nach Dir verlangen!? Stimmt da etwas mit den „Leitungen" nicht? Ich höre an dieser Stelle des Textes, daß auch der Himmel, wenn man das so sagen darf, renovierungsbedürftig ist.

Bereits der Gedanke mag manche erschrecken. Ist denn Gott nicht allwissend, allmächtig, „der liebe Gott"? Und ist nicht in seinem Himmel alles perfekt? „Wie im Himmel, also auch auf Erden", beten wir – heißt das denn nicht, daß oben alles schon so ist, wie es unten werden soll? Und ist es nicht die höchste Anmaßung, Gott Fehler vorrechnen zu wollen? Ja, es ist eine Anmaßung, aber sie ist nicht größer als die scheinbar demütige umgekehrte, die Aussage nämlich, all das, was uns in der Welt an Leiden und Unrecht, an Grauen und Tod umgebe, sei Gottes Wille. Alles kommt darauf an, in welchem Ton geredet, gefragt, geklagt wird. Das Hiobbuch zeigt, daß noch die ungeheuerlichsten Klagen und Anklagen Hiobs *vor* Gott mehr Recht bekommen als die noch so korrekten Reden der Freunde Hiobs *über* Gott. Ich möchte deshalb die Sprachform „unseres" Textes wahrnehmen. Er ist gleichzeitig Rede Gottes und Klage vor Gott. Die Verheißung der neuen Welt – der neuen Erde und des neuen Himmels – ist auch Klage über das, was ist. Es soll, es wird nicht das letzte Wort behalten, aber deshalb muß es zu Wort kommen, und darf nicht zugedeckt werden durch fromme Sätze, die in letzter Instanz Gott identifizieren mit dem, was ist. Doch Gott kann ändern, was ist, und er kann sich ändern. In Luthers Auslegung des Buches Jona findet sich die folgende Passage:

„Denn das kann Gott nicht unterlassen: Er muß helfen dem, der da schreit und ruft. Seine göttliche Güte kann sich da nicht zurückhalten, sie muß hören."
(in der von *G. Krause* besorgten Ausgabe, insel-Tb. 688, 1983, 71f.)

Die Utopie vom neuen Himmel und der neuen Erde – die Utopie, die einen Ort hat – ist auf ihre Weise ein solches Schreien und Rufen. Sie ist kein die realen Verhältnisse verlassender Traum („Ach, wie schön wäre es doch, wenn ..."), sondern eine drängende Erwartung, die die realen Verhältnisse in den Blick nimmt und nach deren Ende schreit, Gott nach deren Ende anruft, mehr noch: *Gott* deren Ende ansagen läßt. Gott selbst sagt den neuen Himmel an. Die Rede von der neuen Schöpfung ernst nehmen heißt darauf zu setzen, daß die Schöpfung auch den Schöpfer nicht unverändert läßt. Deshalb wird es eine neue Erde *und* einen neuen Himmel geben. Beides zusammen steht für eine neue Beziehung zwischen Himmel und Erde, zwischen dem Gott Israels und seinem Volk, zwischen Gott und den Menschen. Aber auch dann wird es noch etwas zu bitten, etwas zu erhören geben. Die neue Welt ist weder durch Perfektion noch durch Wunschlosigkeit gekennzeichnet. Auch das unterscheidet sie vom Schlaraffenland.

Das ist nun einmal ihre Natur ...

Wolf und Lamm weiden einträchtig, ein Löwe frißt Stroh wie das Rind;

Die Verheißung „unseres" Textes bezieht sich nicht nur auf die kategoriale Veränderung der Arbeits- und Lebensbedingungen von Menschen, sie schließt ebensolche Veränderung in der „Natur" ein. Das Bild vom friedlichen Zusammenleben von Wolf und Lamm gehört bereits in einem früheren Text des Jesajabuches zur Schilderung der messianischen Zeit (nämlich in Jes 11, 6-8). „Unser" Text zitiert den früheren mit wenigen Worten, die für die ganze Verheißung des Friedens in und mit der Natur stehen, und nimmt sie somit auf in seine Bilder von der neuen Schöpfung. Das einträchtige Leben von Lamm und Wolf ist zum Bild des Friedens schlechthin geworden, und nicht ohne Grund finden sich auf dem Titelblatt der von *Michael Mathias Prechtl* illustrierten Ausgabe der *„Utopia"* des *Thomas Morus* das Bild von Wolf und Lamm in trauter Umarmung. Aber wie für Jes 11 gilt auch für Jes 65 der naheliegende Einwand, spätestens hier zeige sich der illusionäre Charakter dieser Utopien, denn bekanntlich könnten Wolf und Lamm ihrer *Natur* nach nicht einträchtig leben und wenn *ein Löwe Stroh frißt wie das Rind*, wie es in unserem Bibelarbeitstext wie in Jes 11 weiter heißt, dann werde er an dieser seiner Natur zuwider gefressenen Nahrung elendiglich zugrunde gehen.

Der Einwand ist, was die biologische Faktizität angeht, richtig, aber er greift zu kurz. Der Traum von einer Zeit, in der die Feindschaft noch der vorgeblich „natürlichen" Feinde wie Wolf und Lamm nicht mehr ist, findet sich in verschiedenen Formen. Nicht *daß* das gehofft wird, ist das Entscheidende, sondern *wie* es gehofft wird. In der 4.Ekloge des römischen Dichters *Vergil* findet sich das Motiv des Tierfriedens wie bei Jesaja, doch auch kennzeichnend anders. Bei Vergil ist das kommende „Goldene Zeitalter" dadurch bestimmt, daß es keine Arbeit mehr gibt, daß die Tiere ihre Produkte selbst abliefern, daß alles „automatisch" geht und ebenso dadurch, daß es die feindlichen Tiere nicht mehr gibt. Bei Jesaja sind sie zu nicht mehr feindlichen verwandelt. Konversion oder Vertilgung? Sage mir, von welchem Frieden du träumst, und ich sage dir, welche Friedens*praxis* du üben wirst ... Ist Frieden, wenn das Ende der Feinde oder wenn das Ende der Feindschaft gekommen ist? Kommt es darauf an, daß endlich die Richtigen siegen, oder darauf, daß das Siegen-Müssen endlich aufhört? Der ehemalige General und Friedensforscher Wolf Graf Baudissin schrieb einmal ein Buch mit dem Titel „Nie wieder Sieg". Das Siegen-Müssen kann zum schrecklichen Zwang werden – über die Aktualität dieses Zwanges muß ich kein Wort verlieren..

Nicht ob der jesajanische Traum vom Frieden zwischen Wolf und Lamm und vom Löwen, der Stroh frißt, biologisch korrekt ist, scheint mir die entscheidende Frage, sondern, welches Friedensbild und welche Friedenspraxis in ihm aufleuchtet.

Und auch das ist zu bedenken: Es mag ja sein, daß es unmöglich ist, daß Wolf und Lamm sich befreunden und der Löwe zum Vegetarier wird, weil das gegen ihre Natur wäre – aber wie viele Feindschaft hat man in der Geschichte für eine „natürliche" erklärt? Und wie oft diente der Hinweis darauf, daß das nun einmal ihre Natur sei, dazu, Menschen, Gruppen und Völker festzulegen auf ein bestimmtes Bild, das keineswegs „natürlich" war, sondern das Ergebnis einer zur „zweiten Natur" geronnenen Projektion. Da waren dann Frauen wegen ihrer angeblichen Natur festgelegt auf manche und ebenso ausgeschlossen von anderen Tätigkeiten und Verhaltensweisen, da gab es die vorgeblich „natürliche" Feindschaft zwischen Deutschen und Franzosen, da konnte man von der Natur „des Juden" reden und mit diesem Naturbild Menschen bekämpfen und demütigen.

Nicht die Biologie ist das Problem, sondern das biologistische Modell von Gesellschaft, nicht der Darwinismus, den die Kirchen so lange und mancherorts bis heute bekämpfen zu müssen meinen, ist die Ideologie, sondern der Sozialdarwinismus, den (das scheint mir kein Zufall) manche Evangelikale, die den Darwinismus bestreiten, durchaus weniger kritisieren. Unser Bibelarbeitstext läßt sich jedenfalls nicht so schnell vorschreiben, was so sein müsse, weil es „natürlich" sei! Vielleicht geht dieser Traum zu weit, aber wie viele andere gehen entschieden zu kurz und machen zu rasch Halt vor den Grenzen dessen, das angeblich natürlich sei. Und so lese ich die Worte über Wolf, Lamm und Löwe in Jes 65 als radikale Erwartung, daß nichts so bleiben müsse, wie es ist, daß nichts und niemand darauf festgelegt sei, wie er oder sie nun einmal sei.

Ich falle mir ins Wort, denn es gibt ja auch hier die andere Seite. Wer einen Zustand, in dem die Wölfe über die Lämmer herrschen, als Frieden ausgibt, lügt. Wer aber jeden Wolf und jeden Löwen bereits für jesajanisch konvertierbar oder gar im Grunde schon konvertiert erklären muß, damit die Utopie keinen Schaden leidet, lügt ebenso. Und allemale gilt auch der Satz: Wehe den Schafen, wenn ihre Hirten mit den Wölfen heulen ...

Neben Wolf, Lamm und Löwe nennt Jes 65 ein weiteres Tier, und bei ihm lohnt es sich genau hinzuschauen.

Die Schlange

... und die Schlange – Staub ist ihr Brot.

In der Tierfriedenpassage in Jes 11, deren Worte über Wolf, Lamm und Löwe unser Bibelarbeitstext aufnimmt, heißt es: „Da wird der Säugling vergnügt am Loch der Kobra spielen, und nach der jungen Viper hat schon das Kleinkind die Hand ausgestreckt". Der Friede in und mit der Natur geht so weit, daß noch die Urfeindschaft zwischen den Menschenkindern und den Nachkommen der Schlange, die am Ende der Paradiesgeschichte formuliert ist, aufgehoben ist. Selbst die Schlange ist kein Feind mehr. Radikaler kann eine Friedenshoffnung kaum sein. Wie verhält sich nun die Aussage über die Schlange in unserem Bibelarbeitstext zu dieser Vorlage? Ist sie aufgenommen oder gerade nicht? Für beides spricht einiges. Das Hauptgewicht liegt darauf, daß auch die Schlange keine Menschen und andere Tiere bedrohende Feindin mehr ist, wenn sie „Staub frißt". Darauf bezieht sich der Schlußsatz unseres Textes:

Nicht wirken sie Böses noch Verderben auf meinem ganzen heiligen Berg – Adonaj hat's gesprochen.

Aber im Staub-Fressen der Schlange klingt kaum überhörbar auch der Fluchspruch über die Schlange vom Ende der Paradiesgeschichte an, wonach sie auf dem Boden kriechen und Staub vom Erdboden fressen werde. Liegt das Gewicht darauf, daß auch die Schlange nicht mehr verderblich wirken *wird*, oder darauf, daß sie verflucht *bleibt*? Ich vermag es nicht zu entscheiden; beide Lesarten sind möglich – vielleicht sind auch beide gemeint. Aber auch die Festlegung der Schlange auf den Fluchspruch der Paradiesgeschichte bleibt ambivalent. Diese Aussage beschäftigte einen chassidischen Juden, der den *Rabbi Bunam* nach dem Sinn der Stelle befragte:
„Das verstehe ich nicht", so fragt der Mann den Rabbi Bunam, „wenn die Schlange Staub fressen wird, dann ist sie doch das einzige Lebewesen, das immer genug zu essen hat. – Das ist doch keine Strafe, sondern ein Segen?!"

„Ja", antwortet Rabbi Bunam, „sie wird nie um etwas *bitten* müssen, *das* ist ihre Strafe."

Auf interessante Weise verweist uns diese Bemerkung zurück an einen Grundzug der jesajanischen Utopie. Perfektibilität, Autarkie, Automatismus, Selbstgenügsamkeit, ein Zustand, in dem keine Wünsche offen bleiben – all das ist gerade nicht das Merkmal der neuen Welt, von deren Kommen der Text spricht. Die großen Träume und die konkreten Alltagsfragen, die Fragen von Arbeit und Leben bleiben verbunden. Die Utopie hat auch darin ihren Ort; sie behält ihre Bodenhaftung. Es gibt in der Bibel eine Aufnahme „unseres" Textes, aus der den meisten Christinnen und Christen die Rede vom neuen Himmel und der neuen Erde vertrauter sein dürfte als aus dem Jesajatext. Ich meine das 21. Kapitel der Johannesoffenbarung. Werfen wir auf diese „christliche" Variante von Jes 65 einen Blick und fragen, wie der neutestamentliche Text sich zum alttestamentlichen verhält.

Offenbarung 21 – eine Überbietung von Jes 65?

Und ich sah einen neuen Himmel und eine neue Erde. Denn der erste Himmel und die erste Erde sind vergangen, und das Meer ist nicht mehr. Und die heilige Stadt Jerusalem sah ich, neu, wie sie von Gott aus dem Himmel herabkam, bereitet wie eine Braut, die geschmückt ist für ihren Mann. Und ich hörte eine gewaltige Stimme vom Thron her sprechen: „Siehe, die Wohnung Gottes bei den Menschen! Er wird bei ihnen wohnen, und sie werden seine Völker sein, und er, Gott selbst, wird bei ihnen sein und alle Tränen von ihren Augen abwischen; und der Tod wird nicht mehr sein und kein Leid, kein Jammer und keine mühsame Arbeit, denn das erste ist vergangen."

Diese Worte am Beginn von Off 21 enthalten zahlreiche Anspielungen auf alt- und zwischentestamentliche Texte – sie sind geradezu eine „Zitatcollage". Jes 65 fungiert dabei als „Leittext". Aber Off 21 ist nicht einfach eine Kopie von Jes 65; es gibt zusammen mit den wörtlichen Zitaten auch deutliche Abweichungen. Vergleicht man beide Bildreden vom neuen Himmel und der neuen Erde, so fällt auf, daß die apokalyptische Utopie der Johannesoffenbarung noch weiter greift als die prophetische des Jesajabuches.

Gibt es dort keine Arbeit, die ins Leere geht und um deren Ertrag die Arbeitenden beraubt werden, so gibt es in der Johannesoffenbarung überhaupt keine mühsame Arbeit (*ponos*) mehr. Ist in Jes 65 der vorzeitige Tod und das Sterben von Säuglingen verbannt, so gibt es in Off 21 den Tod nicht mehr. Wird im Jesajabuch Jerusalem gänzlich neu und umgestaltet, so kommt in der Johannesapokalypse das neue Jerusalem vom Himmel herab.

Besonders aufschlußreich ist in Off 21 die Aussage „*das Meer ist nicht mehr*". Das Meer ist in der biblischen Schöpfungsgeschichte der begrenzte Rest der alten Urflut, ein Chaos-Element *in der* Schöpfung. Die neue Schöpfung in Off 21 hat für diesen chaotischen Rest keinen Ort mehr. Aber es gibt neben diesem kosmologischen Aspekt auch einen politischen. Das Meer, das in der Sicht des Johannes nicht mehr sein wird, ist das „*mare nostrum*" der Römer, das Meer, über das die Legionen kamen und kommen, die das Imperium errichten und sichern, unter dem die Menschen in Kleinasien, die ersten Adressatinnen und Adressaten der Johannesoffenbarung leiden. Die Erfahrungen von Ausbeutung und Fremdbestimmung sind noch größer geworden, und noch größer wird deshalb auch die Utopie ihrer Überwindung. Nun taugt das Alte nicht einmal mehr zum Material einer neuen Welt. In diesem Sinne ist Off 21 eine Jenseitsutopie, während der Jesajatext im Diesseits bleibt und auf dessen neuer Schöpfung beharrt.

Insofern überbietet die Johannesoffenbarung ihren „Leittext". Aber ist die Überbietung unbedingt ein „mehr", überragt der neutestamentliche Text den alttestamentlichen? Ich meine, der neutestamentliche Text muß sich dieselben Rückfragen stellen lassen wie das Christentum überhaupt. Es gibt die Gefahr der zu großen Utopie, die die Bodenhaftung verliert. In unserem Bibelarbeitstext aus dem Jesajabuch besticht gerade die Verbindung von größter Hoffnung und präziser Wahrnehmung der ökonomischen Nöte des Alltagslebens. Es ist eine große Stärke dieses Textes, daß er die Balance hält zwischen der Erwartung des ganz Neuen und dem Festhalten an Altem, das nicht auf den Müllhaufen der Geschichte kommen soll. So zu fragen, ist keine Abwertung der Johannesoffenbarung und ihrer nochmaligen Radikalisierung der jesajanischen Erwartung. Beide Texte fassen die Erfahrungen *ihrer* Zeit in Worte und Bilder, und wenn wir nach

Impulsen beider Texte für unsere Zukunft und Gegenwart fragen, werden wir unsere Zeit und unsere Erfahrungen einbringen und womöglich zu einer viel bescheideneren Erwartung des Neuen kommen. Dabei werden die biblischen Hoffnungen für uns nicht erledigt sein, wie ja auch für die Johannesoffenbarung trotz und wegen der Nuancierungen der alte Jesajatext nicht erledigt, sondern zitierbar und anknüpfungsfähig ist und wie in den jüngsten Texten im Jesajabuch die älteren nicht erledigt sind, sondern zitierbar und anknüpfungsfähig bleiben. Fragen wir daher bezogen auf beide biblischen Texte vom neuen Himmel und der neuen Erde noch einmal, was sie uns zu sagen haben, welche Bedeutung sie als Utopie haben, als Utopie, die ihren Ort hat – ihre Orte in der Bibel und ihren Ort in der Welt: *Jerusalem*.

Von Gefahr und Notwendigkeit der Utopie

Die Verheißungen des neuen Himmels und der neuen Erde im Jesajabuch und der Johannesoffenbarung sind unerfüllt. Es *gibt* Arbeit, die ins Leere geht und bei der die Arbeitenden um die Früchte ihres Tuns gebracht werden. Es *gibt* das abgebrochene und abgerissene Leben, Mütter gebären Kinder für jähen Tod (dürfte man in diesen Dingen statistisch argumentieren, müßte man sagen: Das alles trifft heute mehr Menschen als je in der Geschichte). Und es *gibt* Verfehlungen und Schuld, die das Leben vergiften, die Menschen und Welt vernichten können. Noch immer fressen Wölfe Lämmer (und die scheinbare Vereinigung beider, die *Wölfe im Schafspelz* sind womöglich noch schlimmer). Noch immer reißen Löwen schwächere Tiere, und noch immer ist das ein Vorbild für die Reklamierung des Rechts des Stärkeren in der Geschichte und Gesellschaft (auch wenn man das heute in Worte wie „freier Markt" und „Verteidigungsbündnis" kleidet). Die Schlangen begnügen sich nicht mit Staub – die Autoschlangen auch nicht.

Die Verheißung des Alten Testaments ist im Neuen Testament Verheißung geblieben – und das ist gut so, denn alles andere wäre nicht die Wahrheit. Aber – das ist die andere Seite – immer gab es und noch immer gibt es Menschen, die an diesen alten Verheißungen und Utopien festhalten, die sich nicht einreden lassen wollen, daß es nun einmal so sei, wie es ist, und die darauf beharren, daß das, was ist, nicht alles ist und daß deshalb, was ist, sich ändern läßt. Doch wiederum gab es zu oft den Versuch, den Himmel auf Erden zu errichten, und dieser Versuch hat sich regelmäßig als Bereitung der Hölle erwiesen. Im Namen größter Werte, nicht zuletzt dem der Gerechtigkeit, wurden größte Verbrechen verübt; im Namen der besseren Zukunft wurde das Leben in mancher Gegenwart verächtlich gemacht und geschunden. Ist es nicht Zeit, so fragen viele, von den Utopien sich zu verabschieden und alles für die *winzigen*, aber dafür *möglichen* Verbesserungen des Lebens zu tun?

Es gibt gegen diese berechtigten Fragen *eine* Gegenfrage. Sie lautet: Wenn nicht mehr auf eine neue Erde und einen neuen Himmel gehofft wird, wenn nicht die kategoriale Veränderung dessen, was ist, erwartet wird, wie soll dann verhindert werden, daß das, was ist, ewig ist? Wo sollen die Kräfte der Verbesserungen und der Impuls zu den kleinen Schritten herkommen, wenn das, was ist, alles sein soll? Gegen alle Denunzierungen und Verbote der Utopien muß man an ihnen festhalten, aber – und das ist das Entscheidende – man muß an ihnen *als Utopie* festhalten. Auch in dieser Perspektive möchte ich die Überschrift dieser Bibelarbeit verstehen: Die Utopie hat einen Ort. Wo sie von diesem Ort vertrieben wird, wird es gefährlich; wo sie selbst diesen Ort verläßt, wird es auch gefährlich. Wo die Utopien verloren gehen, wird das Leben traurig, wo sie als Realität ausgegeben werden, wird es schlimm.

Es gibt zwei große Gefahren der Utopie. Die eine ist die der Illusion. Die andere aber ist nicht minder gefährlich, es ist die der vorgeblichen Erfüllung. Und deshalb ist es gut, daß die Erwartung unseres Bibelarbeitstextes so groß ist, daß sie sich mit weniger nicht zufrieden gibt. So groß zu hoffen und zu erwarten, kann zu einem kritischen Korrektiv werden gegen alle Versuche, uns weiszumachen, wir lebten schon in der neuen, der guten, der richtigen Welt.

Wo eine Utopie als erfüllt ausgegeben wird (wie es im angeblich real existierenden Sozialismus verordnet war), wird das Leben ideologisch verzerrt. Wo aber mit dem Verweis auf diese Gefahr das utopische Denken und Hoffen selbst verächtlich gemacht wird (wie es im tatsächlich real existierenden Kapitalismus verordnet wird), wird das Leben arm. Dann wird die

Gegenwart zur einzigen Zeit. Vergangenheit und Zukunft werden ausgelöscht, und was jetzt herrscht, wird ewig herrschen.

Die Zeit, in der und für die die biblischen Verheißungen und Utopien ihre Wahrheit haben, ist deshalb nicht die ferne Zukunft. Als Fahrplan der Weltgeschichte taugen biblische Zukunftsansagen nicht; das gilt auch für alle Versuche das kommende neue Jahrtausend und seine Ereignisse mit der Bibel in der Hand vorherzusagen. Nein, nicht die Zukunft ist die Zeit, für die wir die Utopien brauchen, sondern die Gegenwart. Nicht von einer jenseitigen Welt spricht unser Bibelarbeitstext und nicht von einem „dermaleinst". *„Ja, siehe doch, wie ich einen neuen Himmel erschaffe und eine neue Erde".* So beginnt unser Text, und seine Zukunftsansage ist „heute", *je* heute, freilich im Lichte von Psalm 95,8: *„Heute, wenn ihr seine Stimme hört".*

„Gerechtigkeit und Frieden küssen sich" oder:
„Gerechtigkeit und Frieden kämpfen"
(Psalm 85,11)*
Über eine biblische Grundwertedebatte

I.

„Gerechtigkeit und Frieden küssen sich" – so heißt es in den geläufigen Übersetzungen in Psalm 85,11. Nicht zuletzt wegen dieser Worte wurde der Psalm zu einem wichtigen Text in der ökumenischen Bewegung, bringt er doch in und zur Sprache, wie die Leitworte „Gerechtigkeit, Frieden und Bewahrung der Schöpfung" zusammen kommen können.[1] Gerade die biblische Überlieferung vermag den nicht bloß additiven, sondern integrativen Zusammenhang jener Leitworte und -werte zu erhellen, doch kaum ein Wort faßt die Utopie der Vereinigung von Gerechtigkeit und Frieden in ein so anschauliches und schönes Bild wie Ps 85,11. Eine genauere Befragung des Verses selbst läßt das Bild jedoch zunächst undeutlicher werden. *zädäq weschalom naschaqu* – so lauten die betreffenden Worte im masoretischen Text.

Die Verbform *naschaqu* läßt sich verstehen als eine durch das Satzende bedingte Pausa-Form der Afformativkonjugation (Perfekt) qal der Wurzel *naschaq* (küssen) und wäre – je nach angenommener Zeitform[2] – als *sie küssen*, beziehungsweise *sie küßten* zu verdeutlichen. Das Problem liegt darin, daß das Verb zwar zwei Subjekte hat (*zädäq* und *schalom*, Gerechtigkeit und Frieden), jedoch weder reflexiv ist noch ein „Objekt" (ein<e> Partner<in>) des Kusses genannt ist. Um die von den meisten alten und neueren Übersetzungen angenommene Bedeutung: *sie küssen sich* zu

---

* *Zuerst erschienen in der Festschrift zu Willy Schottroffs 65. Geburtstag (Gott an den Rändern. Sozialgeschichtliche Perspektiven auf die Bibel, hrsg. v. U. Bail und R. Jost, Gütersloh 1996, 42-52). Der Wiederabdruck geschieht mit freundlicher Genehmigung des Gütersloher Verlagshauses.*

begründen (z.B. Septuaginta: dikaiosyne kai eirene katephilesan – Vulgata: Iustitia et pax osculatae sunt – Buber: Wahrhaftigkeit und Friede sich küssen), bedarf es der Veränderung des überlieferten Textes, mindestens seiner Vokalisierung. So lesen viele Ausleger das Nif'al *nischschaqu*. H.-J. Kraus[3] ändert in ein von *sch-q-q* nif. abgeleitetes *naschaqqu* und übersetzt: sie treffen sich.[4] Aber auch ohne Eingriff in den überlieferten Text ist ein grammatisch unproblematisches Verstehen möglich, das freilich die Art der Begegnung von Gerechtigkeit und Frieden in einem anderen Licht erscheinen ließe. Möglich ist nämlich die Ableitung des *naschaqu* von einer Wurzel *n-sch-q* II mit der Bedeutung *kämpfen, sich rüsten*.[5] Es gibt eine interessante Debatte über die Frage, ob hier tatsächlich homonyme Wurzeln vorliegen oder *ein* Verb, das die Bedeutungen küssen und kämpfen haben kann.[6] Eine Analogie für eine solche Verbindung scheinbar einander ausschließender Bedeutungen ist der Typ aggressiv-erotischer Gottheiten wie die babylonische Ischtar, die kanaanäische Anat oder auch die römische Venus, die Liebe *und* Krieg verkörpern.

Als Fazit des textkritischen und lexikographischen Blicks auf Ps 85,11 läßt sich festhalten, daß gegensätzliche Verstehensmöglichkeiten der Begegnung von Gerechtigkeit und Frieden erkennbar werden. *Küssen* sie oder *bekämpfen* sie einander?

Der Blick auf den in Ps 85,11 vorausgehenden parallelen Halbvers vermag keine Klärung zu bringen; im Gegenteil, er enthält die präzise entsprechende Frage: *chäsäd-wä'ämät nipgaschu* – Liebe und Wahrheit *treffen einander*. Welcher Art das „Treffen" ist, läßt das Verb *p-g-sch* offen, da es ebenso positiv-freundlich wie negativ-aggressiv konnotierte, aber auch neutrale Formen der Begegnung bezeichnen kann.

Die neben Ps 85,11 einzigen Nif'al-Stellen (Prov 22,2; 29,13) sprechen vom Aufeinandertreffen des Reichen und des Armen beziehungsweise des Armen und des Bedrückten, wobei die symmetrische Asymmetrie bereits unterschiedliche Akzente setzt. Auch die qal-Belege beziehen sich auf unterschiedliche Begegnungsweisen. In Ex 4,24 *trifft* Jhwh auf Mose, um ihn zu töten; drei Verse später *trifft* Aaron auf Mose, und beide *küssen sich* (die doppelte Parallele zu Ps 85,11 wird uns noch beschäftigen). Hos 13,8; Prov 17,12 reden von der offenbar sprichwörtlich unangenehmen Begegnung mit einer Bärin, der man die Jungen weggenommen hat, Jer

34,14 von der Begegnung von Wüstentieren und Nachtgespenstern auf verwüstetem Land; in 2 Sam 2,13 *treffen* Joabs und Abners Leute mit feindlichem Fortgang aufeinander.

Für den Textbefund von Ps 85,11 bleibt es also (auf beide Versteile bezogen) bei dem Fazit, daß sich nicht eindeutig entscheiden läßt, ob die Begegnung zwischen Gerechtigkeit und Frieden beziehungsweise zwischen Liebe und Wahrheit Rivalität oder Vereinigung (oder beides?) bezeichnet. Kuß oder Kampf? Die Frage bleibt offen. Kann der Blick auf den ganzen Psalm die Frage klären?

II.

Ps 85 läßt sich in drei Abschnitte gliedern. In seinem (nach der Überschrift) ersten Teil (V.2-4) finden sich Vergangenheitsformen. Der Beter (die Beterin?) blickt zurück auf die erfahrene Hilfe Gottes. Im zweiten Teil (5-8) überwiegen Imperative und Fragesätze. Hier kommt die gegenwärtige Lage des Volkes zur Sprache, die Erfahrung *ausbleibender* Hilfe Gottes, die die bange Frage entläßt, ob Gott sich auf Dauer (für Generationen) von seinem Volk abgewendet habe. Im dritten Teil, der im Druck der hebräischen Bibel durch eine Lücke vor V.9 markiert ist, findet sich, mit der Wendung *äschme'a* (ich will hören) eingeleitet, ein Neueinsatz. Wie eine Beschwörung gegen die gegenwärtige Erfahrung kommt eine heilvolle Zukunft in den Blick, auf die die BeterInnen jetzt schon setzen. Die drei Teile (damaliges „einst" – jetzt – zukünftiges „einst") sind ebenso unterschieden wie miteinander verknüpft. Das Leitwort(feld) *schub* (zurückkehren, umkehren, zurückwenden, umwenden) kommt in allen drei Teilen vor (V.2.4.5.7.9) und verbindet sie. Das Stichwort ist „Wende". Die Ausgangssituation des Psalms, genauer: der Lage, der er entspringt, ist der Mittelteil – ein „Volksklagelied".

Wende uns um, Gott unserer Hilfe,
und brich deinen Zorn weg von uns!
Willst auf Dauer du wutschnauben über uns,
dein Wutschnauben hinziehen von Generation zu Generation?
Willst *du* uns nicht wenden und uns beleben,

daß sich freue dein Volk an dir?
Laß uns schauen, Jhwh, deine Liebe
und gib deine Hilfe auf uns!

Klage und Frage sind Ausdruck der Lage. Von den am Beginn des Psalms aufgerufenen Rettungserfahrungen ist nichts mehr zu spüren. Der nachexilische Psalm vermag auch die exilischen Reformulierungen jener Rettungstaten nicht ungebrochen nachzusprechen. Die eher kümmerliche Lage nach dem Exil wird zur Klage über die Differenz zwischen Situation und Verheißung. Doch die Klage behält nicht das letzte Wort. Sie mündet (vergleichbar manchen „tritojesajanischen" Perspektiven des Jesaja*buches*) ein in umso größere Hoffnung. Erkennbar ist aber auch eine andere Anknüpfung an vorexilische, ja sehr alte, mythologische Sprache. Die nahezu personal aufgefaßten Größen *zädäq* und *schalom* in diesem Korachiterpsalm[7] reformulieren alte jerusalemische Kultelemente.[8] In die Erinnerung geht jedoch abermals ein Bruch ein. Denn zur Frage wird, *wie* Gerechtigkeit und Frieden, Liebe und Wahrheit zusammen kommen können. Daß sie nicht präsent und nicht zusammen sind, ist Kennzeichen der Lage. Der *Realität* der gegenwärtigen Erfahrung wird jedoch keine *Totalität* zuerkannt: was ist, ist nicht alles. Und nur wenn das, was ist, nicht alles ist, kann das, was ist, sich ändern. In diesem Sinne ist Ps 85 ein utopischer Text. Die Erinnerung an die alten Heilstaten Gottes und die Hoffnung auf eine zukünftige Wendung des Geschicks bedingen einander, und gemeinsam bestreiten sie, daß nun einmal so sei, was und wie es ist. Die Hoffnung lebt aus der Erinnerung, die Erinnerung wird zur Hoffnung. Dabei aber wird die reale Gegenwart nicht überspielt; sie wird wahrgenommen als Realität, als Faktizität jedoch, der keine Normativität zuerkannt wird.[9]

Daß und wie es anders werden soll, formuliert der dritte und längste Abschnitt des Psalms. Er beginnt mit der Selbstverpflichtung, auf Gottes Wort zu hören. Das erste Wort, das Gott spricht, ist *schalom*. *schalom* – Frieden – ein damals wie heute schönes, aber nicht ungefährliches Wort. *schalom* war Kernwort auch und gerade falscher Prophetie, die betrog, weil sie Wahrheit trügerisch verschleierte und Wunschprojektionen für die Wirklichkeit ausgab.[10] In Ps 85 ist das erste Wort, das hört, wer Gottes Wort hört, *schalom*. In der Fortsetzung aber kommt *schalom* in Berührung mit anderen Grundworten und -werten, *zädäq* vor allem, aber auch *chäsäd* und *ämät*. Dabei ist im Schlußteil des Psalms eine Bewegung zu beobachten, in der die Gerechtigkeit (*zädäq*) zunehmende Bedeutung bekommt, indem sie im letzten Vers noch einmal betont ist. *schalom*, *häsäd* und *ämät* werden in Ps 85 je zweimal genannt[11], allein *zädäq* dreimal. Dieses leichte Übergewicht der Gerechtigkeit unter den Grundwerten ist kaum Zufall. Die entscheidende Frage aber bleibt. Wie kommen Gerechtigkeit und Frieden, Liebe und Wahrheit *zusammen*?

III.

Um der Frage nach dem Verhältnis der Grundworte und -werte, die in Ps 85,11 einander (in Kuß und/oder Kampf?) begegnen, angemessen nachzugehen, bedürfte es eines erneuten lexikographischen und semantischen Blicks, bei dem die Bedeutung(en) von *chäsäd* und *ämät*, *zädäq* und *schalom* zu erfassen wären. Dabei zeigte sich rasch, daß keines dieser vier Worte mit einem deutschen Äquivalent wiederzugeben ist. (Der auf Karl Kraus zurückgehende Vorschlag, „Übersetzen" als Imperativ zu verstehen: Üb' ersetzen![12], ist hier besonders zu beherzigen.) Möglich ist allenfalls je eine Umschreibung durch mehrere Worte und Wortfelder.

chäsäd (in deutschen Übersetzungen finden wir u.a.: Liebe, Treue, Huld, Wohltaten, Freundlichkeit, Gnade) ist zunächst so etwas wie Familien- und Nachbarschaftssolidarität, *das* an Zuwendung zu einem anderen Menschen, zu dem man sich verpflichtet fühlt, ohne dazu rechtlich verpflichtet zu sein. *chäsäd* beruht auf Verläßlichkeit und Gegenseitigkeit, ist Norm und Praxis, beinhaltet Emotionalität und Tun. Wenn von Gottes *chäsäd* gegenüber Menschen die Rede ist, spielt die Verwandtschaftssolidarität mit hinein, wenngleich der Aspekt der freien Zuwendung überwiegt. Wenn im folgenden *chäsäd* als „Liebe" wiedergegeben wird, sollen die übrigen Konnotationen nicht ausgeschlossen sein. *ämät* hat ebenfalls mit Verläßlichkeit zu tun, aber auch mit Wahrheit, Wahrhaftigkeit. *zädäq* beziehungsweise (feminin) *zedaqa* wird im allgemeinen mit Gerechtigkeit wiedergegeben, ist aber (wie sich auch in der Lektüregeschichte von Ps 85,11 noch zeigen wird) nicht unparteiliche „iustitia", sondern solidarischer Einsatz für die Gemeinschaft und dabei besonders die Schwachen, also wie *ämät* und *chäsäd* eine soziale Größe. Das gilt auch für *schalom*, einen Frieden, der mehr ist als die Abwesenheit von Krieg. Nach G. Gerleman bedeutet die *schalom* zugrunde liegende Wurzel *sch-l-m* zunächst „genug haben".[13]

Die vier Worte, die in Ps 85, 11 in Beziehung kommen, überschneiden sich teilweise in ihren Bedeutungsfeldern, so daß eine genaue Trennschärfe schwer ist. Gleichwohl überwiegen je bestimmte Aspekte, vor allem dann, wenn sie mit- und gegeneinander konturiert werden. Daher läßt es sich vertreten, für die weiteren Überlegungen und besonders im Blick auf die Lektüregeschichte versuchsweise mit den deutschen Worten *Liebe* und *Wahrheit*, *Gerechtigkeit* und *Frieden* zu arbeiten. Sie sollen, so Ps 85,11, zusammen kommen. Aber wie? Kuß oder Kampf – die Frage ist noch immer offen.

Zunächst ist festzuhalten, daß jene vier Grundworte und -werte nicht *eo ipso* beieinander sind. Es gibt – nur wenige adversative Kombinationen seien angedeutet – ebenso eine lieblose Wahrheit wie eine unwahre Freundlichkeit. Wie es Gerechtigkeit ohne Liebe gibt (war nicht auch Robespierre ein Anwalt der Gerechtigkeit?), so gibt es einen Frieden um den Preis der Wahrheit – und allemale auch umgekehrt. Wie also steht es mit dem „und", das die vier verbindet? Ein wichtiger Aspekt der Rede von den Grundwerten in Ps 85 ist der Verweis auf die Problematik dieses „und". Gegenüber diesem Aspekt ist die Entscheidung, ob Gerechtigkeit und Frieden einander küssen oder einander bekämpfen, ob Liebe und Wahrheit einander treffen oder aufeinander treffen, in gewisser Weise zweitrangig. Denn je nachdem, wie man Treffen und Begegnung versteht, beziehen sie sich auf unterschiedliche Punkte innerhalb des gleichen Vorgangs. Liest man „küssen", so wäre die Utopie an ihrem Ziel, liest man „kämpfen", so begönne das allemal konfliktreiche Aufeinandertreffen erst. Es gibt also Gründe für die Annahme, daß hier ein Fall vorliegt, bei dem das Offenhalten der Alternative(n) (Kuß und/oder Kampf – Einander-Treffen oder/und Aufeinandertreffen) die größere Genauigkeit bewahrt. Denn eben diese Offenheit läßt in der Lektüre verschiedene Möglichkeiten zu, die (wie die Worte und Werte in Ps 85 selbst) zusammen kommen und aufeinander treffen können. Gegenüber der nun an einigen Beispielen nachzuzeichnenden produktiven Vielfalt der Lektüremöglichkeiten wäre die Frage, welche Auffassung (Kuß *oder* Kampf?) denn nun *die* richtige sei, platt und fiele hinter den Reichtum der in der Lektüregeschichte wahrgenommenen Verstehensmöglichkeiten zurück.

IV.

Die rabbinische Auslegung der Erzählung von der Erschaffung des Menschen im Midrasch Bereschit rabba greift in bemerkenswerter Weise auf Ps 85,11 zurück. Ausgangspunkt ist der eigentümliche Plural („Laßt *uns* Menschen machen...") in Gen 1,26. In der Lektüre der Rabbinen verweist das „uns" auf eine Diskussion im Himmel:

Es sagte R. Schimon: Als der Heilige, gesegnet sei er, kam, den ersten Menschen zu erschaffen, da bildeten die Dienstengel Gruppen und Parteien. Die einen davon sagten: „Er werde erschaffen!", die anderen sagten: „Er werde nicht erschaffen!" Es heißt ja: Liebe und Wahrheit stießen aufeinander, Gerechtigkeit und Frieden bekämpften sich.[14]

Das Zitat aus Ps 85,11 (in der hier offenkundig vorausgesetzten Lesart des Aufeinandertreffens, Einander-Bekämpfens) wird im Midrasch mit Gen 1,26 zusammengebracht. Die Aussage des Psalms wird also redramatisiert; die im Psalm angelegte Grundwertedebatte wird nun im Diskurs der Engel über die Menschenschöpfung real geführt[15]:

Die Liebe (chäsäd) sagt: „Er werde erschaffen, denn er wird Liebeswerke vollbringen!" Die Wahrheit (ämät) sagt: „Er werde nicht erschaffen, denn er ist ganz und gar Lüge!" Die Gerechtigkeit (zädäq, zedaqa) sagt: „Er werde erschaffen, denn er wird Werke der Nächstenliebe (zedaqot) vollbringen!" Der Friede (schalom) sagt: „Er werde nicht erschaffen, denn er wird ganz und gar streitsüchtig sein!" Was tat der Heilige, gepriesen sei er? Er nahm die Wahrheit und warf sie auf die Erde. Es sagten die Dienstengel vor dem Heiligen, gepriesen sei er: „Herr der Welten, warum erniedrigst du sie, die über deinen Ordnungen steht? Laß doch die Wahrheit von der Erde aufsteigen!" Es heißt ja: Die Wahrheit sprieße von der Erde empor!

Der letzte Satz ist „Zitat" aus Ps 85,12. Das Nebeneinander von V. 11 und 12 im Psalm wird in der „Redramatisierung" in einen Zusammenhang gebracht. In diesen Zusammenhang wird Dan 8,12 („...die Wahrheit wurde zu Boden geworfen") eingespielt; die Danielpassage steht gleichsam in der Lücke zwischen Ps 85,11 und 12 und begründet, warum die Wahrheit, die zuvor mit den anderen „Worten" und „Werten" im Himmel diskutierte, von der *Erde* aufsteigen wird, während die Gerechtigkeit im *Himmel* bleibt (Ps 85,12b). Doch der Engelstreit ist mehr als ein Rahmen für die verbindende Lektüre von Gen 1,26; Ps 85, 11f. und Dan 8,12. Er ist eine von hohem Problembewußtsein getragene Grundwertedebatte beziehungsweise eine anthropologische Grundsatzdiskussion. Denn die Existenz des Menschen wird alle vier Engelparteien ins Recht setzen. Dabei hängt das jeweilige Votum der Engel mit ihrem „Ressort" zusammen. Die Liebe kann *für* den Menschen sein. Er wird liebesfähig sein – das darf der Liebe reichen. Die Wahrheit dagegen muß prinzipientreu sein; sie kann, will sie Wahrheit bleiben, keine einzige Abweichung zulassen. Die Gerechtigkeit wird (sofern sie biblische *zedaqa* ist!) dem auf dem Prüfstand stehenden gefährdeten Wesen „Mensch" eine Chance lassen. Erstaunlich streng ist der Friede – „ein bißchen Frieden" gibt es eben nur im Schlager.[16] Daß Gott die Wahrheit auf die Erde wirft, ist mehr als ein „missing link" zwischen Dan 8,12 und Ps 85,12, nämlich auch ein Kurztraktat über die Wahrheit. Die Wahrheit muß, will sie dem Leben von Menschen nahe kommen, aus dem Wertehimmel herab und – hier recht unsanft – auf die Erde herunter kommen. Sie soll und kann dann (Ps 85,12) wieder aufsteigen, doch die Bodenberührung wird sie nicht unverändert lassen.

Wie wird der „Grundwertestreit" im Himmel zu einem Ende gebracht, wie das „Patt" aufgelöst? Ginge es nach den Engeln, dauerte er (wie jede Grundwertedebatte) ad infinitum an. Der Midrasch erzählt weiter:

Während die Engel noch diskutierten, schuf der Heilige, gepriesen sei er, den Menschen. Er sprach zu den Dienstengeln: „Was nützt euch eure Diskussion? Der Mensch wurde bereits erschaffen."

Die gesamte Passage läßt über seine Lektüre von Ps 85,11 hinaus eine Fülle weiterer Beobachtungen und Fragen zu. Was Ps 85,11 betrifft, lebt sie von der Lesart „kämpfen" in der Begegnung von Gerechtigkeit und Frieden und dem entsprechenden Verständnis des „Treffens" von Liebe und Wahrheit. Aber die rabbinische Lektüre kann denselben Vers auch anders verstehen, wie der Midrasch Schemot rabba zu Ex 4,27 zeigt.

In die Interpretation von Begegnung und Kuß zwischen Aaron und Mose in Ex 4,27 wird nämlich ebenfalls Ps 85,11 ins Spiel gebracht – hier in der Lesart „küssen" und einer entsprechend positiven im ersten Versteil. Die Begegnung der Brüder wird mit Ps 85,11 verstanden als eine zwischen Aaron, der Liebe und Frieden[17], und Mose, der Wahrheit und Gerechtigkeit[18] verkörpert. Zusammen kommen in dieser (mit Ps 85,11 „aufgeladenen") Begegnung *Priester* und *Prophet*. Wie der Diskurs über die Menschenerschaffung nicht zuletzt mit Ps 85 zu einer Grundüberlegung über den Menschen wird, so der über die Begegnung von Aaron und Mose mit Ps 85 zu einem prinzipiellen Diskurs über das „Prophetische" und das „Priesterliche" als den beiden Grundformen von Religion. Wie kann *beides* sein, wie beides *unterschieden* – und so erst wahrnehmbar – sein, und wie kann beides dennoch *zusammenkommen*? Für jede der beiden Lesarten in Ps 85,11 läßt sich also auf Verstehensmöglichkeiten auf verschiedenen Tiefenebenen verweisen. Da wäre nicht die eine die vordergründige und reale, die andere die metaphorische, dafür um so tiefere. Beide sind auf der Ebene von Ps 85 verstehbar und sinnvoll, und beide führen in der Konfiguration mit der Lektüre anderer Bibelstellen zu prinzipiellen Überlegungen.

V.

Daß das Offenhalten mehrerer Lektüremöglichkeiten nicht nur der rabbinischen Auslegung von Ps 85,11 Konturen und Reichtum gibt, sondern ebenso der christlichen Lektüre, läßt sich in diesem Fall besonders deutlich zeigen, denn beide rabbinische Lesarten haben in der christlichen Auslegungsgeschichte ihr Pendant.

Der Kirchenvater Theodoret (5. Jh.), der die antiochenische (also eher grammatisch-nüchterne) Schule vertritt, führt zu Ps 85,11 aus, daß sich Gerechtigkeit und Frieden in der Gestalt der Elisabeth und der Maria *trafen* und *küßten*. „Jene, die die Gerechtigkeit, will sagen: den Johannes, im Schoße trug, küßte jene, die den Frieden trug."[19] In dieser Auslegungstradition von Ps 85 steht eine Miniatur, die die „Heimsuchung", das heißt die

Begegnung zwischen Maria und Elisabeth (Luk 1) darstellt, zum Text von Ps 85,11 im „Stuttgarter Psalter", einer karolingischen Handschrift aus dem 9.Jh. aus Saint-Germain-des-Prés.[20] Wie Aaron und Mose *begegnen* Maria und Elisabeth einander und *küssen* sich. Dabei steht Johannes (in Elisabeth) in der prophetischen, Jesus (in Maria) in der priesterlichen Linie. Aber auch in der mittelalterlichen Lektüre von Ps 85,11 ist diese Lesart von Begegnung und Kuß nicht die einzige. Die andere (in der Linie des Midrasch zu Gen 1) wurde zu einem eigenständigen Motiv, dem in mehreren Fassungen überlieferten „Streit der Töchter Gottes".[21] Die vielschichtige und voraussetzungsreiche[22] Auseinandersetzung der (den „Dienstengeln" des Midrasch vergleichbaren und wie sie auch als „Eigenschaften" Gottes verstehbaren) „Töchter Gottes", nämlich: „gerechtikait", „barmhertzikait", „wishait", und „frid" steiten (und versöhnen sich) nicht über die Frage, ob der Mensch erschaffen werden soll, sondern, ob er nach dem Sündenfall dem Tod verfallen ist oder gerettet werden kann. Die „Lösung" erfolgt „christologisch", durch den Tod des unschuldigen Gottessohnes. Trotz der spezifisch christlich-christologischen Verschiebung von Problemstellung und -lösung ist die Anknüpfung an den Midrasch zu Gen 1 unverkennbar.[23]

Gerade die Nähe zu diesem Midrasch läßt einige Einzelheiten umso deutlicher in den Blick kommen. Bemerkenswert ist eine geradezu talmudische Argumentation im „Töchterstreit". In einer der Fassungen[24] begründet die „barmhertzikait" ihren Vorrang vor der „gerechtikait" mit einer anderen Psalmenstelle, nämlich Ps 145,9: „Ich bin grösser denn du. Wan es stât geschriben: ,Sin barmhertzikait jst vber alle sine werck.' Du raichest nun bis an die wolcken. Aber ich gon vnd raich bis an daz ertrich vnd in die hell vnd in die himel vnd allenthalb. ..." Der (hebräische und lateinische[25]) Text in Ps 145,9 führt in seinem Kontext kaum auf ein quanitifizierendes Verstehen des „über" ('al/super). Aus seinem unmittelbaren Kontext gelöst ist dieses Verständnis jedoch möglich. Liegt an dieser Stelle eine „rabbinische" Hermeneutik zutage, so ist in anderer Hinsicht die christliche Umwertung bemerkenswert. Wenn auch die Konstellationen im „Streit der Töchter Gottes" etwas wechseln können, bleibt die Gerechtigkeit auf der Seite, die den Menschen schuldig spricht. Die Differenz zwischen der biblischen *zedaqa* und der lateinischen „iustitia" wie ihrer germanischen

Entsprechungen ist an dieser Stelle besonders erkennbar. Tritt die *zedaqa für* das Menschenleben ein, so die „gerechtikait" *dagegen.* Deutlich wird an solchen Stellen auch, daß eine sozialgeschichtliche Exegese in die gegenwärtigen Diskurse über eine gerechte und menschenfreundliche Gesellschaft gerade *biblische* Gerechtigkeit in Erinnerung und ins Gespräch zu bringen hat.

Indem die spätmittelalterliche Lektüre von Ps 85,11 mit dem Motiv von Streit und Versöhnung der „Töchter Gottes" *beide* Verstehensmöglichkeiten der Verben des Psalmenverses in Szene setzt, zeigt sie noch einmal die Fruchtbarkeit der Verweigerung eindeutiger Alternativen. Das Offenhalten der Frage gegenüber verkürzender Eindeutigkeitsforderung wird zum Reichtum der Lektüre.

VI.

„Gerechtigkeit und Frieden *küssen sich*" oder: „Gerechtigkeit und Frieden *kämpfen*"? Ich schlage vor, das „oder" als ein *vel* und nicht als ein *aut* zu verstehen, das heißt beide Lesarten wahrzunehmen als solche, die einander nicht ausschließen, sondern ergänzen und befragen und am Ende womöglich zusammen kommen können. Die Offenheit läßt nicht beliebige, wohl aber unterschiedliche Konfigurationen mit anderen biblischen Texten zu, die je eigene Perspektiven in das Gegen- und Miteinander von Liebe und Wahrheit, Gerechtigkeit und Frieden einbringen. Der Diskurs *über* das Verstehen von Ps 85,11 ist damit als Teil der Frage zu verstehen, von der in diesem Psalmenvers selbst die Rede ist. Begegnung und Auseinandersetzung, Kuß oder Kampf? Auch in einem Grundwertestreit im Lichte von Ps 85,11 hätte beides seinen Ort. Manchmal wird der Konflikt überwiegen, und manchmal sind es freundlichere Formen der Begegnung. Es geht darum, daß Liebe und Wahrheit, Gerechtigkeit und Frieden *zusammen* kommen. Kein schlechter Gedanke auch für wissenschaftliche Diskurse. In Ps 85 stehen die vier in einem nicht eindeutigen Verhältnis zueinander. Eines aber ist gewiß: Sie bedürfen einander. Gegen den Krieg, zum Beispiel den jeder Wahrheit gegen jede andere, werden Frieden und Gerechtigkeit eintreten müssen, gegen den faulen Frieden, der sich zuweilen als Pluralismus ausgibt und unterschlägt, welche Positionen *nicht* zugelassen sind, werden Gerechtigkeit und Wahrheit sich verbünden müssen. Und wiederum sind viele weitere Konstellationen möglich und real. Deshalb müssen die Lektüre und der Diskurs stets weiter gehen. Aber zuweilen muß – um einer eindeutigen Praxis willen – die Theoriedebatte unterlaufen werden. Sonst gäbe es zum Beispiel den Menschen nicht...

Anmerkungen

1. Der Psalm wurde zu einem wichtigen Bibeltext in mehreren ökumenischen Versammlungen der letzten Jahre (u.a. Seoul, Canberra); für die Vollversammlung des Reformierten Weltbundes 1997 in Debreczin ist er als „Motto" vorgesehen. Für eine lateinamerikanische Lektüre gerade dieses Psalms sei verwiesen auf M. Rauh: „Herr, wie gut warst du zu deinem Land". Campesinos beten Psalmen. In: Leben mit Psalmen. Hrsg. v. G. Bitter/N. Mette, 21984, 237-244 (S.243 ein besonderer Kontext zum Thema „Kuß"!). Das Zitat aus Ps 85,11 ist Titel der beiden Bände der Gollwitzer-Werkausgabe (Ausgewählte Werke, 1988, 4,1.2, hrsg. v. A. Pangritz), die die Aufsätze zur politischen Ethik enthalten.
2. Eine präteritale Bedeutung ist ebenso möglich wie ein „Perfekt propheticum", das ein zukünftiges Geschehen als Gegenwart erblickt.
3. BK XV/2, 589.
4. Ein Nif'al von sch-q-q ist nicht belegt; die beiden Stellen, auf die Kraus verweist, haben qal-Formen; zudem wäre mit sch-q-q eher an ein „Sich-aufeinander-Stürzen" zu denken, was der Begegnung von Gerechtigkeit und Frieden eine eigene Note gäbe...
5. Ges.-Buhl; KBL, vgl. dazu ThWAT V, 676-680, bes. 677 (Beyse).
6. ThWAT, ebd. (mit weiteren Literaturangaben).
7. Den Korachiten werden die Psalmen 42-49.84.85.87.88 zugeschrieben; zu den Fragen, die sich mit der in der Chronik genannten Gruppe von Tempelsängern (aber auch andere Funktionen werden genannt), ihrer Herkunft von einem Enkel Levis und der Verbindung mit den Aufrührern von Num 16f. verbinden, zusammenfassend G. Wanke im NBL Lfg. 9, 1994, 532 (mit Literaturangaben).
8. Dazu G. Wanke: Die Zionstheologie der Korachiten, BZAW 97, 1966; zur Bedeutung von $zädäq$ im Jerusalemer Kult O. Keel: Eine Kurzbiographie der Frühzeit des Gottes Israels, ET 5 (1994) 158-175, bes. 166f. (mit weiteren Literaturhinweisen).
9. Zur Beziehung dieser Überlegungen auf das Projekt „Sozialgeschichte" vgl. Verf., „Hoch und heilig wohne ich – und bei dem Zermalmten und Geisterniederten". Versuch über die Schwere Gottes. In: Auf Israel hören. Sozialgeschichtliche Bibelauslegung. Hrsg. v. R. Jost u.a., 1992, 85-113, bes. S. 200f. (jetzt auch in: Verf., Hiobs Post. Gesammelte Aufsätze zum Hiobbuch, zu Themen biblischer Theologie und zur Methodik der Exegese, 1995, 183-211 (ursprünglich vorgetragen beim

Symposium zum 60. Geburtstag von W. Schottroff); zum Utopiethema Verf., Utopie nach dem Ende der Utopie. In: Ders., Biblische Erinnerungen. Theologische Reden zur Zeit, 1993, 9-26

10. Vgl. bes. Jer 6,14; zu diesem Aspekt in Ps 85 Kraus, BK XV/2, 592f.
11. Zählt man die mit *chäsäd* zusammenhängende Wortform *chasidaw* (seine Frommen) in V.9 mit, wäre auch *chäsäd* dreimal genannt.
12. Vgl. H.Wollschläger liest „Ulysses", 1982 (es 1105), 31.
13. THAT II, 919ff.
14. Übersetzung hier und im folgenden unter Zuhilfenahme der Ausgabe von A. Wünsche, Bibliotheca Rabbinica, 2.,4.,5.,8.,10., und 11. Lfg., Der Midrasch Bereschit Rabba, 1881 (Nachdruck 1967), 32.
15. Verwiesen sei auf eine Reihe ähnlicher Debatten im Kontext der genannten Stelle sowie im Midrasch Tehillim zu Ps 8 (in Wünsches Ausgabe S.74ff. – dort auch die rabbinische „Urstelle" von H. Mulischs Roman „Die Entdeckung des Himmels"...). Voraussetzung dieser Debatten und ihrer Schriftzitate ist die Gleichzeitigkeit aller Tora-Texte in der rabbinischen Hermeneutik.
16. Ausführlicher in Verf.: Die Ungenauigkeit des Seins oder: Wie tugendhaft die ist Wahrheitsliebe? In: Ders.: Theologische Reden, mit denen man keinen Staat machen kann. 1989, 169-178, bes. 170ff.
17. Für Aarons Beziehung auf *chäsäd* wird auf Dtn 33,8, zu der auf *schalom* auf Mal 2,6 verwiesen.
18. Zu Moses Beziehung auf *ämät* wird auf Num 12,7, zu der auf *zädäq* auf Dtn 33,21 verwiesen.
19. MPG 80, 155 I A, dazu P. Gordan OSB: „Gerechtigkeit und Frieden haben sich geküsst" Ps 84 (85), 11, FrRuBr 27 (1976) 16f.
20. Vgl. Gordan, ebd.
21. Eine Textsammlung in: Texte des späten Mittelalters und der frühen Neuzeit. Hrsg. v. W. Stammler u.a., Heft 19: Spätlese des Mittelalters, II. Religiöses Schrifttum, hrsg. u. erläutert v. W. Stammler, 1965, 48ff, 138ff.; vgl. Die Deutsche Literatur des Mittelalters. Verfasserlexikon, Bd. 9 Lfg.2, 1994, 396-402 (W. Timmermann), mit Angaben über die Quellen, Vorlagen und Ausgestaltungen des Motivs sowie Literaturhinweisen.
22. Prägend wurden u.a. Auslegungen von Bernhard von Clairvaux und Beda. Eine Rolle spielt die germanisch beeinflußte Satisfaktionslehre sowie die Auslegung von Rittertugenden; unverkennbar ist neben dem christologischen ein starker mariologischer Aspekt (vgl. die o. Anm. 35 genannte Lit.).
23. Die Herkunft des Motivs wird sowohl bei Stammler als auch bei Timmermann (s.o. Anm. 35) notiert, jedoch nicht wirklich analysiert und auf die je spezifischen Differenzen hin betrachtet.
24. Stammler (s.o. Anm. 35), Text I, 49f. Z.36ff.
25. MT: *tob-jhwh lakkol*; *werachamaw 'al-kol ma'asaw* V: Suavis Dominus universis; Et miserationes eius super omnia opera eius.

Gemeinschaft in Verschiedenheit*
Bibelarbeit über 1. Korinther 11, 17-34

Zum Einstieg

In *Heinrich Heines* „Aus den Memoiren des Herren von Schnabelewopski" berichtet der Erzähler von seiner Reise nach Hamburg:
  „Hamburg ist die beste Republik. ... Die Hamburger sind gute Leute und essen gut. Über Religion, Politik und Wissenschaft sind ihre respektiven Meinungen sehr verschieden, aber in Betreff des Essens herrscht das schönste Einverständnis. Mögen die christlichen Theologen dort noch so sehr streiten über die Bedeutung des Abendmahls; über die Bedeutung des Mittagsmahls sind sie ganz einig ..."
  (*H. Heine*, Sämtliche Schriften, hrsg. v. *K. Briegleb*, Bd. I, München² 1975, 508f.)
  Aus zwei Gründen wollte ich mit Heines ironischer Schilderung einsetzen. Der eine ist die Selbstverständlichkeit, mit der Theologen (und heute auch Theologinnen) über die Bedeutung des Abendmahls streiten. Das Mahl, das Menschen verbinden soll, das Gemeinde begründen soll, trennt sie in der Realität. Der zweite Grund ist Heines Beobachtung, daß (gewiß nicht nur in Hamburg) die Frage nach der Bedeutung des Abendmahls mit der unzweifelhaften Bedeutung eines sättigenden und guten Mittagsmahls nichts zu tun hat. Das Abendmahl hat religiöse und spirituelle Bedeutung – über sie wird gestritten; Abendmahlsstreitigkeiten verursachen Spaltungen bis zu Kriegen – aber *satt* wird vom Abendmahl niemand. Niemand *mehr*, muß man sagen, und auch darüber wird zu reden sein beim Versuch, unseren heutigen Bibelarbeitstext aus dem 1. Korintherbrief des Paulus zu verstehen.

---

* *Deutscher Evangelischer Kirchentag Stuttgart 1999, Liederhalle Hegelsaal (Freitag, 18. Juni 1999)*

"Real präsent" im Abendmahl ist die Trennung

Kaum eine andere theologische Frage und kaum eine andere Praxis gelebten Christentums hat Menschen so gespalten, getrennt und verfeindet wie das Abendmahl. Es wurde zu *einer* Ursache christlicher Gewalt an Jüdinnen und Juden. Die besondere Heiligung der Hostie (vor allem im Zuge der Einführung des Fronleichnamsfestes) führte immer wieder und an vielen Orten zur Beschuldigung, Juden hätten sich in Gestalt der Hostie des Leibs Christi bemächtigt, um ihn zu schänden. Es waren die eigenen unklaren und mystisch aufgeladenen Vorstellungen über den Leib und mehr noch das Blut Christi und seine reale Präsenz im Abendmahl, die sich in diesen abstrusen Vorwürfen realisierten. Viele Jüdinnen und Juden wurden reale Opfer solcher Beschuldigungen – auch das ist zu bedenken, wenn im Zusammenhang mit dem Abendmahl vom „Opfer" die Rede ist.

Aber auch innerchristliche Streitigkeiten bis hin zu Religionskriegen verbanden sich mit dem Abendmahl. Es spielte eine wichtige Rolle im 15. Jahrhundert bei den Verfolgungen der Anhänger *Wiclifs* in England. Und weil er das Abendmahl *in beiderlei Gestalt* vertrat, das heißt den Kelch auch für die Laien forderte, wurde *Johannes Hus* verbrannt; die Hussitenkriege waren die Folge. Katholisch-evangelische Konflikte verbinden sich mit dem Abendmahl, aber auch heftigste und kirchenspaltende innerevangelische Streitigkeiten. Ob Brot und Wein Christi Leib und Blut *sind* oder (nur) *bedeuten* – jener Streit um das *„est"* oder das *„significat"* – trennte Luther und Zwingli, und es trennt Lutheraner und Reformierte in vieler Hinsicht bis heute.

Es gibt noch andere Trennungen. Aus Furcht vor den Folgen eines *„unwürdig"* eingenommenen Abendmahls (über dieses Schlüsselwort unseres Textes, das in den meisten deutschsprachigen Bibeln steht, nicht aber in der Kirchentagsübersetzung, müssen wir noch ausführlich reden) wurden Menschen vom Abendmahl ausgeschlossen oder schlossen sich selbst aus. Die Angst, sich mit der Einnahme des Abendmahls in unwürdigem Zustand Gericht, Krankheit und Tod zuzuziehen (das las man in „unserem" Text), hatte zur Folge, daß gerade in vielen frommen Gemeinden das Abendmahl selten gefeiert wurde. (Es erinnert mich an das Baden in der Sicht unserer Urgroßeltern: Ein-, zweimal im Jahr muß es sein, mehr wäre unmoralisch ...)

Viele von diesen Spaltungen (längst nicht alle) sind oder scheinen überwunden. Aber *eine* Trennung – sie liegt auf einer ganz anderen Ebene – ist womöglich noch spürbarer als in früheren Zeiten. Es geht vermutlich nicht nur mir so, daß ich mich gerade beim Abendmahl ganz isoliert fühle, wenn ich mit Menschen zusammen vor dem Altar stehe, von denen ich nichts weiß und die mir fremd sind und (meist) fremd bleiben. *Gemeinsam-einsam* gerade beim Abendmahl – auch das gehört zu unserem Thema und zu unserem Text.

Wie kam es nur, daß gerade das Mahl, das Menschen verbinden soll, die Teilhabe am Leib Christi, die sie als Gemeinde zu *einem* Leib machen soll, zu solcher Gewalt, zu solchem Streit, zu solcher Ausgrenzung, zu solcher Demütigung, zu solcher Einsamkeit führen konnte? Was ist da so grundfalsch gelaufen? Und was kann da heute geschehen – in unserer Theologie und unserer Gemeindepraxis, hier und heute in Stuttgart (beim Feierabendmahl auf dem Kirchentag heute Abend oder bei den anderen Veranstaltungen, die es heute zum Abendmahlsthema geben wird) und in Zukunft, zum Beispiel bei dem für das Jahr 2003 geplanten und bereits in Vorbereitung befindlichen Ökumenischen Kirchentag in Berlin – aber auch an allen anderen Orten, an denen wir das Abendmahl feiern? Die Auslegung eines (*eines*) biblischen Textes wird nicht allein die Probleme lösen; aber womöglich kann die Besinnung auf die allen Christinnen und Christen gemeinsame neutestamentlich-biblische Grundlage doch mehr sein als eine historische Erinnerung. Vielleicht hilft uns bei unserer Suche danach, wie man in Unterschiedenheit dennoch zu Gemeinsamkeit kommen kann, das Nachdenken eines Bibeltextes, für den eben diese Frage, die Frage nach Gemeinschaft in Verschiedenheit, nicht nur Anlaß, sondern Thema ist.

Häresie muß sein

Paulus nimmt Stellung zu einem Konflikt in der Gemeinde in Korinth. Was er zu sagen hat, sagt er mahnend, nicht mit einer Autorität, die nichts anderes gelten läßt, wohl aber mit Autorität:

Folgendes habe ich euch zu sagen: Ich kann es nicht loben, daß ihr zum Schaden, nicht zum Nutzen zusammenkommt. Erstens nämlich – so höre ich – gibt es Spaltungen unter euch, wenn ihr in der Gemeindeversammlung zusammenkommt, und zum Teil glaube ich es. Denn es muß ja wohl unter euch unterschiedliche Verhaltensweisen geben, damit sich herausstellt, wer sich unter euch bewährt. (1. Kor 11, 17-19)

So beginnt „unser" Text. Von „Spaltungen" und „unterschiedlichen Verhaltensweisen" ist da die Rede. Das klingt spannungsvoll, aber nicht sogleich dramatisch. Paulus räumt auch ein, daß manches übertrieben bei ihm angekommen sein mag (so verstehe ich jedenfalls die Worte: *„und zum Teil glaube ich es"*). Wo es Streit gibt und man vom Streit berichtet, neigt man ja dazu, die eigene Position besonders zu pointieren und die der anderen bereits in der Darstellung abzuwerten.

Der Konflikt klingt erheblich dramatischer, wenn man die griechischen Worte für die *„Spaltungen"* und die *„unterschiedlichen Verhaltensweisen"* nennt. Es sind die Worte „Schisma" und „Häresie". „Schisma" wurde das Wort für die Kirchenspaltung (namentlich die zwischen dem römischen Katholizismus und der ostkirchlichen Orthodoxie), und „Häresie" wurde zum Wort für den Abfall von der wahren Lehre, für Ketzertum. Aber „Häresie" (*hairesis*) bedeutet zunächst „Wahl". Als „Häresien" wurden die verschiedenen philosophischen Schulen bezeichnet, dann auch (bei *Josephus* z.B.) die verschiedenen Richtungen innerhalb des Judentums. Wer immer sich aus freien Stücken für eine und damit gegen andere Denk- und Lebensweisen entscheidet, ist danach „Häretiker". Gegen „Häresie" zu sein bedeutet deshalb, wenn schon nicht sich selbst, so doch anderen das Wahlrecht zu bestreiten. Demokratie ohne Häresie ist deshalb kaum denkbar. Aber kann es in Fragen von Glauben und Wahrheit *demokratisch* zugehen? Wenn wir am Ende der Bibelarbeit über mögliche Perspektiven für eine *Praxis unterschiedener Gemeinsamkeit* beim Abendmahl nachdenken wollen, werden wir darauf zurückkommen müssen.

Auch Paulus schreibt, daß es „Häresien", unterschiedliche Verhaltensweisen, geben müsse. Nicht weil er ein Pluralist ist, sagt er das, sondern weil nur so sich herausstellen könne, wer die bessere, die lebensförderlichere Praxis habe. Paulus verhält sich nicht neutral, geschweige denn indifferent, achselzuckend. Im Blick auf den Konflikt in Korinth hat er klare

Kriterien, die er im folgenden nennt. Daß diese klaren Kriterien nicht zu einem völlig eindeutigen Ergebnis führen, daß, wie wir sehen werden, einiges offen bleibt, mag die enttäuschen, die Eindeutiges erwarten, die Rezepte wollen. Die aber, denen es um die Gestaltung von Gemeinschaft in Unterschiedenheit zu tun ist, würden wohl eher skeptisch reagieren, wenn es einer (und wäre es der Apostel Paulus) *allzu genau* wüßte.

Aber keineswegs wird alles gleich gültig – und damit am Ende gleichgültig. Es *gibt* Kriterien, um sie geht es in der Fortsetzung.

Was ist der Konflikt – was könnte die Lösung sein?

Um welchen Konflikt in Korinth geht es konkret? Worauf antwortet Paulus in „unserem" Text? Und wem antwortet er so? Zunächst schildert Paulus, wie es in Korinth beim gemeinsamen Essen in der Gemeinde zugeht:

Wenn ihr also als Gemeinschaft zusammenkommt, dann nicht, um das Christusmahl zu essen. Denn alle nehmen beim Essen ihre eigene Mahlzeit ein, so daß manche hungern und andere betrunken sind. Habt ihr denn keine Häuser, um zu essen und zu trinken? Oder verachtet ihr die Gemeinde Gottes und beschämt die Besitzlosen? Was soll ich euch sagen? Soll ich euch loben? In dieser Sache kann ich nicht loben! (V. 20-22)

Wer ist da angeredet? Offenbar die, welche die Besitzlosen beschämen. Paulus sagt das, was er zu sagen hat, also nicht gleichermaßen allen in der Gemeinde, sondern in diesen Worten den Starken und Reichen, die einen Teil der Gemeinde bilden. Was ist es, das Kritik fordert? Wie ging es zu, wenn sich die Gemeinde am Abend versammelte, um miteinander das Christusmahl, das, so steht es im griechischen Text, *kyriakon deipnon*, das „Herrenmahl" zu essen?

Korinth war eine bedeutende und reiche Stadt – in der Zeit des Paulus wesentlich größer als zum Beispiel Athen. Nach der Zerstörung im Jahre 146 v. Chr. hatte Caesar die Stadt neu gegründet und viele Freigelassene und Veteranen dort angesiedelt. Die Internationalität und Multikulturalität der Stadt (mit vielen Einwandernden aus dem Osten kam auch bald eine jüdische Gemeinde nach Korinth) hing vor allem mit ihren beiden Häfen zusammen. Hier wurden die Waren umgeladen, um die schmale Landenge zwischen dem adriatischen und dem ägäischen Meer zu überbrücken. Paulus hielt sich mehrfach in Korinth auf, am längsten bei seinem ersten Aufenthalt in den Jahren 50 und 51. Die lebendige Gemeinde hatte bald mit vielen Problemen zu kämpfen, die sich mit der erwähnten Multikulturalität und Weltoffenheit und mit den auch dadurch verursachten Spannungen und Spaltungen verbanden. Zu diesen Spannungen trugen auch die starken sozialen Unterschiede der Gemeindemitglieder bei. Es gab offenbar manche Gutgestellte bis Reiche und viele Arme, Sklavinnen und Sklaven, vor allem Hafenarbeiter. Wenn die Gemeinde – mindestens einmal in der Woche – zusammenkam, um miteinander das Mahl zur Erinnerung an Christus einzunehmen, kamen ungleiche Menschen zusammen. Die sozialen Gegensätze außerhalb des Gemeindelebens wurden zu augenfälligen Trennungen *im* Gemeindeleben. Vermutlich (nicht alle Einzelheiten lassen sich klären; was man wissen kann, muß man zum größten Teil den Paulusbriefen selbst entnehmen) war es so, daß man zum gemeinsamen Mahl zusammen kam und das mitgebrachte Essen verzehrte. Da aßen nun – ich spitze zu – die einen die von ihnen mitgebrachten gebratenen Tauben, die anderen die von ihnen mitgebrachten Zwiebeln. Das meint Paulus mit der Formulierung, statt des *kyriakon deipnon*, des Christus-, des Herrenmahles, nähmen sie ein *idion deipnon*, ihre eigene, private Mahlzeit ein. Manche Sklavinnen und Hafenarbeiter, die erst nach der Arbeit, die den ganzen Tag dauerte, zur Versammlung kommen konnten, kamen vermutlich oft zu spät, um überhaupt noch etwas zu essen zu bekommen. Die besser Gestellten hatten da schon gut gegessen und – womöglich reichlich – getrunken; andere hungerten. Man muß das noch zuspitzen: Wenn etwa ein Sklave nach der Arbeit ins Haus seines Herrn gegangen wäre, hätte er dort zu essen bekommen. Gewiß nicht üppig, aber doch genug, denn sein Herr hatte ja ein Interesse an der Erhaltung der Arbeitskraft. Wenn er (oder sie) aber nun nach der Arbeit zur Versammlung der Anhänger des „*Herrn* Jesus" ging, gab's womöglich nichts mehr zu essen außer dem Bissen Brot und dem Schlückchen Wein einer rituell gewordenen Abendmahlsfeier. Denn man wollte gemeinsam das Abendmahl feiern, und man tat es vermutlich auch, was das Brot und den Wein betraf. Die Armen waren von *materieller*, nicht von *spiritueller* Gemeinschaft ausgeschlossen. Das scheint mir wichtig zu betonen, denn die Position der Reichen war gerade keine materialistische, sondern eine „geistliche".

Ich stelle mir vor, eine Sklavin hätte eines der gut gesättigten reichen Gemeindeglieder zur Rede gestellt und ihn gefragt, ob er sich so die Gemeinschaft des Christusmahles vorstelle, er sei satt und heiter, ihr knurre der Magen, ob er denn nicht wahrnehme, daß und wie die Armen in der Gemeinde durch diese Form der „Apartheid" um ihre Würde gebracht und gedemütigt würden, und ob etwa *das* das Ergebnis sei, wenn eine statt dem Sklavenherren diesem Herrn folge. Dann hätte der oder auch die Reiche – so denke ich mir – sie mit großen Augen angeschaut und gefragt, warum sie denn an so materiellen Dingen hänge und ob sie es nicht spüre, daß die spirituelle Gemeinschaft von Brot und Wein als Teilhabe am Leib Christi unendlich viel wichtiger sei als die schnöde Sättigung. Schließlich gehe es, so stelle ich mir die Antwort weiter vor, um das Geistige und nicht um das Körperliche, um das Geistliche und nicht um das Materielle.

Und wenn ich noch einen Schritt weiter gehe, dann könnte ich mir vorstellen, daß eine so fragende Sklavin oder ein wenigstens in der Gemeinde auf materieller Gleichheit beharrender Hafenarbeiter rasch in die Ecke von Sozialrevolutionären gestellt wurden. Schließlich sei man doch in der Gemeinde Jesu Christi und nicht bei den Spartacusanhängern ...

Die Entgegensetzung von Materialismus und dem Glauben an die „höheren Dinge" ist bekanntlich nicht nur auf die Gemeinde in Korinth der Pauluszeit beschränkt und die Vorstellung, Theologie und christlichem Glauben gehe es gerade nicht um Materialismus, ebenfalls. Nichts ist falscher als dieser Gegensatz. „Mit der Theologie kommt der Materialismus dort überein, wo er am materialistischsten ist. Seine Sehnsucht wäre die Auferstehung des Fleisches ...", notiert *Theodor W. Adorno* ganz am Ende seines Buches „Negative Dialektik" (GS VI, 207), und wir sollten uns und andere erinnern, daß es im Glaubensbekenntnis um eben die Auferstehung des Fleisches geht und nicht darum, daß sich am Ende das richtige Denken durchsetze. Daß keiner hungern und keine frieren, daß keinem die Würde und keiner der aufrechte Gang genommen werde, daß der Mensch kein verächtliches und geducktes Wesen sei – das ist Verkündigung, Ziel und realer Vorschein von Gemeinde, wenn sie denn *diesem* Herrn und nicht den Herren der Welt folgen will.

Gegen die Trennungen und Spaltungen in Korinth erinnert nun Paulus an die letzte Mahlzeit, die Jesus mit seinen Jüngern eingenommen hat.

Der Leib Christi, das Blut Christi

Denn ich habe von Christus empfangen, was ich auch euch weitergegeben habe, nämlich: In der Nacht, in der er übergeben wurde, nahm Jesus Christus Brot. Er sprach den Segen, brach es und sagte: Das ist mein Leib für euch; das tut zur Erinnerung an mich. Ebenso auch den Becher, nachdem die Mahlzeit beendet war, mit den Worten: Dieser Becher ist der neue Bund durch mein Blut. Das tut, sooft ihr trinkt, zur Erinnerung an mich. (V. 23-25)

Paulus gibt eine Überlieferung weiter, die er selbst empfangen hat. An anderen Stellen des Neuen Testaments sind die Worte Jesu in etwas anderem Wortlaut wiedergegeben. Jede der Überlieferungen betont je Besonderes; schon deshalb wird man das Abendmahl nicht auf nur *einen* Sinn, *eine* Bedeutung reduzieren können. Der Text unserer Bibelarbeit aus dem 1. Korintherbrief nimmt insofern eine besondere Rolle ein, als er der älteste Abendmahlstext des Neuen Testaments ist und vermutlich noch recht nahe an der Jesusüberlieferung selbst steht. Es ist daher eine von mehreren Stimmen zum Abendmahl, die hier zu Wort kommt, aber keineswegs irgendeine. Doch auch diese eine Stimme hat nicht nur *einen* Ton, sondern bringt mehrere Aspekte zur Sprache. Was schärft Paulus den Korintherinnen und Korinthern mit dieser Erinnerung an Jesu letzte Mahlzeit ein?

Wichtige Hinweise stecken in Formulierungen des griechischen Textes, die man leicht übersehen kann und die nicht in allen Bibelübersetzungen deutlich genug werden. „Ebenso auch den Becher, *nachdem die Mahlzeit beendet war* ...", heißt es. Paulus erinnert daran, daß das Mahl, um dessen vergegenwärtigende Erinnerung es geht, ein Sättigungsmahl war und (warum sollte er es sonst so deutlich in Erinnerung bringen?) eben dies bleiben soll. Wer das Abendmahl auf die spirituelle, die symbolische Seite beschränkt, erinnert sich falsch. Und wer in der vergegenwärtigenden Erinnerung im Gottesdienst nur diese Seite wiederholt, wieder holt, läßt Wichtiges weg. Es geht nicht zuletzt um eine Gemeinschaft, in der alle Menschen satt werden. Wenn in Korinth oder anderswo „*manche hungern und andere betrunken sind*", dann stimmt etwas Entscheidendes an der Gemeinschaft nicht. Nicht nur der Hunger nach Wahrheit und anderen „höheren Werten" soll gestillt werden, sondern auch der reale Hunger. Auf die Frage nach dem Ziel der emanzipierten Gesellschaft notiert *Ador-*

no: „Zart wäre einzig das Gröbste: daß keiner mehr hungern soll" (Minima Moralia, Nr. 100 [*Sur l'eau*], GS IV, 177f.). Der Satz Jesu „Niemand lebt vom Brot allein" steht gerade nicht bei der „Speisung der 5000"! Denn wo der an sich richtige Satz, daß noch andere als die materiellen Dinge zum Leben gehören, dazu dient, Ungerechtigkeit zu befestigen und Menschen die Erfüllung des materiell Notwendigen vorzuenthalten, da wird der richtige Satz zum falschen, da wird Wahrheit zur Lüge und Glaube zur Ideologie.

In *Bert Brechts* „Geschichten vom Herrn Keuner" findet sich diese:

Ein Arbeiter wurde vor Gericht gefragt, ob er die weltliche oder die kirchliche Form des Eides benutzen wolle. Er antwortete: „Ich bin arbeitslos." – *„Dies war nicht nur Zerstreutheit", sagte Herr K. „Durch diese Antwort gab er zu erkennen, daß er sich in einer Lage befand, wo solche Fragen, ja vielleicht das ganze Gerichtsverfahren als solches, keinen Sinn mehr haben."* (B.B., GW 12, 389)

Es gibt einen weiteren wichtigen Hinweis auf den Charakter der letzten Mahlzeit Jesu in der Erinnerung des Paulus. Wir kennen aus der gebräuchlichen Abendmahlsliturgie die Worte: „.... nahm er das Brot, dankte, brach es und gab seinen Jüngern davon". Das Wort „dankte" geht in dieser Reihe leicht unter. Im griechischen Text steht hier das Wort *eucharistäsas*, wovon „Eucharistie", die in der katholischen Kirche übliche Bezeichnung für das Abendmahl stammt. Was tat Jesus, wenn er „dankte"? Er sprach als Jude in jüdischer Mahlgemeinschaft den Segen (die *bracha*) über das Brot – und damit über das gesamte Essen –, wie es zu Beginn der jüdischen Mahlzeit geschieht. Von rabbinischer Zeit bis heute sind es die Worte: „Gesegnet DU, Ewiger, unser Gott, König der Welt, der hervorbringt Brot aus der Erde". Und wenn es dann abgekürzt heißt (Paulus setzt voraus, daß seine Adressatinnen und Adressaten wissen, wovon die Rede ist): *„Ebenso auch den Becher, nachdem die Mahlzeit beendet war"*, so steckt in diesem *„ebenso"*, daß er auch über den Becher den Segen sprach, wie es bei einer jüdischen Mahlzeit geschieht.

Das Mahl ist ein *Sättigungsmahl*, das Mahl ist ein *jüdisches* Mahl. Beides gehört zu dem, was auch heute einzuschärfen und zu bewahren ist. Wer denkt denn bei Oblate und symbolischem Schluck Wein oder Saft noch daran, daß es um Sättigung und Freude geht? Und wer hört in dem in unserer Liturgie so verknappten Wort *„dankte"* noch mit, daß hier ein jüdisches Mahl erinnernd vergegenwärtigt wird und daß zu diesem Mahl der Segen gehört?

Gesegnet wird *Gott* selbst. Menschen geben im Segen etwas von dem, das sie von Gott empfangen haben, an den Geber aller Gaben zurück. Der Segen bedeutet aber auch, daß nun die Essenden und Trinkenden in Freiheit über die Gabe verfügen dürfen; es ist ihre Speise und ihr Trank geworden. Die Erinnerung an den Geber gehört zu jedem Essen; er macht die Mahlzeit nicht zu einem besonderen spirituellen, symbolischen Mahl. Heute sind das christliche Abendmahl und die von allem Religiösen getrennte Mittags- oder Abendmahlzeit meist gänzlich auseinander getreten. Von dem einen wird man nicht mehr satt, und das andere bedarf scheinbar des Segens nicht. Heute wird ja sogar für immer mehr Menschen das *gemeinsame* Essen selbst zu einer altertümlich-fremden Sitte.

In die Worte hinein, die das Mahl Jesu mit seinen Jüngern als ein ebenso jüdisches wie wirkliches, sättigendes Abendessen erkennbar machen, spricht Jesus nach der Überlieferung, die Paulus weiter gibt, seine besonderen Worte: Nach dem Segen über das Brot sagt er: *„Das ist mein Leib für euch; das tut zur Erinnerung an mich."* Nach dem Segen über den Becher (nicht den *Wein*) sagt er: *„Dieser Becher ist der neue Bund durch mein Blut. Das tut, sooft ihr trinkt, zur Erinnerung an mich."* Diese besondere Beziehung auf Christus ist das besondere „Christliche" des Abendmahls, das es von einer jüdischen Mahlzeit unterscheidet. Christinnen und Christen, Menschen aus den nichtjüdischen Völkern, bedürfen Jesu Christi, um hinzu und hinein zu kommen in den Bund Gottes mit seinem Volk. Für *uns* ist der Christus Jesus, wie es in der Barmer Theologischen Erklärung heißt, das *eine* Wort Gottes. Der neue Bund ist der neue Zugang zu dem einen Bund, aber er ersetzt nicht den alten, wie das Neue Testament das Alte weder ersetzt noch übertrifft noch erst erfüllt, sondern für Menschen aus den Völkern erschließt. Es ist die Treue Jesu zu seinem Volk und zum Gott Israels, die Treue in seinem ganzen Leben bis zum Tod am Kreuz, die uns als Christinnen und Christen diesen Zugang eröffnet. Diese Treue bis zum Tod, bis zum Tod, der nicht das letzte Wort behielt, ist das *Zeugnis* (das griechische Wort dafür ist „Martyrium"), das im Abendmahl erinnert, wieder geholt, vergegenwärtigt wird. Für diese Treue steht die Rede vom *neuen Bund* durch Jesu *Blut*.

Das Wort über das Brot hat in unserem Text eine andere Zielrichtung, und es hat in der gegebenen Situation das Hauptgewicht. *„Das ist mein Leib für euch; das tut zur Erinnerung an mich."* Das Wort hat mehr als nur *eine* Bedeutung. Denn das griechische Wort *soma* „Leib" meint wie das lateinische „corpus" sowohl den Körper als auch die Körperschaft. Der Leib Christi ist also sowohl sein Leib als auch die in seinem Namen und in der Erinnerung an ihn versammelte Gemeinde. Von der Gemeinde als „Leib Christi" spricht Paulus auch im vorangehenden und im folgenden Kapitel. „Weil ein Brot ist, darum sind wir – die vielen – ein Leib ...", heißt es in 1. Kor 10, 17, und in 1. Kor 12 steht das Bild von dem einen Leib und den vielen Gliedern im Zentrum. Nicht die Substanz der Hostie, der Oblate verkörpert also den Leib Christi, sondern die Substanz der Gemeinschaft, die sein Abendmahl erinnernd und vergegenwärtigend wiederholt. Darauf liegt in der Erinnerung des Paulus alles Gewicht. Deshalb muß eine Mahlfeier, die sich allein auf das Spirituelle beschränkt und die Gemeinschaft selbst zerstört (wenn manche zu viel zu sich genommen haben und andere hungern), als Verfehlung des Kerns des Erinnerungsmahls gelten – in Korinth und anderswo, damals *und* heute.

„Unwürdig" oder „unsolidarisch"? Ein Wort und die Folgen

Die Gemeinschaft und Gemeinde der beim gemeinsamen Mahl Versammelten ver-*körpert* den Leib Christi. *„Wer das Brot"* – so haben wir in der Kirchentagsübersetzung das griechische Wort *anaxios* verdeutlicht: – *„auf unsolidarische Weise* ißt oder den Becher Christi trinkt, der oder die wird am Leib und am Blut Christi schuldig."

Hier empfehlen sich einige Erläuterungen, denn gerade diese Worte haben zu einer überaus problematischen Abendmahlsauffassung geführt – zum Gegenteil des in 1. Kor 11 Gemeinten.

Zunächst der Textabschnitt im Zusammenhang:

Daraus folgt: Wer auf unsolidarische Weise das Brot ißt oder den Becher Christi trinkt, wird am Leib und am Blut Christi schuldig. Jede Frau und jeder Mann soll sich in dieser Hinsicht bewähren und so vom Brot essen und aus dem Becher trinken. Alle, die beim Essen und Trinken dem Leib Christi nicht gerecht werden, die ziehen sich durch ihr Essen und

Trinken das Gericht Gottes zu. Deshalb sind bei euch viele schwach und krank und manche schon gestorben. Wenn wir uns danach richteten, würden wir nicht gerichtet. Wenn Adonaj uns richtet, werden wir erzogen, damit wir nicht mit der Welt endgültig gerichtet werden. (V. 27-32)

Wer „*unwürdig*" von dem Brot ißt oder aus dem Kelch des Herrn trinkt – so steht es in der Lutherbibel, und „*unwürdig*" beziehungsweise „*auf unwürdige Weise*" heißt es auch in der Zürcher Bibel, in der Einheitsübersetzung und in der „Guten Nachricht". Nun ist „unwürdig" durchaus eine Übersetzungs*möglichkeit* des griechischen Wortes. „Unangemessen", „unausgewogen" wäre weniger prätentiös und recht präzise. „*axios*" ist eine Waage, wenn sie im Ausgleich steht, *an-axios* ist daher ein unausgewogener, ein nicht austarierter Zustand, einer, der aus dem Lot geraten ist, beziehungsweise ein Verhalten, bei dem die Gewichte und Gewichtungen falsch sind. Und wenn das gemeinschaftliche Mahl so aus dem Lot gerät, dann, so sagt Paulus, *ziehen sich die, die es so unangemessen einnehmen, das Gericht Gottes zu.*

Generationen von Christen und vielleicht mehr noch Christinnen ist das zu der Drohung geworden, daß sich Krankheit und Tod zuziehe, wer das Abendmahl in unwürdigem Stande zu sich nehme, und sie haben das individuellmoralisch verstanden. Wer sich des Brotes und des Weines moralisch „unwürdig" erweist, dem und der wird das Abendmahl zum Gericht, zur Strafe, zum Tod gereichen. Da gab es vielerorts Ausschlußregeln. Frauen galten als „unwürdig" in den Zeiten ihrer Menstruation, ledige Mütter allemale. Und mußte nicht das zum Drohpotential gewordene Mahl denen Furcht einflößen, die sich – und welcher auch nur halbwegs sensible Mensch wäre das nicht? – *stets* einer Schuld, eines noch nicht versöhnten Streits, eines gebrochenen Vorsatzes, des Hochmuts und vieler anderer „Sünden" bewußt waren? Und auch wenn man unmittelbar vor dem Empfang des Sakraments die Beichte abgelegt hatte – hatte man wirklich *alles* gebeichtet, alles ernstlich *genug* bereut? Wer wollte von sich sagen, sie oder er sei „würdig", den Leib und das Blut des Herrn zu empfangen!? So geriet das Sakrament zum Gottesurteil. Der fromme Schauder, der viele Menschen beim Abendmahl ergreift, wurde zum Quell von Selbstzweifel, Zerknirschung und Angst. Eine (bewußte oder unbewußte) Folge dieser Auffassung ist, daß die meisten Menschen (mich vermutlich eingeschlossen) beim Abendmahl eine „Leichenbittermiene" aufsetzen, die so gar nichts erkennen läßt von der Freude des messianischen Mahls, die es spüren lassen sollte.

Gegen diese verhängnisvolle Wirkung des Wortes „unwürdig" in den Bibelübersetzungen haben wir in der Kirchentagsübersetzung *die* Bedeutung betont, die beim Wort *anaxios* an dieser Stelle und in diesem konkreten Kontext vor allem anklingt. Es geht nicht um den moralischen Zustand der einzelnen, seine oder ihre offenen oder geheimen großen und kleinen Sünden (oder das, was man je nach den gültigen Moralvorstellungen für sündig oder unrein oder unwürdig hielt). Es geht darum, ob sich die, die gemeinsam das Abendmahl feiern, der *Gemeinschaft* gegenüber angemessen, solidarisch verhalten. Wenn dieser Zusammenhang deutlich ist, dann kann man auch die Übersetzung „unwürdig" vertreten, denn wo Menschen ausgeschlossen und zum Beispiel durch das schamlose Präsentieren des Reichtums anderer gedemütigt, beschämt werden, da wird gegen die Menschenwürde verstoßen. Wo die Gemeinschaft zerstört wird, wo sie sich in elementarer und materieller Weise als unsolidarische Nichtgemeinschaft erweist, da wird man, wie es im folgenden Vers heißt, *dem Leib Christi* (nämlich der Gemeinde selbst) *nicht gerecht*. Eine Gemeinde, die in ihrer Praxis das verrät, das sie stiftet, nimmt Schaden an sich selbst. „*Wenn wir uns danach richteten, würden wir nicht gerichtet*", sagt Paulus (V. 31).

Aber dazwischen steht der schwierige Vers 30: „*Deshalb sind bei euch viele schwach und krank geworden und manche schon gestorben.*" Steht hier nicht doch, daß sich die einzelnen, die sich dem Leib Christi unsolidarisch, unwürdig, unangemessen verhalten haben, mit Schwachheit, Krankheit und Tod bestraft wurden? Und erscheint nicht in solcher Perspektive zum Beispiel eine Krankheit nicht nur allgemein als „Strafe Gottes", sondern speziell als Strafe für ein „unwürdig" eingenommenes Abendmahl? Also doch eine Art „schwarze Magie" als göttliche Pädagogik? Was meint Paulus mit diesen Sätzen, welche Erfahrung interpretiert er so?

Um dem Gedanken des Paulus näher zu kommen, sollten wir bei einem Vers einsetzen, den ich bisher übergangen habe. Zwischen der Erinnerung an das letzte Mahl Jesu und den Folgerungen, die sich daraus für das gemeinsame Mahl der Gemeinde ergeben, steht:

Denn: Immer wenn ihr dieses Brot eßt und den Becher trinkt, verkündet ihr den Tod Christi, bis er selbst kommt. (V. 26)

Paulus und die Menschen seiner Gemeinden leben in der Erwartung der baldigen Wiederkunft Christi und der dann sich voll realisierenden Gottesherrschaft. Insofern bezeugt das Abendmahl den Tod Jesu, die gegenwärtige Abwesenheit Christi wie die erwartete Wiederkunft und damit die kommende Gottesherrschaft. Das Abendmahl ist Erinnerungsmahl und vorabbildendes messianisches Freudenmahl zugleich. In ihm ist die kommende Freude schon präsent. Aber warum gibt es, das war die Frage, die ausweislich der paulinischen Briefe die Menschen der von ihm gegründeten und besuchten Gemeinden bewegt und zutiefst verunsichert hat, denn überhaupt noch Krankheit und Tod? Was wird sein mit denen, die schon gestorben sind, bevor der Messias endgültig kommt und seine Herrschaft antritt? Sind sie verloren auf ewig? Nein, das sind sie nicht, schreibt Paulus an die Gemeinde in Thessaloniki, und auch im 1. Korintherbrief lese ich das: Auch die, die jetzt auf Grund der unsolidarischen Praxis in der Gemeinde schwach, krank, ja gestorben sind, sind nicht auf ewig verloren. Das sie treffende Geschick tritt ein, damit nicht sie und die ganze Gemeinde endgültig gerichtet werden und das ewige Leben verlieren. Der Gedankengang ist für uns nicht leicht nachzuvollziehen, doch so scheint er mir gemeint. Aber bleibt nicht die Vorstellung von Krankheit als Strafe, und hat nicht diese Vorstellung gläubigen Kranken zu ihrem Leiden noch ein womöglich schwereres hinzu aufgebürdet? Muß nicht endlich Schluß sein mit *dieser* „schwarzen Magie"?

Warum sind einige krank oder gestorben und wovon?

Ja – es muß endlich Schluß sein mit dieser Vorstellung, mit der nämlich, als habe sich ein kranker, ein leidender Mensch Krankheit und Leid durch seine persönliche Sünde zugezogen. Aber ist das die Auffassung des Paulus an dieser Stelle? Ich glaube, nein. Setzen wir noch einmal ein beim Gedankengang des Textes. Weil in Korinth das Abendmahl auf unsolidarische, die Gemeinschaft verratende und zerstörende Weise geübt wird, sind, so Paulus, einige schwach und krank geworden und manche schon gestorben. Es gäbe zwei Möglichkeiten, diese Folge in für uns leichter nachvollziehbarer Weise zu begreifen, eine individuell-zurechnende und eine strikt ökonomische. Die eine wäre, daß *die* von Krankheit und Tod befallen wurden, die sich unsolidarisch verhielten, die die Armen zu kurz kommen ließen und das Abendmahl zur „Privatveranstaltung" machten. Dann dürften nur die Reichen krank geworden und gestorben sein. Das ist ziemlich unwahrscheinlich. Oder es ginge darum, daß man die Armen so habe darben lassen, daß *sie* so leiden mußten. Dann dürften nur die Armen krank geworden und gestorben sein. Auch das ist unwahrscheinlich. Vielmehr interpretiert Paulus das Faktum, daß Menschen (vermutlich Arme und Reiche) schwach und krank wurden, daß manche Menschen (vermutlich Reiche und Arme) gestorben sind, bevor die Wiederkunft Christi statt fand. Paulus versteht das als Folge der falschen, aus dem Lot geratenen Praxis der Gemeinde als ganzer. Verfehlungen *einzelner* treffen die *ganze* Gemeinschaft. Das ist kein magisches Denken, sondern zunächst ein Erfahrungssatz.

Keineswegs sind die Menschen, die bei den Schneelawinen in den Alpen im vergangenen Winter zu Tode kamen, gestorben, weil sie sündiger waren als andere. Aber es läßt sich schwer bestreiten, daß jene Lawinen und ihre verheerenden Wirkungen nicht nur ein Naturverhängnis waren, sondern auch Folge einer bestimmten Weise, die Alpen zum Urlaubsbetriebsgelände umzugestalten. Keineswegs sind die Opfer von „Tschernobyl" sündiger als die, die davon kamen, aber „Tschernobyl" war keine Naturkatastrophe, sondern die Folge einer bestimmten politisch-ökonomischen Prioritätssetzung. Und es gibt keine Möglichkeit, sich von solchen Folgen mit dem Hinweis zu dispensieren, man sei ja immer schon dagegen gewesen. Sind etwa die Opfer des Kosovo-Krieges (auf beiden Seiten) schuldiger als die, die das Glück haben, in friedlicheren Gegenden und Zeiten zu leben? Schon gar nicht sind die Opfer von Hungerkatastrophen sündiger als andere, gar als die, die sie mit verursachen, aber sie sind mit verursacht von Menschen und ihren – meinen – Prioritäten. Die Logik des Paulus klingt deshalb nur auf den ersten Blick so archaisch, so magisch. Auf den zweiten Blick ist sie sehr aktuell.

Das gemeinschafts- und lebenszerstörende Tun einzelner trifft die Gemeinschaft als ganze und viele einzelne – keineswegs in besonderem Maße schuldige – in ihr. Ich kann dieser Argumentation nicht die Plausibilität absprechen. Und doch gibt es da etwas, das mich ein zaghaftes „Gegenlied" anstimmen läßt.

Mein kleines „Gegenlied" hat vier „Strophen". Die erste enthält eine Warnung. Beschädigungen und Katastrophen, die eine Gemeinschaft betreffen, sind verursacht durch die falsche Praxis in dieser Gemeinschaft. Darin steckt etwas Richtiges. Aber diese Auffassung kann zu der Vorstellung führen, daß man mit dem richtigen Verhalten, das richtige, katastrophen-, wenn nicht leidfreie Leben erzeugen könne. Aus der Selbstkritik wird dann ungeheurer Hochmut, als könnten wir Menschen Schwachheit, Krankheit und Tod vermeiden, wenn wir nur richtig lebten.

Meine zweite" Strophe": Krankheit und frühen Tod als Folge von „Sünde" zu begreifen, scheint nicht mehr verbreitet in unserer Gesellschaft, aber nur dann, wenn man „Sünde" im theologischen Sinne versteht. Als nichttheologische – gleichwohl religiöse – Kategorie ist diese „Sündenlehre" jedoch, wenn ich recht sehe, eher im Vormarsch. Der Slogan „Hauptsache gesund" wird zur Leitmaxime, und immer unverhohlener kann man hören, daß Krankheit und Leid nicht nur selbstverursacht, sondern selbstverschuldet seien. Eltern, die auf bestimmte pränatale Diagnosemöglichkeiten bewußt verzichten und ein behindertes Kind bekommen, machen sich in diesem Sinne nach Auffassung vieler „schuldig", zum Beispiel indem sie der Gemeinschaft Folgekosten aufbürden. Man fordert höhere Versicherungsbeiträge für Raucher (ich gestehe, daß ich hier parteilich bin), auf der anderen Seite stehen die Verheißungen einer geradezu religiösen Gesundheitswerbung (nur wer die richtigen Dinge ißt und tut, lebt richtig). Das alles kommt mir gefährlich vor. Die alte frömmelnde Doppelbegründung: „Es ist unmoralisch und ungesund" ersteht in ökomoralistischem Gewand wieder. Aus eigener Jugenderfahrung kann ich da nur sagen: Ich will den Mief der 50er Jahre nicht wieder haben, und ich wünsche ihn keiner und keinem, die heute jung sind.

Und nun die „dritte Strophe": Die Rede von der Gemeinde als Leib Christi hat ihre Tücken. Da ist einerseits die Gefahr, mit dem Verweis auf den einen Leib und die vielen Glieder die faktische Ungleichheit zu übertünchen. Mit dem Gleichnis von dem einen Leib, in dem es den Magen und die Glieder geben müsse, hatte bereits der Patrizier Menenius Agrippa die aus Rom ausgewanderten Plebejer zur Rückkehr überredet. Mit diesem Gleichnis verhält es sich wie mit der Redewendung, wir säßen doch alle in einem Boot. Wenn man nicht dazu sagt, daß manche rudern, andere auf der Kommandobrücke stehen und wieder andere in der Kajüte lesen, wird sie falsch. So ist es auch bei dem einen Leib. Paulus spielt im folgenden Kapitel des 1. Korintherbriefes durch, wie es wäre, wenn sich das Auge besser dünke als das Ohr oder der Fuß geringer als die Hand. Das hat aber nur „Hand und Fuß", wenn man – lassen Sie es mich ganz drastisch sagen – auch fragt, wer in diesem Organismus „der Arsch" ist. Und was ist (auch das ist eine Falle, die in diesem Bild lauert) mit den Organen, die zwar zu einem Körper gehören, ohne die ein Organismus aber auch gut leben kann und von denen man sich trennt, wenn sie „Ärger machen"? Wer ist der Blinddarm? Wer sind die Mandeln? Die Argumentation des Paulus in unserem Abendmahlstext deckt die realen und sozialen Unterschiede und die Gefahr der Ausgrenzung gerade nicht zu. Aber wann immer über Menschen und Gemeinschaften in organischen Bildern gesprochen wird, wird es gefährlich. Und wo immer die Parole erklingt, wir seien doch *eins* (eine Gemeinde, eine Kirche, eine Partei, ein Volk, eine Familie), da muß das nicht unbedingt falsch sein, aber da kann es ganz schnell falsch werden und böse enden.

Und nun noch die „vierte Strophe" meines kleinen „Gegenlieds": Die Reklamierung des einen Leibes kann – wie jedes organische Bild – leicht dazu führen, daß die einzelnen Teile des Leibes, die einzelnen Menschen nur noch im Bezug zu diesem Leib Bedeutung bekommen. Diese Zerstörung des einzelnen, des Privaten ist nicht nur die Gefahr der klassischen Kollektivsysteme. Nicht nur in Klöstern, Kadettenanstalten und totalitären Jugendbünden konnte das „ich" dem Kollektiv geopfert werden. Heute nehme ich in den Medien eine andere und ebenso rasante Zerstörung des „Privaten" wahr. Was bedeutet es eigentlich, daß die Öffentlichkeit der Mittags-Talk-Show an die Stelle des Beichtstuhls getreten ist? Mit Verblüffung und Bestürzung sehe ich, wie Menschen in dieser Öffentlichkeit Dinge offen legen, die sie – ihrem eigenen Bekunden nach – bisher keinem Menschen anvertraut hatten. Die privatesten und persönlichsten Empfindungen, Erfahrungen und Konflikte werden vor einem Millionenpublikum ausgetragen. Ist die Fernsehgemeinde heute *die* Gemeinde, ist die Öffentlichkeit heute das Zentralorgan, das über alles einzelne wacht, ihm seinen Ort zuweist? Dabei darf man sagen, denken und tun, was man will. Aber es besteht die Pflicht, eben darüber vor der Öffentlichkeit Rechenschaft abzulegen.

Einen *solchen* Organismus hat Paulus nicht im Blick. Ihm geht es darum, daß die Gemeinde nicht in ihrer Praxis zerstört, was sie trägt. Die Gefahren, auf die ich aufmerksam machen wollte, verbinden sich deshalb weniger mit dem Text selbst als mit einer bestimmten Lese- und Wirkungsgeschichte. Gegen sie möchte ich den Text selbst stark machen, aber damit das möglich wird, müssen sie in den Blick kommen, und zwar als Folgen einer *Verlesegeschichte* gerade bei denen, denen an der getreulichen Erfüllung der Worte des Apostels gelegen war und ist. Wo die Moral zum Moralismus verkommt, ist der Text ebenso mißverstanden wie dort, wo aus der Gemeinschaft des Leibes Christi ein sittenpolizeiliches Kollektiv wird, in dem alle alle überwachen.

Abendmahls(be)deutungen

Welche Bedeutungen hat das Abendmahl im Lichte unseres Bibelarbeitstextes, welche Deutungskategorien stehen uns zur Verfügung, sie zu erfassen?

Ich kann schon aus Zeitgründen keine auch nur halbwegs umfassende Darstellung der vielschichtigen und verschlungenen Abendmahlsdebatten der Theologie- und Frömmigkeitsgeschichte geben. Nur wenige Stichworte und Aspekte müssen genügen.

Das erste wichtiges Stichwort ist „Erinnerung". *„Das tut zur Erinnerung an mich",* heißt es zweimal in der Überlieferung Jesu, die Paulus empfangen hat und weitergibt. Auf eigentümliche Weise ist es das Stichwort „Erinnerung", das unseren Bibelarbeitstext (wie den für morgen) mit dem zentralen Thema dieses Kirchentags verbindet, der Frage nach der Zukunft. Erinnerung und Zukunft gehören unauflöslich zusammen, soll nicht die Gegenwart und ihre Verlängerung auf ewig die einzige Zeit- und Wirklichkeitsform bleiben. Und auch im engeren Sinne um den Zusammenhang von Erinnerung und Zukunft geht es in 1. Kor 11, denn, so argumentiert Paulus, nur die Erinnerung und die Wiederholung halten fest, was die Zukunft der Gemeinde sein kann. Die Erinnerung an den irdischen Jesus hält die Erwartung des Wiederkommenden fest. Als Erinnerungsmahl ist das Abendmahl zugleich Vorschein des kommenden Gottesreichs, messianisches Freudenmahl. Das Stichwort „Erinnerung" verbindet das Abendmahl mit dem jüdischen Päsach-, dem Passahmahl. Das Päsachfest ist die

Vergegenwärtigung der Befreiung aus dem Sklavenhaus, Grund und Leitthema des Exodus und der Gebote. Es gibt in der rabbinischen Überlieferung zwei Auffassungen über den Tag, an dem der Messias kommen wird. Nach der einen Auffassung kommt er im Monat Tischri, dem Monat der Bußfeste und des Versöhnungstages. Danach hängt das Kommen des Messias allein an der Umkehr Israels. Nach einer anderen Auffassung kommt er im Monat Nisan, dem Monat des Päsachfestes. Hier verbindet sich die Messiaserwartung mit dem Befreiungsthema. Von hier aus wird eine Verknüpfung möglich mit der Auffassung, in der das Abendmahl das messianische Freudenmahl ist, Vorgeschmack des Gottesreiches. Im Reich Gottes aber haben alle Unfreiheiten, alle Versklavungen, alle Hierarchien ein Ende. Etwas davon kann und soll im Abendmahl erkennbar, schmeckbar werden. Deshalb verstoßen die Korinther mit ihren Demütigungen der Armen nicht nur gegen die Regeln angemessenen Benehmens, sondern gegen einen zentralen Inhalt des Abendmahls. Das ist, wie sich in immer neuen Nuancen zeigt, das Hauptthema unseres Textes. *Diesem* Herren nachzufolgen bedeutet deshalb die Aufkündigung aller anderen Herrschaft; und dieses Ende aller anderen Herrschaft muß, wenn es schon in dieser Welt nicht die ganze Wirklichkeit ist, im gemeinsamen Mahl der Gemeinde ganz Wirklichkeit werden.

Es gibt eine Deutung des Abendmahls auf einer anderen Ebene, nämlich das Verständnis des Abendmahls als Opfer. Verbinden sich die eben genannten Aspekte mit der Auferstehung und mit Ostern, so hält diese die Wirklichkeit des Karfreitags wach. Opfer und Sühne sind aber auch im Blick auf das Kreuz Jesu Deutungskategorien, die nicht unumstritten sind.

Mindestens ein Teil der Probleme hängt damit zusammen, daß im Deutschen das Wort „Opfer" sehr unterschiedliche Bedeutungen hat. Ich nenne drei Sätze, die je auf ihre Weise Jesu Tod als Opfer deuten:

Gott versöhnte die Welt mit sich, indem er seinen eigenen Sohn zum *Opfer* gab.

Jesus wurde das *Opfer* römischer Gewalt.

Jesus gab sich zum *Opfer*, indem er im Leben und im Tode nicht *seinen* Willen geschehen ließ, sondern den Willen des Vaters.

Sühneopfer, Gewaltopfer und Hingabe – so könnte man den dreifachen Sprachgebrauch präzisieren. Es handelt sich nicht um völlig Getrenntes und doch um je Unterschiedliches. Wenn man ein Opfer, das in einer rituellen Handlung etwa auf einem Altar der Gottheit dargebracht wird, einerseits, das Opfer eines Verbrechens oder ein sogenanntes „Verkehrsopfer" andererseits und schließlich drittens das Opfer, das jemand bringt, wenn sie oder er das eigene Wollen um anderer willen hintanstellt, nicht *auch* unterscheidet, kommt es zu heillosen Verwirrungen. Was besagt es zum Beispiel, wenn Christen der Opfer von Gewalt gedenken und das in einer Erziehung tun, die sie gelehrt hat, daß es *gut* und *heilsam* sei, Opfer zu bringen? In nationalreligiöser Sprache formuliert ist ein Satz, den man in Serbien hören kann. Er lautet. Serbien ist eine Kirche, und der Kosovo ist der Altar. Kann es wundern, daß auf dem *Altar* geopfert wird?

Aber auch diese Frage stellt sich: Wenn Jesus sowohl von Gott geopfert als auch Opfer der römischen Gewalt wurde, sind dann Gott und die römische Macht dasselbe? Und wenn die Opferbereitschaft eine christliche Tugend ist, was bedeutet das für Frauen, denen man das Bedürfnis nach Autonomie und Selbstverwirklichung dann als „Sünde" vorhält.

In diesen Bemerkungen wird erkennbar, warum Theologinnen mit dem Abendmahl als Opfer sich nicht befreunden wollen. Ist diese Opfertheologie nicht, so fragen sie, letztlich eine Legitimation von Gewalt einerseits und ein Instrument gegen die Autonomie von Frauen andererseits? Diese Kritik hat großes Recht und allemal gute Gründe. Aber es gibt gegen diese Fragen Gegenfragen, und auch sie haben ihr Recht und ihre guten Gründe. So notwendig es ist, jede theologische Legitimation von Gewalt zu kritisieren, so bleibt doch die Aufgabe der Deutung der *Realität* von Gewalt. Das Gedenken der Märtyrerinnen und Märtyrer *erzeugt* nicht die Gewalt, sondern läßt ihr nicht das letzte Wort. Die Herren der Welt mögen die Macht haben, Menschen zu töten; sie haben nicht die Macht, ihnen das ewige Leben und die Teilhabe am Reich Gottes zu nehmen. Dieses trotzige Bekenntnis gegen die Gewalt (besonders eindrucksvoll in 2. Makk 7) steht am Beginn der jüdischen Erwartung eines Lebens nach dem Tode und eines Gerichts, dem die nicht entgehen, die die Macht über Leben und Tod zu haben vorgeben. Es gibt eine Geschichte des Mißbrauchs der Märtyrerinnen und Märtyrer – bis in die Gegenwart. Es gibt eine Geschichte der Todesverherrlichung, einen nekrophilen Zug im Christentum gerade auch im Zusammenhang des Abendmahls. Aber dagegen ist daran festzuhalten, daß es um die Verwandlung von Tod in Leben geht, d.h. für das Abendmahl die Verwandlung von Fleisch und Blut in Brot und Wein, von Leid in Freude und von Tod in Leben. Ich möchte das (in Aufnahme eines schönen Artikels von *Günter Reese* in der Zeitschrift „Junge Kirche" [11/1998]) ganz stark machen. Aber all das macht die Realität von Gewalt und Tod nicht unwirklich. Sie soll weder verharmlost noch verdrängt werden, und der Verzicht auf eine theologische Deutung der Gewalt beseitigt nicht die Gewalt selbst.

Die zweite feministische Hauptkritik an der Opfertheologie bedarf, wenn ich recht sehe, einer Hinzufügung. Es ist kaum zu bestreiten, daß diese Deutung und die damit vor allem Frauen abverlangte Opfer- und Hingabebereitschaft zu einem Domestikationsinstrument gegen Autonomieansprüche von Frauen geraten konnte. Dagegen wäre nun aber nicht die Selbstverwirklichung als höchstes Ziel zu vertreten. Aus vielen Gründen und in vieler Hinsicht wird das Überleben der Menschheit davon abhängig sein, daß Menschen darauf verzichten, zu machen, was machbar ist. Aber nun kommt alles darauf an, *was wie zu wem* gesagt ist. Solange es Freie und Unfreie, Reiche und Arme gibt, ist es zynisch, den Unfreien und Armen Verzicht abzuverlangen. Die einzige Möglichkeit, Autonomie und Verzicht zu versöhnen wäre, *aus Freiheit* auf Möglichkeiten zu verzichten. Erst wenn das nicht allein und nicht in besonderer Zuspitzung Frauen gesagt wird, kann es, dann muß es aber auch gesagt werden.

Nehmt einander an!

Ich lese die beiden letzten Verse des Bibelarbeitstextes:

Deshalb, meine Geschwister, wenn ihr euch versammelt, um gemeinsam zu essen, nehmt einander an. Wer hungrig ist, soll zu Hause essen, damit ihr nicht zum Gericht zusammenkommt. Das weitere werde ich darlegen, wenn ich komme. (V. 33-34)

Was also schlägt Paulus konkret vor? Wie soll das gemeinsame Abendmahl gefeiert werden? Zuerst: Es soll eine Abendmahlzeit sein und kein bloß symbolisch-sakramentaler Akt. Gemeinsam soll gegessen werden; alle sollen satt werden. Nehmt einander an!, lautet die Maxime (das war die Losung des Münchener Kirchentags 1993). Oft übersetzt man an dieser

Stelle: Wartet aufeinander! Eher schon hieße das griechische Wort *ekdecheste*: Wartet einander auf, bedient einander! Die Reichen sollen den Armen mit ihren Gütern dienen, und sie sollen sie real bedienen – auch das eine realsymbolische Umwertung der Werte. In der Gemeinde des Herrn, *dieses* Herrn, soll es nicht so zugehen wie bei den Herren der Welt und ihren Regeln. Es soll nicht länger so sein, daß sich die Reichen an ihren privat mitgebrachten Speisen und Getränken gütlich tun, während die Armen darben. Und wenn es jemand von den Bessergestellten gar nicht aushalten kann, bis er etwas zu essen bekommt, dann, schlägt Paulus vor, soll er zu Hause essen. Daraus hat man die Trennung des Abendmahls von der Abendmahlzeit abgeleitet. Das ist kaum die Absicht des Paulus gewesen, aber der Rat bleibt etwas unscharf. Nicht ohne Grund sagt der Apostel, das weitere werde er darlegen, wenn er komme. Paulus bietet kein perfektes Rezept; er nennt Möglichkeiten und Kriterien, wie es zur Gemeinschaft, zur wirklichen, nicht nur symbolisch-sakramentalen, sondern auch materiellen Gemeinschaft von Menschen in ungleicher Lage kommen kann. Denn die Korintherinnen und Korinther bleiben Menschen in ungleicher Lage, auch wenn sie dem Rat des Paulus folgen. Da wird die Differenz zwischen reich und arm, einfältig und klug, frei und unfrei, Frau und Mann, Jude und Grieche nicht aufgehoben. Aber diese Differenzen sollen in der Gemeinde nicht zählen.

Die jetzt schon reale Praxis in der Gemeinde soll einen Vorgeschmack geben auf das Reich Gottes. Eine solche Gemeinde machte wahr, was ihr zugesagt ist – wie allen Menschen, die sich davon ansprechen und in Anspruch nehmen lassen: *Sie ist das Salz der Erde*. Eine solche Gemeinde wäre weder eine Nische, die das Leben außerhalb vergessen machte, noch wäre sie von der Illusion beseelt, man könne rasch auch die Herrschaftsverhältnisse in der ganzen Welt ändern. Sie wäre keine Elite, eher schon eine avantgardistische Vorhut des Lebens – gerade in einer Abendmahlspraxis, die aus der vergegenwärtigenden Erinnerung der Treue Jesu lebt.

Und jetzt?

Die Aufforderung: Nehmt einander an! – Gemeinschaft in Verschiedenheit – die Gemeinschaft der beim Abendmahl miteinander Verbundenen selbst als den Leib Christi zu verstehen und auch und eben deshalb die leibliche, materielle Sättigung nicht gering zu achten – die Erinnerung an Leben, Märtyrertod und Wiederkunft Christi – das Abendmahl als Vorgeschmack des messianischen Mahls und des kommenden Gottesreichs: Das wären die entscheidenden Stichworte für eine erinnernde und darin zukünftige Abendmahlspraxis.

Das Abendmahl hat nicht nur *einen* Sinn, nicht nur *eine* Bedeutung. In Korinth ging es darum, daß und wie Menschen in ihrer Verschiedenheit dennoch zur Gemeinschaft finden können, wobei die Unterschiede weder verdrängt noch überspielt werden noch unverändert bleiben sollen. Eben das ist unter teils ähnlichen, teils ganz anders gewordenen Bedingungen auch unsere Lage und unsere Frage. Um Vielfalt ohne Beliebigkeit geht es. Verschiedene Menschen, verschiedene Konfessionen und auch verschiedene Gruppen in den Konfessionen werden je Unterschiedliches betonen, und es ist gut, daß es die unterschiedlichen Betonungen gibt. „Nehmt einander an!", das heißt dann aber auch, daß das je andere zu Wort kommen soll, wenn es seinerseits anderes zu Wort kommen läßt. Nicht daß manche in meiner und in anderen christlichen Kirchen eine andere Auffassung vom Abendmahl haben als ich, stört mich, wohl aber, daß manche *ihre* Auffassung für die von Bibel und Bekenntnis her einzig wahre halten. Da werden Frauen beschuldigt, die Wahrheit des Evangeliums preiszugeben, wenn sie die Deutung des Abendmahls als Opfer ablehnen. Nun, auch im Neuen Testament ist das nur *eine* Möglichkeit, keineswegs die einzige und nicht einmal die gewichtigste. Und wenn ich höre, daß manche Auffassungen vom Abendmahl als „Häresie" diffamiert werden, dann zitiere ich Paulus aus eben unserem Text: „Häresien muß es geben." Nicht durch unterschiedliche Deutungen und einen fruchtbaren Streit über sie werden Gemeinden zerstört, sondern durch Leben zerstörende Praxis, nicht zuletzt die, die Wahrheit allein für sich zu beanspruchen. Der Streit um die Wahrheit ist unverzichtbar, doch wehe, wenn einige vorgeben, sie hätten sie in ihrem Besitz.

Verschiedenheit ohne Gemeinschaft wäre ebenso trostlos wie Gemeinschaft ohne Verschiedenheit. Es könnte etwas Schönes sein, sich über die Verschiedenheiten des Denkens, der Lebensentwürfe, der Leseweisen, der Auslegungen, der Träume und der Wahrheiten und so auch der Deutungsmöglichkeiten des Abendmahls auszutauschen, aber auch das für sich behalten zu dürfen, was man im Privaten belassen möchte. Es könnte schön sein, das zu tun bei einer mit einem Segen ein- und ausgeleiteten Abendmahlzeit, bei der alle satt werden und Freude empfinden, Freude auch darüber, daß hier Menschen ohne Angst unterschiedlich sein und leben dürfen und daß es nicht trotz, sondern auch wegen dieser Unterschiedenheiten und *in ihnen* Gemeinschaft geben kann.

Frauen bleiben im Rahmen, Frauen fallen aus dem Rahmen*

Bibelarbeit über 2. Mose 1, 1-2, 10

Namen

Ein langer erzählender Text für unsere Bibelarbeit heute morgen, die ersten eineinhalb Kapitel des Zweiten Mose-, des – so wird es auch genannt – Exodusbuches. Der Exodus, der Auszug Israels aus dem ägyptischen Sklavenhaus, ist sein erstes großes Thema. In der jüdischen Tradition heißt das Buch nach seinem ersten kennzeichnenden Wort *schemot* – Namen. „*Und dies sind die Namen der Söhne Israels*" – so beginnt das Buch *Schemot*, das Buch *Exodus*:

Und dies sind die Namen der Söhne Israels, die nach Ägypten kamen, mit Jakob kamen sie, jeder mit seinem Haus: Ruben, Simeon, Levi und Juda, Issachar, Sebulon und Benjamin, Dan und Naftali, Gad und Ascher. Und die Gesamtzahl der Personen, die von der Lende Jakobs ausgegangen waren, belief sich auf siebzig. Josef aber war schon in Ägypten. Und Josef starb, auch alle seine Brüder und jene ganze Generation. (2. Mose 1,1-5)

Schemot – Namen, das ist das erste gewichtige Wort. Aber das allererste kleine Wort (im hebräischen Text nur ein Buchstabe) verdient ebenfalls Beachtung. Die Geschichte beginnt mit „und". Ein eigentümlicher Beginn für eine Erzählung, für ein ganzes Buch. Das „und" zeigt an. Was hier beginnt, ist zugleich Weitererzählung, knüpft an an das Erste Mosebuch (Genesis) und besonders an die Josefsgeschichte an dessen Ende. Da wird erzählt, wie Jakob, der den Namen Israel bekommen hatte, mit seiner

---

* Deutscher Evangelischer Kirchentag Stuttgart 1999, Liederhalle Hegelsaal (Samstag, 19. Juni 1999)

ganzen Familie nach Ägypten kam, wo Josef bereits war. Die Brüder hatten Josef nach Ägypten verkauft; dort war er nach verwickelten und in mehrfacher Hinsicht *traumhaften* Ereignissen aufgestiegen zum Vizekönig und zum Retter Ägyptens aus Hungersnot und so auch zum Retter seiner Familie, die der Hungersnot entging, indem sie in Ägypten Zuflucht und Versorgung fand. So hatte Gott die böse Tat der Brüder zu einem guten Ende gefügt, wie es in der biblischen Josefsgeschichte heißt.

Das „*und*", mit dem das 2. Buch Mose beginnt, knüpft an diese Geschichten an; der Zusammenhang ist für aufmerksame Bibelleserinnen und -leser noch deutlicher dadurch markiert, daß der erste Satz des 2. Mosebuches einen Satz aus 1. Mose 46 wiederholt. Solchen Rückbezügen und Vorverweisen auf andere biblische Texte werden wir mehrfach begegnen; sie geben dem Erzählten eine Tiefenstruktur und so auch Hinweise für die Lektüre und Auslegung. Das „und" am Beginn macht darauf aufmerksam, daß die vielen einzelnen Erzählungen der Hebräischen Bibel verbunden sind zu einer großen Erzählung vom Beginn, von der Schöpfungsgeschichte an bis zum Ende der Hebräischen Bibel im 2. Buch der Chronik. Wir werden in den Worten unseres Textes Hinweise auf das erste und auf das letzte Kapitel der jüdischen Bibel finden; auch das gehört zur Struktur dieser Erzählung und der Bibel im ganzen, zu ihrer Erinnerungsstruktur und zur Erinnerungs- und Erzählgemeinschaft, die sie im Gedächtnis behält.

Am Beginn also Namen. Wer mit Namen genannt wird, ist nicht vergessen; Name bedeutet Unverwechselbarkeit, Identität. „Name" heißt im Hebräischen *Schem*. *Schem* ist auch der hebräische Name des Noahsohnes „Sem", des Urvaters aller Völker „semitischer Sprache", und „*Der* Name" (*ha-schem*) ist neben *Adonaj* eine Form der Aussprache des Gottesnamens in jüdischer Tradition. Mit großem Gewicht also ist am Anfang unseres Textes von „Namen" die Rede. Es sind Namen von *Männern*. Aufgezählt werden die Namen der zwölf Söhne Israels. Israel ist bis zu diesem Punkt der Name Jakobs; in diesem Kapitel erst wird *Israel* zum Volksnamen, Israel zum *Volk*. Zwölf Söhne Jakobs werden mit Namen genannt; Dina, die Tochter Jakobs, wird nicht genannt; wir haben es zu tun mit einer extrem männlichen Genealogie. Die Geschichte, in der *Frauen* eine zentrale Rolle spielen werden, ist gerahmt durch Männer und Männernamen. Die zwölf Söhne Israels am Anfang, der Mann Mose am Ende. Von Frauen ist *in diesem Rahmen* die Rede; die Frauen halten sich im Rahmen, doch sie fallen auch aus dem Rahmen – und daß sie das tun, ist nicht nur Vorspiel, sondern Anfang des Exodus, Beginn der Befreiungsgeschichte. Wir werden noch sehen, was es mit dem Rahmen und dem Zentrum der Erzählung auf sich hat, und auch die zwölf Männer am Anfang bleiben nicht ohne überraschende und korrigierende Ergänzung.

Die Nachkommen Israels waren fruchtbar, so wimmelte es von ihnen, zahlreich wurden sie und stark – mehr und mehr. Und das Land füllte sich mit ihnen. (1, 7-8)

Sie waren *fruchtbar*, es *wimmelte* von ihnen, sie wurden *zahlreich*, das *Land füllte* sich mit ihnen. In großer Fülle kommen in dieser Schilderung Worte vor, die in der Schöpfungsgeschichte im ersten Kapitel der Bibel eine Rolle spielen. Bringt das „und" am Beginn unseres Textes Fortsetzung zum Ausdruck, so zeigt die Fortsetzung, daß es zugleich um einen Neubeginn, geradezu eine neue Schöpfung geht, um den Anfang des Volkes Israel. Man könnte, die Schöpfungsgeschichte im Ohr, nun den Satz erwarten: *Und es war (sehr) gut.* Aber dieser Satz folgt nicht (noch nicht); stattdessen tritt unterbrechend ein anderes Motiv ein, das *Vergessen*.

Erinnern und Vergessen

Da erhob sich ein neuer König über Ägypten, der von Josef nichts wußte. Er sprach zu seinem Volk: „Seht, das Volk Israel ist uns zu zahlreich und zu stark. Auf, wir wollen klug dagegen vorgehen, sonst wird es noch zahlreicher, und es könnte geschehen, stünde uns ein Krieg bevor, und es käme noch zu denen hinzu, die uns hassen, und führte Krieg gegen uns, daß es dann aus dem Land hinaufzöge." (1, 9-10)

Wir sollten genau hinhören auf diese beiden Verse, denn sie enthalten ein überaus präzises und ebenso bedrückendes Lehrstück zur Entstehung von Ideologie und Gewalt. Am Anfang steht der Abbruch von lebendiger Erinnerung. Ein neuer König in Ägypten (er hat weder hier noch später einen Namen, er hat keine Identität, er geht in seiner Rolle, seiner Herrscherfunktion auf), der von Josef nichts wußte. Hätte er noch gewußt, welche Rolle Josef für sein Königtum und sein Volk gespielt hat, wären ihm Israel und seine Nachkommen als Gäste und Freunde im Bewußtsein und ebenso, was ihm und seinem Volk durch Israel an Bereicherung zuteil wurde. Aber er wußte nichts mehr davon, oder er wollte nichts mehr davon wissen. An die Stelle der abgebrochenen Erinnerung tritt das Vergessen, und das Vergessen wird aufgefüllt durch Konstruktionen angeblicher Wirklichkeit. In einem überbordenden Satz, in dem er Hypothesen auf Hypothesen häuft (wenn ... und wenn dann ... und wenn dann noch ... dann könnte ...), konstruiert er Israel als den Feind seines Volkes, *den* Feind schlechthin. Der Erinnerungsverlust erzeugt diese Konstruktionen, und diese Konstruktionen erzeugen, wie sich noch zeigen wird, Gewalt, Gewalt bis zur Selektion und zum Völkermord (den Pharao, hätte es damals schon das furchtbare Wort gegeben, womöglich eine „ethnische Säuberung" genannt hätte). Lehrreich und bedrückend sind diese Sätze, geradezu ein Paradigma für die Entstehung von Völkerhaß und Völkermord, von Rassismus und Genozid. Und auch das ist bedrückend: Kaum gibt es das Volk Israel (es entsteht in eben diesem Kapitel als Volk), ist es schon vom Genozid bedroht. Es gibt kaum ein prägnanteres Beispiel dafür, zu welcher Gewalt das Vergessen führen kann.

Wie viele neuere – deutsche – Erinnerungen an solche Vergessensstrategien wären zu nennen!? Wie konnte es geschehen, daß Israel zum Feind der Deutschen, zum Weltfeind schlechthin konstruiert wurde? Hatte man denn vergessen, wie viel Jüdinnen und Juden beigetragen hatten zur „deutschen Kultur"? Man vergaß nicht nur – man machte auch vergessen. Als mit vielen anderen Dichternamen auch der Name *Heine* geächtet wurde, aber man das Lied von der Loreley als „deutsches Kulturgut" den „deutschen Männergesangvereinen" nicht nehmen wollte, druckte man es in der Nazi-Zeit weiter in Gedicht- und Liederbüchern ab, und zwar mit der Quellenangabe „deutsches Volkslied". Als die bemerkenswert erfolgreiche und bemerkenswert blonde Fechterin *Helene Mayer*, die für Deutschland 1936 eine Goldmedaille erfechten sollte, wegen ihrer jüdischen Herkunft aus der deutschen Mannschaft ausgeschlossen werden sollte, dekretierte *Hermann Göring* ihre Mitwirkung mit dem Satz: „*Wer Jude ist, bestimme ich*". Konstruktionen angeblicher Wirklichkeit an Stelle der Wahrheit und der wahren Erinnerung. Der Erinnerungsverlust bereitet der Gewalt das Feld. Ich möchte nicht mißverstanden werden: Der von Deutschen verübte Völkermord an Jüdinnen und Juden wäre nicht weniger böse gewesen, wenn er nicht die „bedeutenden" Jüdinnen und Juden betroffen hätte. Die Ermordung eines Nobelpreisträgers, eines großen Musikers oder einer besonders liebenswerten jungen Frau ist nicht noch schlimmer als die der Namenlosen. (*Th. W. Adorno* verzweifelte an der Möglichkeit einer „Erziehung nach Auschwitz", als ihm eine vornehme Dame sagte, sie habe gerade „*Das Tagebuch der Anne Frank*" gelesen und sie verstehe nicht, warum man denn nicht wenigstens *dieses* Mädchen habe leben lassen.) Aber die Tilgung des Gedächtnisses auch und gerade dessen, was Jüdinnen und Juden beitrugen zur Kultur ihrer Gastländer (des pharaonischen Ägypten in der biblischen Geschichte wie in der deutschen Geschichte), leistete der Vernichtung Vorschub. Wo immer eine konstruierte Wirklichkeit an die Stelle der lebendigen Erinnerung tritt, ist Gefahr. Das zeigt in bestürzender Weise dieser Abschnitt unseres Bibelarbeitstextes.

Fragen wir an dieser Stelle nach der Erinnerung in der anderen Richtung. Wie erinnert sich Israel Ägyptens? Da ist einerseits die grundlegende Erinnerung an den Exodus, den Auszug aus dem ägyptischen Sklavenhaus. Sie trägt die Geschichte Israels, sie trägt die „Zehn Gebote", die beginnen mit dem Satz: *Ich bin Adonaj, bin dein Gott, weil ich dich herausgeführt habe aus Ägypten, aus dem Sklaven-, dem Arbeitshaus.* Aus dieser Erinnerung leben die Gebote zu einem befreiten Leben. Die Exoduserinnerung bleibt grundlegend für jüdisches Leben von Generation zu Generation:

Von Generation zu Generation ist jeder Mensch verpflichtet, sich so anzusehen, als ob er selbst ausgezogen wäre aus Ägypten; denn es heißt: Erzähle deinem Kind an jenem Tage so: Deswegen ist Adonaj für mich eingetreten, als ich aus Ägypten zog.

So steht es in der *Mischna Pesachim X,5*. Bei jedem Päsach-(Passa-)Fest wird der Auszug aus Ägypten erinnernd wiederholt, wieder geholt, und das „heute" in die Erinnerung eingebracht. Der chassidische Rabbi Israel, der Maggid von Kosnitz, sprach: „*An jedem Tag soll der Mensch aus Ägypten gehn.*" (*M. Buber*, Erzählungen der Chassidim, 10. Aufl. 1987, 444) Und ein anderer chassidischer Rabbi, Chanoch ben Alexander, sprach: „*Das eigentliche Exil Israels in Ägypten war, daß sie es ertragen gelernt hatten.*" (ebd. 838) Die Erinnerung ist gegenwärtig, der Auszug aus Ägypten ist für Israel je heute.

Aber das ist nur die eine Seite. Denn Israel vergaß auch nicht, was *vor* jenem neuen König in Ägypten war. *Israel* blieb sich bewußt, Gast und Fremdling in Ägypten gewesen zu sein und in Ägypten vor Hungersnot gerettet worden zu sein. So ging es Abraham, so ging es Jakob und seiner Familie. Auch diese Erinnerung wird wiederholt, wieder geholt. So heißt es in 5. Mose 23, 7: *„Den Ägypter sollst du nicht verabscheuen, denn du bist in seinem Lande Gast gewesen."* Selbst Fremdling gewesen zu sein in Ägypten wird zum Grund, seinerseits dem Fremdling gegenüber solidarisch sich zu erweisen. Das wird (wie kaum ein anderes Thema der Ethik) an vielen Stellen der Hebräischen Bibel eingeschärft; ich zitiere nur 3. Mose 19, 34:

Wenn ein Fremdling bei dir wohnt in eurem Lande, so sollt ihr ihn nicht bedrücken. Wie ein Einheimischer aus eurer eigenen Mitte soll euch der Fremdling gelten, der bei euch wohnt, und du sollst ihn lieben wie dich selbst – seid ihr doch auch Fremdlinge gewesen im Lande Ägypten; ich bin Adonaj, euer Gott.

„Du sollst die Fremden lieben wie dich selbst!" – Auch dieser Satz des Alten Testaments fordert geradezu auf zu Beobachtungen und Überlegungen zur Lage hierorts und heutzutage (und diese Beobachtungen und Überlegungen würden nicht zugunsten des christlichen Deutschland ausfallen ...). Aber mir kommt es jetzt mehr darauf an, wie die Erinnerung Israels an Ägypten war, wie ambivalent sie war und blieb, wie Ägypten nicht festgelegt wurde auf die Gewalt, von der unser Text erzählt, wie auch die andere Seite im Gedächtnis blieb – und das trotz des geplanten Genozids, bei dem sich der neue König in Ägypten so „klug" vorkommt, weil er so viel vergessen hatte.

Es gibt in diesen beiden Versen noch mehr zu entdecken. Ich zitiere noch einmal den Schluß der pharaonischen Wirklichkeitskonstruktion: „*... und es könnte geschehen, stünde uns ein Krieg bevor, und es käme noch zu denen hinzu, die uns hassen, und führte Krieg gegen uns, daß es dann aus dem Land hinaufzöge.*"

Das letzte Wort fällt aus der Logik heraus: „daß es [Israel] dann aus dem Land *hinaufzöge*" (*we'ala*), denkt der ägyptische König. Von seinem Standpunkt her müßte es doch eigentlich heißen: „daß es dann aus dem Land *hinauszöge*"!? Die Formulierung ist gezielt doppelsinnig. Denn hier kommt ganz am Ende der pharaonischen Wirklichkeitskonstruktion die Perspektive Israels zu Wort. Aus *Israels* Sicht wird das, was Pharao befürchtet und vermeiden will, Wirklichkeit, die Wirklichkeit der „*Alija*", der Einwanderung ins Israelland, des Hinaufziehens nach Jerusalem. Wie in den vorhergehenden Versen der *Anfang* der Hebräischen Bibel anklang, so hier das *Ende*. Das allerletzte Wort des Kanons der Hebräischen Bibel (2. Chron 36, 23) lautet: *waja'al – und er ziehe hinauf*, nämlich nach Jerusalem. So ist unser Bibelarbeitstext nach vorn und hinten eingeknüpft in die ganze Hebräische Bibel und in die ganze Geschichte, die sie umgreift. Letztlich *meint* der neue König in Ägypten nur zu bestimmen, was sein soll und sein wird. Zunächst aber bestimmt er, weil er die Macht hat – zunächst:

Sie setzten Fronaufseher über das Volk, um es mit ihren Lasten niederzudrücken, und es baute für Pharao die Vorratsstädte Pitom und Ramses. Doch wie sie es niederdrückten, so mehrte es sich, so durchbrach's die Dämme, und es graute ihnen vor den Nachkommen Israels. Da zwangen die Ägypter mit roher Gewalt die Söhne und Töchter Israels, für sie zu arbeiten. Sie verbitterten ihr Leben durch harte Arbeit mit Lehm und Ziegeln und mit jeder nur möglichen Arbeit auf dem Feld. Zu jeder Arbeit, die sie bei ihnen arbeiteten, wurden sie mit roher Gewalt gezwungen. (1, 11-14)

Der König versucht Israel durch Zwangsarbeit klein zu halten. Er kann das Volk zudem auf diese Weise für seine Zwecke einspannen. Demütigung und Ausbeutung kommen zusammen.

In der Notiz über den Bau der Städte Pitom und Ramses mag eine historische Erinnerung an die Bautätigkeit der Ramessiden mitklingen, aber für Leserinnen und Leser der ganzen Hebräischen Bibel klingt da noch etwas anderes an, nämlich die Fron, die Salomo seinem Volk auferlegen wird. Es gibt sprachliche und sachliche Verbindungen zwischen den Exodustexten und der Schilderung der Regierungszeit Salomos besonders in 1. Kön 9. In der Kritik an Pharao schwingt so auch Kritik an eigenen Königen mit. Zwang und Gewalt als Form der Herrschaft gibt es, wie Israel weiß, nicht nur bei den anderen. Auch daran erinnert sich Israel (wenn auch nicht immer ganz Israel).

Dem König von Ägypten gelingt es nicht, auf diese Weise das Volk Israel zu dezimieren. Und so folgt auf die Zwangsarbeit (wieder stellen sich bedrückende Erinnerungen aus jüngerer Geschichte ein) Selektion, Genozid:

Widerstehen

Da sprach der König von Ägypten zu den Hebammen der Hebräerinnen, der Name der einen war Schifra, der Name der anderen war Pua, er sprach: „Wenn ihr den Hebräerinnen gebären helft, dann seht auf die beiden Steine. Ist es ein Sohn, tötet ihn, ist es eine Tochter, mag sie leben." Doch die Hebammen fürchteten die Gottheit und taten nicht, wie der König von Ägypten zu ihnen geredet hatte, sondern ließen die Neugeborenen leben. Da befahl der König von Ägypten die Hebammen zu sich und sprach zu ihnen: „Warum habt ihr das getan und laßt die Neugeborenen leben?" Die Hebammen aber antworteten Pharao: „Ja – nicht wie die ägyptischen Frauen sind die Hebräerinnen, die sind ja so lebendig, ehe die Hebamme zu ihnen kommt, haben sie schon geboren." Da ließ Gott es den Hebammen gut gehen, und das Volk vermehrte sich, und sie wurden sehr stark. Weil die Hebammen die Gottheit gefürchtet hatten, gründete sie ihnen Häuser. Doch Pharao gebot seinem ganzen Volk: „Jeder Sohn, der geboren wird, den werft in den Nil, jede Tochter aber laßt leben." (1, 15-22)

Eine eigentümlich-asymmetrische Konstellation: Pharao, der namenlose Herrscher, im Disput mit zwei Hebammen, die Namen haben. Schifra (Schönheit) heißt die eine und Pua (Glanz) die andere. Die Namen sind in dieser Geschichte kaum zufällig gewählt. Die beiden Hebammen verkörpern die Schönheit des Handelns für das Leben. Es gibt eine Moral, die vorwiegend das als gut und verdienstlich ansieht, das keine Freude macht. Nicht nur Pflicht und Neigung werden da zum Gegensatz, sondern oft auch Schönheit und Tugend. Es gibt aber auch einen Glanz des solidarischen Handelns und eine Schönheit des Tuns des Richtigen. Ethik und Ästhetik sind nah beieinander.

Pua und Schifra sind „Hebammen der Hebräerinnen". Sind es hebräische Hebammen, oder sind es ägyptische Hebammen, die den Hebräerinnen bei der Geburt helfen? Beides ist möglich, der Text läßt das letztlich offen. Die Hebammen, so heißt es, fürchteten „die Gottheit", es heißt nicht, daß sie Gott oder den Gott Israels fürchteten. Das könnte ein Indiz dafür sein, daß es sich um ägyptische Frauen handelte, die – so kann man das verstehen – gottesfürchtig waren und denen deshalb das Leben heilig war, das Leben, ohne Ansehen des Geschlechts und der Herkunft der Kinder. Dazu zu verhelfen, daß Leben auf die Welt kommt, das ist ihre schöne Arbeit, und von dieser Arbeit lassen sie sich nicht abbringen durch die Machtgelüste des hohen Herrn. Sie erhalten nichts weniger als den Befehl zur Selektion: Die Jungen sollen sie töten, die Mädchen mögen am Leben bleiben. Noch im Zugeständnis an das Leben der Mädchen liegt Verachtung. Sollen sie ruhig am Leben bleiben. Wenn es keine männlichen Nachkommen Israels mehr geben wird, wird es bald Israel nicht mehr geben, was zählen da schon die weiblichen. Und so bekommen die beiden Hebammen den genauen Selektionsbefehl.

Es gibt im Text eine schwer verständliche Stelle. *„Wenn ihr den Hebräerinnen gebären helft, dann seht auf die beiden Steine"*, sagt Pharao, und offenbar soll der genaue Blick auf die „Steine" der Unterscheidung zwischen männlichen und weiblichen Neugeborenen dienen. Was sind diese „beiden Steine"? Ist es eine Bezeichnung für eine Art Gebärstuhl? Sind es Bezeichnungen für männliche Geschlechtsorgane – oder gerade für weibliche? All das wird in der Diskussion über diese Stelle seit dem Altertum erwogen; eine wirklich befriedigende Antwort gibt es meines Wissens nicht. So soll die Frage nach der genauen Bedeutung dieser „beiden Steine" auf sich beruhen; klar ist die Funktion des Befehls. Die Hebammen sollen genau hinsehen, ob ein Junge oder ein Mädchen auf die Welt kommt, die Jungen sollen sie töten. Und dann heißt es *lapidar* (nebenbei: auch dieses aus dem Lateinischen stammende Wort hat mit „Steinen" zu tun): *„Doch die Hebammen fürchteten die Gottheit und taten nicht, wie der König von Ägypten zu ihnen geredet hatte, sondern ließen die Neugeborenen leben."* Die Hebammen taten ungeachtet des Herrscherbefehls ihre Arbeit. Und diese Arbeit bestand darin, Neugeborenen auf die Welt zu verhelfen. Was immer jene „Steine" waren – nicht auf sie achteten die Hebammen, sondern darauf, ihre Arbeit zu tun, Menschen zum Leben zu verhelfen ohne Ansehen des Geschlechts, der Herkunft oder sonstiger Merkmale. Das Lebensrettende ihres Tuns bestand also darin, daß sie nicht genau hingesehen haben (jedenfalls nicht so, wie Pharao es wollte).

Das Wort *sehen* ist in unserem Bibelarbeitstext ein „Leitwort"; es kommt noch oft vor – in mehreren Perspektiven.

Offenbar werden weiter hebräische Knaben geboren, und Pharao zieht die Hebammen zur Rechenschaft. Gefragt, warum sie nicht taten, was ihnen befohlen war, haben sie eine gewitzte Antwort zur Hand. Sie stellen sich ein wenig dumm (manchmal *muß* man dümmer sein, als die Polizei erlaubt!). Bei den Hebräerinnen hätten sie, sagen sie, gar keine Eingriffsmöglichkeit, denn die, lebendig, kräftig, wie sie – im Unterschied zu den hier als zarter vorgestellten Ägypterinnen – seien, hätten immer schon geboren, bevor die Hebamme käme. Da könnten sie also nichts machen.

Das Wort „lebendig", das die Hebräerinnen an dieser Stelle kennzeichnet, hat uns bei der Arbeit an der Kirchentagsübersetzung lange beschäftigt. Es kam uns darauf an, die Verbindung des hier gebrauchten hebräischen Wortes *chajot* mit dem Verb „leben" deutlich werden zu lassen und gleichzeitig abwertende Wiedergaben dieses Wortes – wie zum Beispiel „Tiere" (das kann *chajot* auch heißen) oder das an Werbung für Stärkungsmittel für Ältere oder Wellensittichfutter erinnernde „vital" – zu vermeiden (dazu und zu anderen Übersetzungen und zu vielen weiteren Aspekten unseres Textes hat *Ulrike Bail* in den „Exegetischen Skizzen" zur Vorbereitung der Bibelarbeiten dieses Kirchentags das Wichtige ausgeführt). Man kann allerdings erwägen, ob sich die Hebammen nicht Pharao gegenüber tatsächlich einer abwertenden Ausdrucksweise bedienen *wollen*. Sie wollen ihm ja suggerieren, daß sie eigentlich auf seiner Seite seien, aber angesichts dieser urwüchsigen, vitalen, wenig zivilisierten Hebräerinnen auf verlorenem Posten stünden. Das entsprechend wiederzugeben, ist weniger eine Frage des Vokabulars als des Tons. Ich höre die Hebammen sich verwundert-distanziert (ver)stellend: „*Ja – nicht wie die ägyptischen Frauen sind die Hebräerinnen, die sind ja so lebendig –* die sind irgendwie urwüchsige Naturwesen –, *ehe die Hebamme zu ihnen kommt, haben sie schon geboren.*"

Die Hebammen verhalten sich *gewitzt* und Leben *bewahrend.* Das sind zwei Bedeutungen, die in biblischer Zeit und bis heute das Salz hat. Salz schärft und würzt, Salz konserviert und bewahrt. *Ihr seid das Salz der Erde* (die Losung dieses Kirchentags) – die Hebammen sind es. Das Salz enthält auch etwas Widerständiges. Ihr seid das *Salz* der Erde, heiße es – daran hat vor fünfzig Jahren der Schweizer Theologe und Christliche Sozialist *Leonhard Ragaz* erinnert –, und nicht Butter oder Zucker. Wenn nicht „alles in Butter" ist, verlangt die Ideologie nach Zuckerguß zur Imageverbesserung. Manchmal bedarf es statt verlogener Überzuckerung des Salzes in den Wunden, wenn die Wunden offen bleiben müssen, weil ihr Zuwachsen und erst recht ihre Zukleisterung jenes Vergessen erzeugt, von dem und dessen Folgen unser Bibelarbeitstext so eindrücklich handelt. Die Hebammen sind Sand im Getriebe; sie leisten Widerstand, sie haben Pharao die Loyalität aufgekündigt. Aber – und das ist das ebenso Gewitzte wie Eindrucksvolle ihres Widerstands – sie tun es unspektakulär und deshalb so wirksam. Hätten sie Pharao gesagt: Nein, wir folgen deinem Befehl nicht, so wären sie vielleicht als Heldinnen in den Tod gegangen. Wir wären ihnen Bewunderung und großen Respekt schuldig (wenn wir irgendetwas von ihnen wüßten). Aber ob ihr Tun auch nur *ein* Menschenleben gerettet hätte, ist kaum zu entscheiden. Die beiden Hebammen leisten Widerstand, indem sie Pharaos Worte ignorieren und einfach weiter ihre Arbeit tun. Und ihre Arbeit besteht darin, dabei zu helfen, wenn Frauen Kinder zur Welt bringen, *Kinder* – nicht Jungen oder Mädchen, behinderte oder gesunde, einheimische oder fremde ... ägyptische oder hebräische („deutsche" oder jüdische, serbische oder albanische) Kinder. Hier besteht das Humane darin, *nicht* hinzusehen. In anderer Situation ist es wichtig, genau hinzusehen, das Geschlecht eines Menschen wahr zu nehmen, ihre Herkunft genau zu betrachten, seine Behinderung zu erkennen. Hier aber besteht das Subversive des Widerstands der Hebammen in ihrer buchstäblichen Ignoranz.

Schifra und Pua (Schönheit und Glanz) handeln im Rahmen des ihnen Möglichen. Sie vermögen den Rahmen nicht zu sprengen. Sie können Pharaos Gewaltpolitik nicht Einhalt gebieten, wie der Fortgang des Textes zeigt. Sie lassen sich die Alternative „offener Widerstand" oder „Anpassung" gar nicht stellen. Sie tun einfach ihre Arbeit. Was sie tun, bleibt im Rahmen (im Sinne des Aufbaus des Textes wie im übertragenen Sinne). Aber sie fallen zugleich aus dem Rahmen. Sie tun einfach nicht, was Pharao befiehlt, das – das bedeutet der Titel „Pharao" – *„große Haus"*, Pharao, der sich feiern läßt (ich zitiere einige der Titel aus einer Inschrift *Ramses II.*) als „Du Säule des Himmels, Balken der Erde, Herr vielfacher Speise, König, groß an Gestalt, unsere Sonne, von dessen Aussprüchen alles lebt, Pharao, Atem unserer Nasen, du, bei dessen Erscheinen alle Welt auflebt."

Vor diesem oder einem solchen Pharao also läßt unsere Geschichte Schifra und Pua stehen und ihm *nicht* gehorchen, einfach so. Darin hatten, so formuliert unsere Erzählung, die Hebammen *die Gottheit (ha-Elohim)* gefürchtet. Ob sie in der Gottheit bereits den Gott Israels erkannten, bleibt ganz offen; sie folgten einem göttlichen Gebot, das Menschen unabhängig von ihrer je besonderen Religion und Kultur zugänglich ist, dem Gebot, für das Leben einzutreten. Dieses Allerselbstverständlichste aber wird gegenüber Pharaos Befehl zum Gebot des Widerstands. Das ist Schifras und Puas Exodus aus dem großen Haus der Macht, das ist der Beginn des Exodus aus dem Sklavenhaus, damit beginnt das Befreiungsgeschehen, auf dem die ganze Bibel basiert. Im Fortgang des Exodusgeschehens und seiner Schilderung wird noch von großen Taten die Rede sein, von Menschen- und vor allem von Gottestaten. Aber der Exodus beginnt nicht mit dem Durchzug Israels durchs Schilfmeer, er beginnt nicht mit der Erscheinung des Israelgottes im brennenden Dornbusch vor Mose, er beginnt nicht mit der Rettung des Mose. Der Exodus *beginnt* mit dem Widerstand von Schifra und Pua, mit „Schönheit" und Glanz" des Widerstehens gegen jede Verächtlichmachung des Lebens.

Die Gottheit wertet ihr Tun so hoch, daß sie ihnen, wie es im Text heißt, *Häuser gründete*, das heißt sie zu Stammüttern von Familien und Sippen machte. Die allein männliche Genealogie der zwölf Söhne Jakobs am Anfang erfährt hier eine korrigierende Erweiterung. Auch Schifra und Pua läßt Gott Familien und Sippen gründen, auch sie sind mit Namen genannt.

Pharao kann die beiden Hebammen nicht bei offener Befehlsverweigerung packen; sie waren gewitzt genug. Aber umgekehrt haben Schifra und Pua Pharao nicht zum Leben bekehren können. So erweitert der König den Kreis seiner Befehlsempfängerinnen und -empfänger und auf wahnwitzige Weise – jedenfalls was den Wortlaut seines Befehls angeht – auch den Kreis der von der Selektion Betroffenen: *Doch Pharao gebot seinem ganzen Volk: „Jeder Sohn, der geboren wird, den werft in den Nil, jede Tochter aber laßt leben."*

Liest man das wörtlich, so befiehlt Pharao, auch die *ägyptischen* Knaben zu töten. Es gibt mehrere Möglichkeiten, den Satz zu verstehen; eine

Nachlässigkeit der Erzählung würde ich dabei zuletzt in Betracht ziehen. *Eine* Leseweise könnte darin einen Hinweis auf das Kommende sehen. Tatsächlich endet der Versuch Pharaos, Israel am Auszug aus Ägypten zu hindern, in den Plagen, die über Ägypten kommen und deren letzte der Tod der ägyptischen Erstgeburt sein wird. So zieht Pharao tatsächlich durch seine Befehle den Tod auf sein eigenes Volk und dessen neugeborene Knaben. Man kann in der wahnwitzigen Universalisierung des Tötungsbefehls aber auch den realen Größenwahnsinn eines Herrschers sehen. Sollen alle umkommen – auch die Knaben des eigenen Volkes, wenn nur die israelitischen Knaben dabei sind! Als im „Kreuzzug" gegen die Katharer im Jahre 1209 die „ketzerischen" Einwohner der Stadt Béziers vernichtet werden sollten, fragten die Soldaten, wie sie denn zwischen den rechtgläubigen Katholiken und den todeswürdigen Ketzern unterscheiden könnten, worauf ihnen der Heerführer und Abt *Arnold von Citeaux* (in zynischer Aufnahme von 2. Tim 2, 19) antwortete: „Schlachtet sie alle, denn der Herr kennt die Seinen!" (*Caesarius von Heisterbach*, Dialogus miraculorum, V, 21)

Ich denke aber auch daran, daß *Hitler* in seinem „Testament" den Untergang nun auch des *deutschen* Volkes als seinen letzten Willen bekundete, denn es habe sich als seinem Führer unwürdig erwiesen. Es gibt Gewalthaber, die noch den Untergang des eigenen Volkes in Kauf nehmen und den eigenen dazu – nicht nur weil ihre Machtgier so groß, sondern auch weil ihre Liebe zum Leben so gering ist. Zerstörende Gewalt ist letztlich immer auch selbstzerstörerisch – auch dafür ist unser Bibelarbeitstext ein Lehrstück.

Mitten im Tod ist Leben

Im Text von 2. Mose 1 erfahren wir nichts darüber, ob und wie Pharaos Befehl ausgeführt wurde. Der Fortgang setzt die anhaltende tödliche Bedrohung voraus, doch auf der Ebene der Erzählstruktur ist wahrzunehmen, daß Pharaos größenwahnsinniger Befehl in den leeren Raum tönt. Die Erzählung verläßt den Machthaber und wendet sich einem einzelnen Geschick zu. Die ersten zehn Verse des 2. Kapitels des Exodusbuches erzählen ebenso eine neue Geschichte, wie sie Fortsetzung der bisher erzählten sind. Ich lese den zweiten Teil unseres Bibelarbeitstextes im Zusammenhang:

Ein Mann aus dem Hause Levi ging und nahm sich die Tochter Levis zur Frau. Die Frau wurde schwanger und gebar einen Sohn. Und sie sah ihn, ja er war gut. Sie versteckte ihn drei Monate lang. Und als sie ihn nicht länger verstecken konnte, nahm sie für ihn einen Kasten aus Papyrus, verlehmte ihn mit Lehm und Pech, legte das Neugeborene hinein und legte ihn ins Schilf am Ufer des Nils. Seine Schwester aber stellte sich in einiger Entfernung hin, um zu erfahren, was mit ihm geschehen werde. Und es kam die Tochter Pharaos herunter, um am Nil zu baden, während ihre Dienerinnen am Ufer des Nils hin und her gingen. Da sah sie den Kasten mitten im Schilf, streckte ihren Arm aus und nahm ihn. Dann öffnete sie ihn und sah es, das Neugeborene – ein weinender Junge. Sie empfand Mitleid mit ihm und sprach: „Eines von den Neugeborenen der Hebräer!" Da sprach seine Schwester zur Tochter Pharaos: „Soll ich gehen und für dich eine stillende Frau von den Hebräerinnen rufen, damit sie für dich das Neugeborene stille?" Die Tochter Pharaos sprach zu ihr: „Geh!" Und das Mädchen ging und rief die Mutter des Neugeborenen. Die Tochter Pharaos sprach zu ihr: „Nimm dieses Neugeborene und stille es für mich, ich selbst will dir deinen Lohn geben." Und die Frau nahm das Neugeborene und stillte es. Und das Neugeborene wurde groß. Sie brachte ihn zur Tochter Pharaos, und er wurde ihr zum Sohn. Sie nannte seinen Namen Mose und sprach: „Ja, ich habe ihn aus dem Wasser gezogen." (2, 1-10)

Es gibt viel zu entdecken in dieser Geschichte. Beginnen wir mit einer von den meisten neueren christlichen Auslegern wahrgenommenen Ungereimtheit.

Die Schwester des Mose

„Ein Mann aus dem Hause Levi ging und nahm sich die Tochter Levis zur Frau. Die Frau wurde schwanger und gebar einen Sohn" – so beginnt die Geschichte. Folgt man der Struktur dieser in der Bibel mehrfach belegten Einleitung, so legt sie nahe, daß der so geborene Sohn, in diesem Falle also Mose, das erste Kind der Eltern ist. Damit unvereinbar scheint, daß die

Fortsetzung von einer offenkundig erheblich älteren Schwester des Mose erzählt. Schaut man weiter auf die Figur dieser Schwester in der Erzählung, so wirkt es eigentümlich, daß sie, die das Geschehen von ferne betrachtet, plötzlich die ägyptische Prinzessin anreden kann. So hat man die Figur der Schwester als eine später in die Erzählung eingefügte verstanden. Sie sei hinzuerzählt worden, um dem Mose seine israelitische Mutter wenigstens als Amme zu geben und vielleicht auch, um dem Eindruck zu wehren, als hätte die Familie den Neugeborenen achtlos im Schilf gelassen. Die Hinzufügung der Figur der Schwester habe bewirkt, daß im jetzt vorliegenden Text die Auffindung und die Namensnennung des Mose auseinander gerückt worden seien, obwohl doch der Name zur Auffindung paßt und nicht zur späteren Adoption eines Herangewachsenen. Diese Hypothesen über mögliche Vorformen des überlieferten Textes sind erlaubt (solange sie als Hypothesen kenntlich bleiben). Aber es ist der jetzt vorliegende Text, den wir auslegen und verstehen wollen. Ich habe auf die wissenschaftlichen Hypothesen verwiesen, um nun eine ganz andere Weise der Auslegung zu zeigen, eine, die die Spannungen und Ungereimtheiten sehr wohl wahrnimmt, sie aber nicht durch Auflösung des Textes in mehrere Erzählschichten „löst", sondern dadurch, daß etwas hinzuerzählt wird.

Die rabbinische Bibellektüre bemerkt nämlich ebenfalls, daß Mose hier eingeführt wird wie das erste Kind seiner Eltern. Gleichzeitig nimmt sie das Faktum seiner älteren Schwester wahr. Wie geht beides zusammen, wenn beide Kinder derselben Eltern sind? Derselben Eltern ja, aber nicht derselben Ehe. Das klingt auf den ersten Blick wie eine bemüht spitzfindige Erklärung. Aber hören Sie, was die rabbinische Auslegung auf der Ebene dieser genauen Textbeobachtung zu erzählen hat! Diese hinzuerzählende Auslegung setzt ein genau in der Lücke zwischen dem Befehl Pharaos, alle Knaben sollten getötet werden, am Ende des ersten und der Formulierung: „*Ein Mann ... ging*" am Beginn des zweiten Kapitels und fragt nach der Bedeutung dieser Formulierung. Hören Sie die schöne und für unser Thema wiederum sehr lehrreiche Geschichte aus dem Traktat *Sota* (12 a) des Babylonischen Talmud:

„Ein Mann aus dem Hause Levi ging". *Wohin ging er? Es sagte Rabbi Jehuda bar Zebina: Er ging nach dem Rat seiner Tochter. Es wird gelehrt: Amram* [so heißt in der jüdischen Überlieferung der Vater des Mose] *war der Größte seiner Generation. Als er erfuhr, daß der böse Pharao gesagt hatte:* „Jeder Sohn, der geboren wird, den werft in den Nil", *sagte er:* „Umsonst mühen wir uns." *Er stand auf und schied sich von seiner Frau. Und alle standen auf und schieden sich von ihren Frauen. Da sagte ihm seine Tochter: Vater, dein Erlaß ist härter als der Pharaos. Pharao hat nur gegen die Knaben einen Erlaß verhängt, du aber gegen Knaben und Mädchen. Pharao hat einen Erlaß nur in dieser Welt verhängt, du aber in dieser und für die kommende Welt! Beim bösen Pharao ist es zweifelhaft, ob sein Erlaß eingehalten wird oder nicht; du aber bist wirklich ein Gerechter, und dein Erlaß wird eingehalten ... Da stand er auf und nahm seine Frau zurück. Alle standen auf und nahmen ihre Frauen zurück.*

Auch die Schwester des dann in der wieder und neu geschlossenen Ehe als erstes Kind geborenen Mose handelt – wie die Hebammen, wie die Tochter Pharaos – im Rahmen der gegebenen Strukturen. Auch in dieser kleinen rabbinischen Erzählung geben die Entscheidungen eines Mannes den Rahmen vor. Aber in diesem Rahmen fällt die Tochter aus dem Rahmen. Sie wird zur Lehrerin, ihr Vater wird zu ihrem Schüler und geht nach ihrem Rat. Die Stimmung des Vaters ist nur zu verständlich. Wie kann man (so fragten und fragen auch in unseren Zeiten viele) in diese Welt voller Gewalt und Ausweglosigkeit noch Kinder setzen? Aber die Tochter argumentiert klug und beherzt, sie argumentiert, wenn Sie mir den Anachronismus erlauben, „feministisch", sie argumentiert für das Leben der Töchter, die nach dem Beschluß ihres Vaters ja auch nicht geboren würden, ja, deren Leben dem Vater angesichts der Bedrohung der Söhne aus dem Blick gerät. Und später, in der Szene mit der Tochter Pharaos ist sie darin eine „Schwester" der Hebammen, daß sie sich scharfsinnig und bewahrend („Salz der Erde") unwissend stellt, was die genaue Herkunft des aus dem Nil gezogenen Knaben angeht, und ihn so rettet. Zudem gibt sie der Tochter Pharaos, die, wie der Text sagt, Mitleid hatte mit dem weinenden Kind, aber sich noch gar nicht geäußert hatte, was sie mit ihm tun wolle, die Möglichkeit, sein Leben zu retten, ohne selbst sogleich für ihn sorgen zu müssen.

Die Mütter des Mose

Mose, der künftige Retter Israels, wird selbst gerettet, und er hat mehr als eine Retterin. Zuerst rettet ihn die Mutter. *„Die Frau wurde schwanger und gebar einen Sohn. Und sie sah ihn, ja er war gut. Sie versteckte ihn drei Monate lang. Und als sie ihn nicht länger verstecken konnte, nahm sie für ihn einen Kasten aus Papyrus, verlehmte ihn mit Lehm und Pech, legte das Neugeborene hinein und legte ihn ins Schilf am Ufer des Nils."*

„Und sie sah ihn, ja er war gut." Wie soll ein Neugeborenes in den Augen seiner Mutter anders sein als „gut"? Hier ist gewiß nicht gemeint, wenn es ein – was immer das sei – weniger „gutes" Kind gewesen wäre, ein behindertes womöglich, hätte sie ihn nicht gerettet. Nicht ganz nebenbei: Mose *war* behindert, nämlich sprachbehindert, wie später erzählt wird. Aber die Formulierung des Textes führt noch auf eine weitere Spur. Der Satz „Ja er war gut" zitiert wiederum die Schöpfungsgeschichte. Jetzt fällt der Satz, den wir schon früher erwarten mochten, und der dort nicht fiel, denn es war nicht gut, vielmehr trat Pharaos tödliche Politik auf den Plan. Aber jetzt, hier, kann das *„ja gut"* aus der *Schöpfungs*geschichte gesagt werden, denn das Neugeborene ist ein *Geschöpf* und deshalb *gut*. Die Rettung des Mose ist Rettung des Lebens in der Katastrophe. Auch das ist in unserem Text auf der Wortebene zum Ausdruck gebracht, denn das Wort für den „Kasten", in dem das Kind gerettet wird, kommt nur noch in *einem* anderen Zusammenhang in der Bibel vor. Es ist das Wort für den Kasten, in dem Noah und die Seinen, dazu Tiere aller Gattungen am Leben bleiben, das Wort *teba*, das man in der Flutgeschichte als „Arche" zu übersetzen pflegt. Schöpfung und Leben durch die Flut hindurch – beide Urgeschichten vom Leben und neuen Leben werden in die Moseerzählung einbezogen. Die Mutter, die das Selbstverständliche tut, nämlich ihr Kind nicht dem Tode preiszugeben, handelt wie Noah, handelt wie Gott selbst.

Es gibt noch weitere Worte und Motive, die die Geschichte mit anderen verbindet. Der Lehm, mit dem die Mutter den Kasten (die Arche) verschließt, kam zuvor in der Schilderung der Zwangsarbeit vor. Hier dient er der Lebensbewahrung. Auch das Schilf verweist auf den Kontext: Beim Schilfmeer wird die dramatischste Auseinandersetzung stattfinden zwischen Pharao und Mose, und Israel wird gerettet werden. Wenn man von den Motiven der Erzählung spricht, muß auch erwähnt werden, daß das Motiv der Rettung in einem Kasten oder Korb verbreitet ist und daß sich eine solche Rettungsgeschichte auch (und zum Teil literarisch früher) mit anderen Gründer- und Herrschergestalten verbindet, mit Sargon, mit Kyros, mit Romulus. Die Wahrheit der Bibel liegt nicht darin, daß in ihr alle Geschichten und Motive ihren Ursprung haben, sondern darin, wie sie sie gebraucht. Und daß manche Motive multikulturell sind, wird uns bei dieser Geschichte nicht verwundern, handelt sie doch davon, daß gegen den Tod Menschen verschiedener Völker und Kulturen zusammen stehen und gemeinsam handeln.

Die leibliche Mutter, die Tochter Levis, ist nach unserem Text nicht die einzige, die Mose haben wird. Denn von der Tochter Pharaos heißt es: *„und er wurde ihr zum Sohn"*. Mose hat also zwei Mütter, zwei, die gegensätzlicher nicht sein können. Ägypterin die eine, Hebräerin die andere, Königstochter die eine, Angehörige des verfolgten Volkes die andere. Beide Frauen (und die Schwester dazu und zuvor die beiden Hebammen) bildeten eine Völkergrenzen und soziale Schranken übergreifende Kooperative zur Rettung des Lebens. Die Männerwelt bildet den Rahmen der Erzählung, die zwölf Söhne Jakobs stehen am Anfang, „der Mann Mose", wie *Sigmund Freud* ihn nannte, am Ende. Aber in diesem Rahmen und in vieler Hinsicht aus dem Rahmen fallend (man denke nur an das erstaunliche Tun der Pharaonentochter, die sich, wie wenn es selbstverständlich wäre, dem Befehl ihres Vaters und Herrschers widersetzt) handeln Frauen. Die männliche Perspektive, mit der unser Text einsetzt, erhält entscheidende Korrekturen.

Und dann gibt es noch etwas Verblüffendes in diesem zweiten Kapitel des Exodusbuches (in der Fortsetzung, die nicht mehr zum Bibelarbeitstext gehört). Da werden (darauf hat *Jopie Siebert-Hommes* aufmerksam gemacht) in V. 16 die sieben Töchter des Midianiterpriesters genannt, bei dem Mose Zuflucht findet. Die beiden Hebammen, die Mutter und die Schwester des Mose, die ägyptische Prinzessin und jene sieben Midianiterinnen – das sind in diesen beiden ersten Kapiteln zusammen genau *zwölf* Frauen, ergänzende Gegengruppe zu den zwölf Israelsöhnen am Anfang. Das literarische „Spiel" mit rahmenden und gerahmten Männer- und Frauenrollen geht weiter. In unserem Text bilden Männer den Rahmen, in dem Frauen handeln und aus dem sie zuzeiten fallen. Die Exoduserzählung als ganze in den Kapiteln 1-15 des 2. Mosebuches handelt überwiegend von Männern, doch am Anfang (in Kap. 1f.) und am Ende (in Kap. 15 [im Mirjamlied]) handeln, sprechen und singen Frauen. Die Bibel ist ein Buch aus patriarchalischer Zeit. Aber so patriarchalisch, wie sie oft ausgelegt wurde, ist sie nicht. Es gibt da noch viel zu entdecken.

Die Pharaonentochter adoptiert den geretteten Jungen und gibt ihm seinen Namen: Mose. Mit dem Mosenamen verbinden sich viele Fragen und interessante Perspektiven. In unserer Geschichte wird er erklärt als „der aus dem Wasser Gezogene". Der Name müßte aber auf der Basis des dann gemeinten hebräischen Verbs eine aktive Bedeutung haben, etwa: der aus dem Wasser Ziehende. Das paßt kaum zur erzählten Geschichte. Verweist es darauf, daß der Gerettete selbst zum Retter werden wird, zum Retter aus dem Wasser in der Geschichte vom Durchzug Israels durch das Schilfmeer? Das wäre *eine* Möglichkeit, aber in keinem späteren Text ist sie noch einmal aufgenommen. Historisch und namensgeschichtlich wahrscheinlicher ist, daß Mose ein ägyptischer Name ist (wie in den Pharaonennamen Tutmose oder Ramose). Dieser Name(nsbestandteil) bedeutet „*geboren*" (die Langform des Namens wäre: Der *Gott* „X" [z.B. Thot oder Re] *hat* [das Kind] *geboren*). Der Träger dieses Namens ist ein Gotteskind, ein Geschöpf Gottes. Und so paßte der ägyptisch gedeutete Name Mose mindestens ebenso gut in die Geschichte wie der hebräisch gedeutete. Auch in dieser Hinsicht hat Mose (gerade er!) multikulturelle Züge. War Mose gar „eigentlich" ein Ägypter, wie Freud annahm? In einer *bestimmten* Hinsicht ist diese Frage nicht so wichtig, und sie kann in *dieser* Hinsicht offen bleiben, wie es bei den Hebammen offen blieb, ob sie Ägypterinnen oder Hebräerinnen waren.

Wir haben nun schon mehrfach gesehen, wie sich literarische Strukturen der Erzählung und inhaltliche zueinander fügen. So ist es auch im Blick auf die beiden Mütter des Mose, die leibliche und die soziale Mutter. Es gibt mehrfach in den Erzählungen von den Erzeltern die Abfolge von Schwangerschaft, Geburt und Namensnennung durch die Mutter. So ist es letztlich auch hier. Doch die Abfolge ist unterbrochen durch die dramatische Erzählung, und sie ist auf die beiden Mütter verteilt. „*Die Frau wurde schwanger und gebar einen Sohn*", heißt es am Anfang im Blick auf die eine, „*Sie nannte seinen Namen Mose*" am Ende von der anderen Mutter. Beides und beide zusammen machen den Satz und die Geburtsgeschichte vollständig.

Menschen können zwei Mütter haben, Menschen können in zwei Kulturen leben, warum eigentlich sollen Menschen nicht zwei Pässe haben?

Eine Frauengeschichte?

Als vom Kirchentagspräsidium Menschen um eine Bibelarbeit und dabei auch um ihre Option für einen der Texte angefragt wurden, zeigte sich, daß sich für eine Bibelarbeit über diesen Text fast nur Frauen interessierten. Mir gibt zu denken, daß fast keine Bibelarbeit*er* diesen Text wählen wollten. War es, weil sie den Frauen diesen Text nicht wegnehmen wollten? Oder eher, weil sie meinten, dieser Text habe doch eigentlich nur Frauen etwas zu sagen? Letzteres wäre ein trauriges Zeugnis für uns Männer. Gewiß ist dieser Text ein „Frauentext", denn Frauen spielen in ihm die entscheidende Rolle. Aber wären dann eigentlich Texte wie die Geschichte vom „barmherzigen Samariter" oder wären die „Zehn Gebote" oder wären unendlich viele andere biblische Texte dann Texte nur für Männer, weil in ihnen nur oder fast nur Männer agieren? Und ist nicht allemale der Rahmen, in den auch in 2. Mose 1 und 2 Frauen – literarisch und sozial – eingebunden sind und in dem sie nur handeln können, wenn sie aus dem Rahmen fallen, nicht allemale für uns Männer eine wichtige Anfrage? Wäre denn etwa die Option für das Leben, ein Leben, das keinen Zwecken verfügbar gemacht wird, leben ohne „um zu" und ohne Vorbedingung welcher Art auch immer, keine Männersache? Oder enthält auf der anderen Seite die Rolle Pharaos, der das verlorene Gedächtnis durch gewaltfixierte Konstruktionen ersetzt, keine Fragen an Männer? Das alles sind rhetorische Fragen, aber bei rhetorischen Fragen kommt es nicht darauf an, die offenkundige Antwort zu geben, sondern aus der offenkundigen Antwort die notwendigen Konsequenzen zu ziehen.

Ich möchte am Ende dieser Bibelarbeit noch einmal drei Aspekte ansprechen, die mir bei der Beschäftigung mit diesem Text besonders wichtig geworden sind. Der eine nimmt abermals die Formen des Widerstands in den Blick, von denen in unserem Text erzählt wird. Es sind keine volltönenden Helden- oder Heldinnengeschichten. Die Frauen, die sich Pharaos Befehl widersetzen, handeln unspektakulär und gewitzt, mutig und listig, mit hohem Risiko, doch auch risikobewußt. Kein „Männermut vor Fürstenthronen" kommt hier in den Blick, sondern der selbstverständliche Einsatz für das Leben. Die Hebammen tun einfach weiter ihre Arbeit. Das ist ihr Einsatz für das Leben. Die Mutter und die Schwester des Mose tun das Selbstverständliche, sie versuchen ihren Sohn und Bruder am Leben zu erhalten. Und auch die Tochter Pharaos handelt, wie wenn es selbstverständlich wäre, daß das Gebot, Leben zu retten, höher steht als die Launen ihres Vaters und Herrschers.

Es gab Frauen in der Nazi-Zeit, die einfach weiter „Grüß Gott" sagten, als „Heil Hitler" verordnet war. Das war in den meisten Fällen kein lebensgefährlicher Widerstand, aber es war ein Widerstehen, eine Verweigerung, die das Humane festhielt gegen den Terror und die Verblendung derer, die an die Stelle der lebendigen Erinnerung ihre gewaltfixierten Konstruktionen angeblicher Wirklichkeit setzten. Und es gibt auch heute Menschen, die wissen, wann die Menschlichkeit gebietet, nicht so genau hinzusehen, und wann es darum geht, ganz genau hinzusehen.

Das ist der zweite Punkt, den ich noch einmal ansprechen will. Die Hebammen tun ihre Arbeit für das Leben, indem sie den Befehl zum selektiven Hinschauen ignorieren. Junge oder Mädchen – ihnen bedeutet in ihrer Arbeit dieser Unterschied nichts. Aber es gilt in eben derselben Frage nach dem Geschlecht eines Menschen in vielen anderen Situationen, genau hinzuschauen und Unterschiede wahr zu nehmen. Das schließt Aufmerksamkeit für Sprachformen ebenso ein wie die Wahrnehmung, daß es nicht gleichgültig ist, ob *sie* oder ob *er* etwas empfindet, sagt oder tut. In unserem Text bilden Männer den Rahmen und Frauen handeln in diesem Rahmen und sprengen ihn. Es ist keineswegs gleichgültig, daß es Frauen sind, die das tun. Wenn das wahr genommen ist, hat der Text Frauen *und* Männern etwas zu sagen.

Und nun, ganz zum Schluß, der dritte Punkt. Die Hebräische Bibel, das Alte Testament, enthält eine universale, auf die ganze Menschheit bezogene und eine besondere, eine partikulare, auf Israel bezogene Linie. Beide sind unverzichtbar, daß es beide gibt, ist entscheidend. Das gilt auch für unseren Bibelarbeitstext.

Es geht um die ersten Schritte des Exodus, der Befreiungsgeschichte Israels, und es geht um Mose, den Mittler zwischen Gott und seinem Volk Israel.

Und ebenso geht es um Humanität, um Menschlichkeit jenseits aller Volks-, Religions-, Kultur- und Gesellschafts- und aller Geschlechtsgrenzen – um Leben ohne jede Bedingung.

Die Hebammen konnten vermutlich nur wenige Menschen vor Pharaos Gewalt retten, die drei Frauen im zweiten Teil unseres Textes retten „nur" einen. In der rabbinischen Überlieferung gibt es einen Satz, der den einschränkenden Charakter dieses „nur" bestreitet und der dazu die beiden genannten Perspektiven, die auf Israel und die auf die Menschheit bezogene, festhält. Der Satz steht in der Mischna *Sanhedrin* IV, 5 und lautet in der Fassung des Babylonischen Talmud:

Jedem, der ein israelitisches Menschenleben rettet, rechnet es die Schrift an, als hätte er eine ganze Welt gerettet.

Das ist die auf Israel bezogene Perspektive, die den unauflösbaren Bezug zwischen der „Schrift" und „Israel" festhält.

In der Fassung des Jerusalemer Talmud lautet der Satz genau so mit Ausnahme eines einzigen dort fehlenden Wortes. Es fehlt die Bestimmung „israelitisch" (*mejisra'el*). Hier lautet er in der anderen, der ebenso biblischen und jüdischen universalen Perspektive:

Jedem, der ein Menschenleben rettet, rechnet es die Schrift an, als hätte er [gerade von unserem Bibelarbeitstext her füge ich verdeutlichend hinzu: *oder sie*] *eine ganze Welt gerettet.*

Das Buch Exodus und die Frauen – *
Erwägungen über hermeneutischen Modelle unter besonderer Berücksichtigung der Frage: Was bedeutet „Feministische Bibelauslegung" für Männer?

Kleine Vorrede

Ich war und bin – was diese Vorlesungsstunde anbetrifft – etwas unsicher. Die „Feministische Woche" gibt es, weil (und solange) es notwendig erscheint, frauenspezifische Aspekte der turnusmäßigen Vorlesungen eigens zu thematisieren. Heute müßte also von den Aspekten in Exodusbuch und -vorlesung die Rede sein, die in besonderer Weise mit frauenspezifischen Themen zu tun haben. Von solchen Themen und den mit ihnen verbundenen methodischen Fragen war jedoch in dieser Vorlesung oft die Rede – nicht zuletzt (sondern zuallererst) am Anfang im Zusammenhang mit den Frauen, deren Tun den Exodus ermöglicht und initiiert – den Hebammen Schifra und Pua, die (Ex 1) Pharaos Selektionsbefehl widerstehen, indem sie nicht hinschauen, ob sie einem Jungen *oder* einem Mädchen zum Leben verholfen haben, sondern einzig ihre Arbeit tun, *Kindern* auf die Welt zu verhelfen. Von der Klassen, Völker und Kulturen übergreifenden Frauenkooperative war die Rede, die (Ex 2) das Leben des Mose rettet, von den *beiden* Müttern des Mose (hebräische Sklavin die eine, ägyptische Prinzessin die andere). Von Zippora war die Rede, der midianitischen Frau des Mose, die sich (Ex 4) dem Mose nicht nur im Recht, sondern dann in höchster Gefahr auch im Blut verbindet und so die Voraussetzung schafft, Mose wieder in sein Volk zu inkorporieren. Von Mirjam war die Rede, die (Ex 15) auf die Pauke haut und einen machtvollen Hym-

---

* *Kolleg im Rahmen der Exodus-Vorlesung anläßlich der Feministischen Studienwoche an der Ev.-Theol. Fakultät der Ruhr Universität Bochum*

nus anstimmt, wenn Pharao und sein Heer im Meer versunken und Israel gerettet ist. In all diesen Rettungsaktionen spielen Frauen eine entscheidende Rolle, und sie tun es mehr als einmal, indem sie aus der Rolle fallen. Hätte ich diese Themen ausgespart, um sie eigens in der feministischen Woche zu präsentieren – wovon hätte ich dann reden sollen in der „regulären" Vorlesung? Denn das Tun von Frauen kommt im Buche Exodus nicht noch hinzu, es trägt das Exodusgeschehen wie das Tun des Mose und des Aaron (und mehr wohl als das der anderen Männer ...).

Doch umgekehrt kann und mag ich nicht so tun, als hätten wir mit dem Wahrnehmen des Selbstverständlichen (der Rolle von Frauen im 2. Buch Mose) gleichsam das Klassenziel erreicht und es bedürfte dieser besonderen Vorlesungsstunde nicht. Ich versuche daher eine Mischung aus reflexiven Blicken auf die bisherige Exodusvorlesung und die Aspekte feministischer Bibellektüre einerseits und einigen methodischen Reflexionen auf das Projekt „Feministische Theologie" andererseits. Dabei möchte ich (meiner Rolle als männlichem Exegeten entsprechend) besonders nach der Bedeutung feministischer Exegese für Männer fragen. Deshalb also für diese Stunde die Überschrift: Das Buch Exodus und die Frauen – Erwägungen über hermeneutischen Modelle unter besonderer Berücksichtigung der Frage: Was bedeutet „Feministische Bibelauslegung" für Männer? Ich möchte Ihnen meine fragmentarischen Überlegungen in sechs Abschnitten vortragen.

Wahr-nehmung

Ich möchte feministische Exegese (durchaus auch im emphatischen Sinne des Wortes:) wahr-nehmen. Nun stehen Ergebnisse feministischer Bibelauslegung auf unterschiedlichen Ebenen – und mit ihnen stellen sich an die Wahrnehmungen männlicher Exegeten unterschiedliche „Anforderungspotentiale". Ich beginne mit der *hermeneutisch* (nicht unbedingt auch wissenschaftspolitisch) am wenigsten problematischen Kategorie.

Es gibt eine ganze Reihe von Beobachtungen feministischer Exegetinnen, die sich auf allgemein nachprüfbare (ich bin trotz wissenschaftstheoretischer Bedenken geneigt zu sagen:) „objektive" Tatbestände beziehen. Ein Beispiel aus dem Exodusbuch:

Die Exodusgeschichten und damit die Geschichte des *Volkes* Israel beginnen in Exodus 1 mit einer extrem androzentrischen Genealogie. Sie nennt die Namen der 12 Israelsöhne, die die Stämme Israels sind beziehungsweise werden. Die in Exodus 1 und 2 erzählte Geschichte jedoch hat (bzw. die dort erzählten Geschichten haben) Frauen als Akteure. *Vor* den großen Rettungsgeschichten (Moseberufung, Plagen, Auszug, Schilfmeer) stehen die kleinen=großen Rettungstaten von Frauen (die Hebammen Pua und Schifra, die Mutter und die Schwester des Mose, die ägyptische Prinzessin). Sie alle retten Leben, indem sie das Selbstverständliche tun und *darin* subversiv handeln. In Ex 2 werden (scheinbar beiläufig) die 7 Töchter des Midianiterpriesters Reguel genannt. *Jopie Siebert-Hommes* hat gesehen, daß es in Exodus 1f. damit zugleich mit den zwölf Israelsöhnen der Exoduseingangsgenealogie zwölf Frauen gibt, die das Exodusgeschehen möglich machen. Diese zunächst einmal marginale Textbeobachtung hat, wie leicht ersichtlich ist, Folgen für die Exegese eines der zentralen biblischen Themen. Ich kann und muß das jetzt nicht ausführen (die Exodusvorlesung begann mit einem ausführlichen Blick auf gerade diesen Anfang); mir kommt es heute auf die methodische Frage an, in deren Zusammenhang ich auf diese kleine und doch so folgenreiche Beobachtung hingewiesen habe.

Handelt es sich bei dem zitierten exegetischen „Fund" um einen Beitrag *feministischer* Exegese?

Die Antwort ist nicht ganz leicht. Es handelt sich einerseits um eine Textbeobachtung, die nicht daran gebunden ist, daß eine *Frau* sie gemacht hat. Andererseits ist es kein Zufall, *daß* eine Frau diese Beobachtung gemacht hat. Denn erst ein Blick, der mit einer solchen Beobachtung (salopp gesagt:) etwas anfangen kann, macht eine solche Beobachtung möglich. Der Satz: „Das hätte *ich* (als Mann) genauso herausfinden können" ist deshalb richtig und falsch zugleich – und letztlich eher falsch.

Eine andere Frage ist die, was ich als (männlicher) Exeget mit den Beobachtungen anfange, bei denen es kein Zufall ist, daß ich sie nicht selbst gemacht habe. Denn das genannte Beispiel bezieht sich auf eine Beobachtung, deren Geltung nicht auf einen möglichen Binnenraum feministischer Exegese beschränkt ist. Wenn ich Exodus 1f. (z.B. beim Stuttgarter Kirchentag 1999 oder in dieser Vorlesung) auszulegen hatte und habe, kann ich an dieser Beobachtung nicht vorbeigehen, denn sie schließt etwas Wichtiges in der Textstruktur auf.

So ist es auch mit der ähnlichen Beobachtung, daß im Segen an Noah und seine Söhne in Genesis 9 der Segen aus Genesis 1 wiederholt wird, aber – anders als in Genesis 1 – (explizit) nur die Männer gesegnet sind, was nahezu alle männlichen Exegeten (ich eingeschlossen) nicht wahrgenommen hatten. (Daß es die m. W. *eine* Ausnahme W. *Zimmerli* gibt, ist immerhin zu erwähnen, zeigt es doch, daß es sich nicht um einen männlichen „Nichtwahrnehmungszwang" handelt ...)

Ich möchte einen Moment beim Stichwort „Nichtwahrnehmungszwang" bleiben. Da habe ich zu erzählen von einem blinden Fleck. Als ich vor zwanzig Jahren ein Taschenbuch über die Gewalt in der Bibel und ihre Wirkungsgeschichte schrieb (Das Erbe der Gewalt, GTB 378, 1980), war ich einer der ganz wenigen Bibelwissenschaftler, die sich diesem Thema als Exegeten stellten. Wenn ich heute in meinem Buch blättere, stelle ich mit Verblüffung fest, daß unter den vielen Themen und Aspekten biblischer Gewalttexte *ein* Thema mit keinem Wort vorkommt. Daß zahlreiche dieser Texte in spezifischer Weise *Gewalt gegen Frauen* zum Thema haben, war mir damals nicht aufgefallen; ich hatte weder das Thema noch die damit verbundenen Fragestellungen wahrgenommen (wahr genommen), und deshalb waren mir auch die biblischen Texte nicht aufgefallen, die diese Gewalt zum Thema haben. Mir fällt das zuweilen ein, wenn andere (und nicht selten ich dabei) sehr unbarmherzig-moralistisch die verurteilen, die ein bestimmtes Thema nicht wahrnehmen, für eine bestimmte Frage nicht sensibel sind, eine bestimmte Empörung nicht teilen.

Wenn ich mich meines blinden Flecks in der Wahrnehmung biblischer Gewalt allzu dramatisch bezichtigte, könnte es leicht geschehen, daß die Selbstkritik in Hochmut umschlägt. Ein allzu lautstark vorgetragenes „Wie konnte es *mir* nur passieren, daß ..." bezeugt weniger Selbstkritik als Selbstüberschätzung. Es gibt freilich auch die Logik: „Wenn ich ein Thema vor zwanzig Jahren nicht für wichtig erachtet habe, dann ist es auch heute nicht wichtig" wie die komplementäre „Logik": Was ich vor zwanzig Jahren schon als wichtig erachtet habe, muß auch heute wichtig und richtig sein. Und schließlich gibt es die Möglichkeit, sich anders zu erinnern („Die-sich-*anders*-Erinnernden" – das wäre wohl nach den Regeln der „political correctness" das neue Wort für „LügnerInnen" und „FälscherInnen"). Da hat man dann im Rückblick schon damals gezweifelt, sich schon früh kritisch geäußert und so weiter. Auch hier hat ein schöner Satz von Felipe Gonzales seine Bedeutung: „Die Vergangenheit ist schwer vorher zu sagen."

Ambivalenzen

Die bedeutende Rolle von Frauen gerade am Anfang des Exodusbuches ist unstrittig. Aber steht sie auch für eine Überwindung androzentrischer Perspektive (in den Texten *und* ihrer Auslegung)? Susanne Scholz, die im „Kompendium Feministische Bibelauslegung" (hrsg. v. L. Schottroff u. M.-Th. Wacker, Gütersloh 1998) den Abschnitt über das Exodusbuch verfaßt hat (S. 26-39) verneint das entschieden. Auf ihre Argumentation möchte ich jetzt ausführlicher eingehen.

Susanne Scholz begnügt sich nicht mit der Tatsache, daß im Exodusbuch an bestimmten Stellen Frauen eine wichtige Funktion haben. Sie nimmt die androzentrische Perspektive (auch) dieses biblischen Buches vielmehr so wahr, daß sie auch und gerade „die in den letzten Jahren immer stärker werdende Überzeugung in den Vordergrund treten" läßt, „daß Frauen innerhalb der biblischen Literatur als männliche Konstruktionen verstanden werden müssen, um Unterdrückungsstrukturen wie Sexismus, Rassismus, Ethnozentrismus, Klassendiskriminierung und Imperialismus verdeutlichen zu können." (26) Auch und gerade da, wo Frauen eine Rolle eingeräumt wird, sei, so Scholz, diese Rolle durch die Kriterien männlicher Konstruktion bestimmt. So blieben etwa die Rollen der Hebammen in Ex 1 wie die der Mutter und Schwester des Mose, die der Zippora und der anderen Frauen ganz im Rahmen der ihnen in der patriarchalen Gesellschaft zugewiesenen Clichés („Sie sorgen sich um Kinder und retten sie." [28]) In Ex 2, 1-10 sei (der künftige Mann) Mose die Hauptfigur, die Frauen seien allein um ihn gruppiert und auf ihn bezogen, nur der Säugling habe einen Namen. Daß in Ex 2 die Mutterrolle auf zwei Frauen (die leibliche und die soziale Mutter, die Levitin und die Prinzessin) verteilt ist, deutet Scholz so: „Für den androzentrischen Erzähler spielt es demnach keine Rolle, welche der Frauen den Mose errettet. In gewisser Weise sind sie alle an der

Errettung beteiligt." (29) Daß der hebräisch gedeutete Mosename eine aktive Bedeutung hat (*moschä* – der [aus dem Wasser] Herausziehende – nach der Erzählung von Ex 2 ist er aber aus dem Wasser Gezogene ...) liest sie (mit Cheryl Exum) so: „Die Namengebung weist daher bereits in 2, 10 auf den künftigen Retter Mose hin (...), und die Errettung durch die Frauen wird marginalisiert." (29)

„Marginalisierung" ist für Susanne Scholz eine Leitkategorie im Blick auf die Frauen des Exodusbuches. Sie erkennt diese Marginalisierungstendenz auch darin, daß das Mirjamlied ganz an den Rand von Ex 15 gedrängt ist („Mirjam erscheint als Randfigur, so daß die Stellung des Mose nur noch markanter in den Vordergrund tritt." [33]). Die Marginalisierung der Zippora schließlich macht sie im Blick auf die „Blutbräutigam-Geschichte" (Ex 4, 24-26) in der folgenden Bemerkung fest: „Indem der androzentrische Erzähler nur ein unverständliches Fragment überliefert, drängt er Zipporas Bedeutung an den Rand." (31)

Einzig in der Namensoffenbarung Gottes in Ex 3, 14 sieht Scholz ein nicht-androzentrisches Element. Denn die 1. Pers.c. im *ähjä aschär ähjä* sei männlich und weiblich lesbar (also auch als ein. „Ich bin, *die* ich bin" [31]).

Ich möchte an dieser Stelle einhalten, um auf diesen feministischen Blick auf das Exodusbuch aus meiner Sicht zu reagieren.

Die Tatbestandserhebungen, die Susanne Scholz in ihrem Kompendiumsbeitrag vornimmt, sind aufs ganze gesehen zunächst einmal richtig, jedenfalls kaum bestreitbar. Allerdings erscheinen die so erhobenen Tatbestände nicht für sich, sondern sind durchgängig Elemente einer Wertung. Und diese Wertung läßt an mehr als einer Stelle den biblischen Texten selbst keine Chance. Ich will das an Beispielen erläutern:

Frauen erscheinen im Exodusbuch an bestimmten Stellen. Ihr Tun leitet das Exodusgeschehen ein (Kap. 1f.), ihr Wort (Mirjams Lied) schließt das Exodusgeschehen ab (Kap. 15). Das kann man nun doppelt werten. Entweder sieht man darin einen Rahmen, der den Exodus einbegreift, ihm seinen Ort gibt und am Beginn wie am Schluß (der endlichen Rettung aus Pharaos Hand) Frauen Entscheidendes tun, singen und sagen läßt, oder man sieht die Frauen an den Rand gedrängt und somit marginalisiert. Es gibt Geschichten, die am Anfang und am Ende mit eher beiläufigen Notizen aufwarten – häufiger ist es aber so, daß der Beginn und das Ende einer Geschichte keineswegs marginal sind, sondern der ganzen Erzählung Struktur geben und Lese- und Verstehensanweisungen für das ganze geben.

Es gibt bekannte Verfahren, mit dem man (und frau) das an einem Text als entscheidend Erachtete gleichsam objektiv-formal erweisen kann. Sieht man das Wichtigste in der Mitte, so betont man eben die Zentralstellung; will man den Auftakt als gültige Verstehensanweisung werten, betont man natürlich, daß das Entscheidende am Anfang steht, und wenn man den Schluß besonders betonen will, bietet sich die Rede vom „Achtergewicht" an. Rahmen oder Rand? Nun, man kann das so oder so sehen. Nur sollte man (und frau) nicht so tun, als ergäbe sich die Wertung aus der formalen Beobachtung, denn es ist meist umgekehrt. Und deshalb hat der Text selbst kaum eine Chance. Hätten die Frauen in der eigentlichen Exodusgeschichte nicht am Anfang und am Ende das Wort, so wären Anfang und Ende kaum als „Marginalien" gewertet.

By the way und just jetzt „aus Daffke" erzählt – zum Thema „keine Chance": Schwiegermutter schenkt ihm zum Geburtstag zwei Schlipse.

Aus kluger Vorsicht bindet er zum folgenden Essen sogleich einen um. Reaktion: „Der andere gefällt dir wohl nicht?!" (...)

Kann man Susanne Scholz' „Marginalisierungskritik" trotz alledem ebenso vertreten wie ihrerseits kritisieren, so liegt im Blick auf die zitierte Bemerkung zur Marginalisierung der Zippora meines Erachtens der ideologische Einschlag zutage. Ich zitiere den Satz noch einmal: „Indem der androzentrische Erzähler nur ein unverständliches Fragment überliefert, drängt er Zipporas Bedeutung an den Rand." (31) Scholz kann Ex 4, 24-26 offenbar nur als „unverständliches Fragment" lesen. Das muß ich in sofern zugestehen, als in dieser düsteren Geschichte auch für mich vieles dunkel bleibt. Andererseits gibt es allemale mehr zu verstehen als ein „unverständliches Fragment". Aber das ist nicht das Entscheidende. Das Entscheidende ist, daß Susanne Scholz ihr Nichtverstehen dem „androzentrischen Erzähler" als Absicht unterschiebt. Er hat uns etwas überliefert, das wir offenbar gar nicht verstehen sollen, denn ihm war daran gelegen, Zippora zu marginalisieren. Eine solche „Hermeneutik des Verdachts" verfällt in meiner Sicht dem, das sie zu kritisieren vorgibt: Sie ist ihrerseits imperialistisch, denn sie macht das eigene Verstehen oder Nichtverstehen zum Maßstab des

Urteils über den Text. (Übrigens verdanken sich m.E. einige der von S. Scholz benutzten Kategorien [Rassismus, Ethnozentrismus, Klassendiskriminierung und Imperialismus] ihrerseits einem Generationsimperialismus, indem heute möglicherweise angemessene Kategorien den Texten untergelegt werden. Ein solcher Anachronismus ist nicht eo ipso falsch und zuweilen unvermeidlich, wenn ich einen alten Text *heute* verstehen will, aber er sollte als solcher ausgewiesen werden.)

Einzig – das möchte ich noch einmal aufnehmen – in der Namensoffenbarung Gottes in Ex 3, 14 sieht Scholz ein nicht-androzentrisches Element. Denn die 1. Pers.c. im *ähjä aschär ähjä* sei männlich und weiblich lesbar (also auch als ein: „Ich bin, *die* ich bin" [31]). Wiederum stimmt das. Aber wiederum kann man zurückfragen: Gerade wenn man Ex 3,14 darin folgt, daß der Eigennamen des Gottes Israels, das „Tetragramm", als eine Form des Verbs *haja* zu verstehen ist, wird das *jhwh* unweigerlich zu einer 3. Pers. *maskulinum*, denn das Bildeelement *j-* kennzeichnet im Unterschied zum Alef der 1. Person ein maskulines „er" (ER ist/ wird sein/wird da-sein ...). In Ex 3, 14 ist das Tetragramm freilich nur in der 1. Person zutage, und die ist (mit S. Scholz) tatsächlich nicht aufs Männliche festgelegt. Aber warum argumentiert die Autorin an dieser Stelle so, daß sie in der 1. Person die 3. mask. transzendiert sieht und nicht (umgekehrt) so, daß von der 3. Pers. des *jhwh* auch in der 1. in androzentrischer Perspektive nur das Männliche zu hören sei? Beide Argumentationen sind möglich, aber was bestimmt die Wahl? In diesem Fall vermute ich, daß im Falle des *Erzählers* die jeweils frauenfeindlichste Variante gewählt wird, während im Blick auf *Gott* anderes möglich bleiben soll. Aber wenn – auch das zitiere ich noch einmal – „Frauen innerhalb der biblischen Literatur als männliche Konstruktionen verstanden werden müssen, um Unterdrückungsstrukturen wie Sexismus, Rassismus, Ethnozentrismus, Klassendiskriminierung und Imperialismus verdeutlichen zu können", warum sollte dann nicht auch Gott innerhalb der biblischen Literatur als männliche Konstruktion verstanden werden müssen, um Unterdrückungsstrukturen wie Sexismus, Rassismus, Ethnozentrismus, Klassendiskriminierung und Imperialismus verdeutlichen zu können?

Doch abermals soll die Kritik der Kritik das Recht der Kritik nicht eskamotieren. Denn es ist ja unabweisbar, daß Texte, die in einer patriarchalischen Gesellschaft entstanden sind, immer auch diese patriarchalische Gesellschaft und deren Werte widerspiegeln. Nicht *daß* sie das tun, scheint mir die spannende Frage, sondern ob sie allein *das* tun. Bevor ich auf diese Frage zurückkomme, möchte ich meinen Hauptfaden wieder aufnehmen. Bisher habe ich von solchen Textbeobachtungen gesprochen, bei denen es zwar kein Zufall ist, daß Frauen sie machen, die jedoch nicht als solche frauenspezifisch sind.

Leserinnnen- und Leser-Rollen

Was nämlich ist im Blick auf die Textwahrnehmungen zu sagen, die sich nicht nur einem *nicht zufälligen* geschlechtsspezifischen Entdeckungszusammenhang verdanken, sondern die darüber hinaus von der eigenen Leser- beziehungsweise Leserinnen-Rolle durchtränkt, womöglich gar determiniert sind? Nicht ohne Grund beziehen sich einige der eindrücklichsten feministisch-exegetischen Arbeiten der letzten Jahre auf solche biblischen Themen und Texte, die die Verfasserinnen dieser Arbeiten und zunächst einmal Leserinnen der entsprechenden biblischen Texte zusammen mit vielen anderen Frauen mit Schmerz und Empörung, Trauer und Wut wahrnehmen – Texte, die direkt oder indirekt Gewalt gegen Frauen zum Thema haben. Ich nenne betont die Dissertationen von Ilse Müllner über die Vergewaltigung Tamars und Ulrike Bail über Klagepsalmen, weitere Arbeiten könnten hier ebenfalls genannt werden.

Ich lese die entsprechenden biblischen Texte (inzwischen jedenfalls – das war nicht immer so) ebenfalls nicht ohne Wut und Trauer. Aber ist es dieselbe Wut, dieselbe Trauer, dasselbe Entsetzen, das Leserinnen ergreifen kann? Wenn eine Frau von Tamar und Amnon liest, so wird sie sich in anderer Weise in der Geschichte wiederfinden als ein Mann. Auch ein Mann wird diese und die vielen ähnlichen Geschichten „*cum* ira et studio" (*mit* Zorn und Ereiferung) lesen können – gerade dann, wenn er sich mit seiner eigenen Männerrolle in sie verstrickt sieht. „Wer über gewisse Dinge den Verstand nicht verliert", so Lessing (*Emilia Galotti*, IV, 8), „der hat keinen zu verlieren". Die Frage, ob und wie weit „Einfühlung" ein Moment von Wissenschaft sein soll, ist natürlich wieder eine schwierige. Empörung zur hermeneutischen Leitkategorie zu erheben ist gefährlich; keineswegs weniger gefährlich aber ist jene „Verblüffungsfestigkeit", die *Objektivität* beansprucht, wo *Entsetzen* die erste menschliche Reaktion ist. Gibt es einen hermeneutischen Leitfaden für den Umgang mit solchen Texten? Was bedeuten angesichts dieser Fragestellung die in den letzten Jahren nicht selten wie „Kennmarken" gebrauchten Begriffe „Hermeneutik des Einverständnisses", „Hermeneutik des Verdachts" und – neuerdings – „Hermeneutik des Hungers und der Sehnsucht"?

Hermeneutikmodelle

Die Rede von der „Hermeneutik des Einverständnisses", die in der Exegese vor allem auf den Tübinger Neutestamentler Peter Stuhlmacher (und seinen alttestamentlicher Kombattanten Hartmut Gese) zurückgeht, bezieht sich zunächst und vor allem auf eine Relation zwischen der Bibel als normativer (heiliger, kanonischer) Schrift und ihren LeserInnen, die sie als solche anerkennen. Der Text, den ich auslegen, verstehen will, geht mich unmittelbar etwas an, er ist mir nicht gleichgültig, er hat mir etwas zu sagen (auch im imperativen Verständnis der Formulierung „etwas zu sagen haben"). Zugespitzt heißt das auch: Ich verstehe den Text, wenn ich mich von ihm her verstehe. Insofern biblische Texte keine Tatbestände mitteilen wollen, sondern die Hörenden und Lesenden in eine Überlieferung, eine Botschaft mit hineinnehmen wollen, bin ich beim Hören und Lesen der Bibel bereits ein-verstanden. Bedeutet aber die Rede vom „Einverständnis", daß ich mit dem, was der Text sagt, (im alltagssprachlichen Sinne des Wortes) *einverstanden* sein, es richtig, gut finden muß? Daran vermutlich scheiden sich die Geister. Immerhin ist auch der Widerspruch, ja noch der Protest gegen einen biblischen Text womöglich Ausweis eben dessen, daß ich mich diesem Text und seinem Anspruch nicht entziehen kann und somit gerade nicht Ausdruck der Gleichgültigkeit. Warum lese ich Texte wie Ez 16; 23 mit dem unverhohlenen Sexismus in der Weise der Identifikation Israels und Judas mit Huren mit Widerwillen, und warum lege ich ein Buch, das so etwas enthält, nicht einfach beiseite? Warum erfüllt mich der letzte Vers von Ps 137 mit Grausen, warum graut mir vor Apk 21, 8? Warum schaudert es mich, wenn ich in Ex 6 lese, wie die Aaronidengenealogie in der Gestalt des Pinchas einen Höhepunkt findet? Warum lese ich die Plagengeschichten des Exodusbuches mit Schrecken? Warum läßt mich das alles eben nicht kalt, nicht gleichgültig? Mein Einverständnis mit solchen Texten bedeutet gewiß nicht, daß ich einverstanden bin mit dem, was da steht und wie es da steht. Aber ich muß wahr nehmen, daß ich in diese Texte mich hinein verstehen muß, weil sie zu meiner Geschichte gehören und zu dem, was mich (als Christen, als Europäer, als Mann) so hat werden lassen.

Aber es gibt da noch etwas, das mir deutlich wird, wenn ich eben die Texte nenne, gegen die mein Protest am stärksten ist. Der letzte Vers von Ps 137 lautet: „Wohl dem, der deine jungen Kinder nimmt und sie am Felsen zerschmettert!" Diese grausige Drohung richtet sich an Babylon, die Unterdrückerin. Sie steht im Schlußvers eines der schönsten, der anrührendsten Psalmen „An den Wasserflüssen Babylons". Apk 21, 8 nennt die, die im ewigen Höllenfeuer brennen (es sind Menschen wie du und ich). Apk 21, 8 ist der Schlußvers des Abschnitts vom neuen Himmel und der neuen Erde, einer der wunderbarsten Utopien der ganzen Bibel. Der Schrecken der Plagenerzählungen läßt sich nicht trennen von der Würde und Schönheit der Befreiungsgeschichte und umgekehrt der Glanz des Exodus nicht von jenem Schrecken. Es ist das „zugleich" von Befreiung und Gewalt, Verheißung und Enttäuschung, Sehnsucht und Schrecken, dem ich bei der Wahrnehmung der Bibel nicht entrinnen kann. Mich dünkt, daß die Ausrufung einer „Hermeneutik des Einverständnisses", einer „Hermeneutik des Verdachts" wie einer „Hermeneutik der Sehnsucht und des Hungers" ihre fatale Gemeinsamkeit darin haben, daß sie je auf ihre Weise versuchen, dieser Dialektik zu entkommen.

Der Begriff einer „Hermeneutik des Verdachts", der – bevor Elisabeth Schüssler-Fiorenza ihn für eine feministische Hermeneutik fruchtbar machte – von Paul Ricœur verwendet wurde, beerbt vor allem Marx und Freud, nämlich in der Feststellung, daß religiöse Texte immer auch ideologische Texte sind, indem sie eben das legitimieren, das sie zu transzendieren vorgeben, und insofern eine falsche Vertröstung bieten. In der feministischen Theologie wurde die Rede von der „Hermeneutik des Verdachts" zum methodischen Begriff für die Beobachtung, daß die überlieferten Bibeltexte weithin in einer patriarchalisch-androzentrischen Verzerrung vorliegen, die die Wirklichkeit interessegebunden zugerichtet hat. Aufgabe dieser Hermeneutik ist dann die Freilegung des so verdeckten, verschütteten Gehalts. Es gibt glänzende Beispiele für die Kraft dieser Hermeneutik. So hat Bernadette Brooten vor Jahren aufgewiesen, daß die überlieferten Texte Frauen unsichtbar gemacht haben, indem sie aus einer Junia (Julia) in Röm 16, 7 einen Junias machten, um damit dem Anspruch von Frauen auf das Apostolat den Boden zu entziehen. So konnten feministische Exegetinnen zeigen, daß die Überlieferung und dann erst recht die Auslegungsgeschichte Frauen an den Rand drängte, indem sie zum Beispiel die Erzeltern Israels (mehr als) halbierte und allein auf Abraham, Isaak und Jakob das Gewicht legte, als ob Sara und Rebekka, Lea und Rahel und die Mägde Silpa und Bilha bloße Gebärmaschinen wären. So legten in geradezu archäologischer Arbeit Exegetinnen die verdeckten und verschwiegenen weiblichen Seiten Gottes frei (Gott ist in der Bibel nicht nur Vater, König, Richter, Burg, sondern ebenso Mutter, Henne, Quelle). In dieser Fluchtlinie gab (und gibt es noch) eine feministische Hermeneutik, die von der Hoffnung lebt(e), als könne es gelingen, durch die Freilegung des Verschütteten, die Entlarvung der Verzerrungsgeschichte und die Aufsprengung der ideologischen Schale eines wahren, reinen, unverfälschten, nicht patriarchalisch-androzentrisch verdeckten Kerns einer dann „frauenfreundlichen" Bibel und der von ihr verkündeten Gottheit ansichtig zu werden.

Freilich verbinden sich mit diesem Unternehmen mindestens zwei große Probleme. Das eine verbindet sich mit der Kategorie des Verdachts selbst, das andere teilt mit der implizierten Vorstellung von Schale und Kern die Grundproblematik mit dem Entmythologisierungsprogramm, wie es einst von Bultmann und seinen Schülern vorgetragen wurde. Ich beginne mit dem zweiten Punkt.

Bultmann ging von der Auffassung aus, daß der zeitlos existentiale Kern der biblischen Botschaft von einer zeit- und weltbildgebundenen mythologischen Schale umgeben sei. Entmythologisierung bedeutet demnach Freilegung dieses Kern, des eigentlichen Kerygmas. Nun fragt sich allerdings, ob es sich bei einer solchen Bestimmung des Mythos im Verhältnis zum Kerygma um so etwas wie die Schale einer Nuß oder etwas wie die Schale einer Zwiebel handelt. Entfernt man die Schale einer Nuß, legt man den Kern frei; entfernt man die Schale einer Zwiebel, zeigt sich eine weitere Schalenschicht, entfernt man die, wieder eine weitere, bis beim Schälen am Ende nichts von der Zwiebel geblieben ist. Man kann auch formulieren:

Eine Zwiebel ist nicht von Schalen umgeben, sondern besteht aus Schalen. Allenfalls könnte man zwischen vertrockneten, ungenießbaren und frischen, die Zwiebel bildenden Schalen unterscheiden. Bei der Bestimmung der patriarchal-androzentrischen Perspektive biblischer Texte und Schriften, ja der Bibel als ganzer könnte es sich ähnlich verhalten. Wenn etwa Susanne Scholz es ablehnt, im Exodusbuch anhand von Frauengestalten ein nichtandrozentrisches frauenfreundliches Substrat freizulegen, auf das feministische Exegese und Theologie bauen könne, sondern die androzentrische Gesamtperspektive wahrnehmen will, dann hat sie – im Beispiel bleibend – den Zwiebelcharakter der patriarchalen Schale wahrgenommen. Darin verfährt sie konsequenter als die Phase feministischer Exegese, die die unbeschädigten, reinen Frauengestalten der Bibel re-konstruieren und sie zu Identifikationsfiguren erheben wollte. Das Problem ist nur: Die Zwiebelschalenhermeneutik läßt, wird sie konsequent praktiziert, von der Zwiebel schier nichts übrig. Insofern beseitigt diese Hermeneutik womöglich zuletzt auch das, was sie doch kritisch retten wollte.

Ein anderes kommt hinzu. Mit dem Verdacht ist das so eine Sache. Wenn jemand etwas behauptet und sich auf vorgebliche Tatsachen zu stützen vorgibt, kann man die Tatsachenbehauptungen gegebenenfalls widerlegen. Aber einen Verdacht kann man viel schwerer ausräumen. Wenn ich den Verdacht habe, jemand (ein Mensch, ein Text) sei nicht wahrhaftig, dann kann dieser Verdacht nicht durch Tatsachen beseitigt werden. Der Verdacht dreht das „In dubio pro reo" um; der Verdächtigte (Mensch oder Text) aber kann sich nicht wehren, wenn ich bei meinem Verdacht bleibe. Und so gilt hier nicht das rechtsstaatliche „In dubio pro reo" mit der oft schwer erträglichen und doch für das Recht so notwendigen Folge, daß man lieber hundert zu Recht Verdächtigte frei lassen muß, wenn es keine Beweise gibt, als auch nur *eine(n)* Unschuldige(n) zu verurteilen, weil es zwar keine Beweise, aber doch so viele Verdachtsgründe gebe. An Stelle des Beweises setzt der Verdacht auf das „Semper aliquid haeret", oder er nimmt die Authentizität des Verdachts*gefühls* für den Beweis selbst.

Und dann noch ein drittes: Die Hermeneutik des Verdachts beruht auf der Beobachtung, daß die (in unserem Falle biblischen) Texte stets auch legitimatorische und darin tendenziell ideologische Texte sind. So war – mit je anderem Hintergrund – für Marx und Freud Religion schlechthin unter Verdacht zu stellen, falsche Vertröstung im Interesse der Stabilisierung politischer Herrschaft beziehungsweise eine Massenneurose – so etwas wie ein kollektiver Waschzwang. Aber was, wenn man – in dem einen wie dem anderen wie auch dem feministisch-theologischen Fall – diese Hermeneutik auf das eigene Verfahren bezieht? Man kann dann mit Karl Kraus böse diagnostizieren, die Psychoanalyse sei die Krankheit, für deren Heilung sie sich hält, man kann dann Marxisten fragen, in welcher politisch-ideologischen Absicht und zur Stützung welcher Herrschaftsinteressen sie selbst so argumentieren. Und man wird dann auch eine feministische Hermeneutik des Verdachts fragen können, zur Stützung und Legitimation welcher Interessen sie ihren Verdacht aufbaue, um von welcher Wahrheit abzulenken, sie so argumentiere und so weiter. Und Hermeneutikerinnen des Verdachts können schlecht etwas dagegen sagen, wenn ich auf die Frage nach meinen Beweisen antworte, ich hätte da einen Verdacht und den ließe ich mir nicht nehmen – und die Frage nach Beweisen verdanke sich ohnehin eben *der* Form von Wissenschaftlichkeit, gegen die mein Verdacht sich richte.

Könnte es sein, daß die neue „Hermeneutik der Sehnsucht und des Hungers" (besonders von D. Sölle und L. Schottroff) *auch* ausgerufen wurde, um jener Wendung der Verdachtshermeneutik gegen sich selbst zu entgehen?

Ich finde die Formulierung „Hermeneutik der Sehnsucht und des Hungers" nicht glücklich. Trotz mancher erläuternder Ausführungen bleibt mir die Rede vom Hunger problematisch, weil der Hunger nach Brot und der nach spiritueller Sättigung zwar etwas gemeinsam, aber zu viel eben nicht gemeinsam haben. Und doch erkenne ich in der so bezeichneten Lektürehaltung gegenüber biblischen und religiösen Texten etwas mir unverzichtbares. Es ist eben die andere Seite der Dialektik von Befreiung und Gewalt, Verheißung und Enttäuschung, Sehnsucht und Schrecken, der ich bei der Wahrnehmung der Bibel nicht entrinnen kann.

Nach wie vor möchte an den Worten der Marxschen Kritik der Hegelschen Rechtsphilosophie festhalten: „Das religiöse Elend ist *in einem* der *Ausdruck* des wirklichen Elends und *in einem* die *Protestation* gegen das wirkliche Elend. Die Religion ist der Seufzer der bedrängten Kreatur." (MEW 1, 378)

Die berühmte Fortsetzung, in der Marx Religion als „Opium des Volkes" bezeichnet, bedarf einer eigenen Überlegung. Festhalten möchte ich, daß religiöse Überlieferungen stets die Doppelgestalt tragen, in der sie den Vorschein des richtigen Lebens in der Gestalt der Reproduktion des falschen enthalten. So ist das Buch Exodus das Buch der Befreiung aus der Sklaverei, und doch gibt es auch in den Gesetzen dieses Buches Sklaven. So ist die Herrschaft der Männer in den Texten dieses Buches ebenso gebrochen wie reproduziert, so sind die Zeugnisse dieses Buches von eben der Gewalt tangiert, die sie zu überwinden trachten.

Was tun angesichts dieser Dialektik? Keine Lösung wäre meines Erachtens die Entscheidung für eine „Hermeneutik des Einverständnisses" *oder* eine „Hermeneutik des Verdachts" *oder* eine „Hermeneutik der Sehnsucht und des Hungers", als ob nicht eben diese falschen Alternativen zum Problem selbst gehörten, indem sie es reproduzieren, statt es zu lösen. Und allemale keine Lösung wäre eine Arbeitsteilung von der Art, daß den Frauen eine empathische, einfühlende, den Männern eine distanzierte, objektivierende Exegese zugewiesen würde.

Ziele – Zwischenziele

Vielleicht käme es *ganz am Ende* darauf an, daß Frauen und Männer die Bibel gemeinsam in einer wirklich humanen, einer menschlichen Exegese läsen. Ob das ein wünschenswertes Ziel ist, darüber gehen vermutlich schon hier in diesem Hörsaal die Auffassungen auseinander. Aber auch die, die dieses Ziel anstreben mögen, wissen: Bis dahin ist noch viel zu tun. Daß die feministische Exegese als wissenschaftliche anerkannt wird (und dann freilich auch dem wissenschaftlichen Streit unterliegt), wäre das erste. Dann aber ginge es auch darum, daß Männer sich bewußt werden, daß sich *ihre* Bibellektüre ebenso einem geschlechtsspezifischen Blick verdankt wie die von Frauen. Damit aber Männer sich ihrer Lesehaltungen und Lektüreinteressen bewußt werden können, bedarf es eines möglichen – und nicht immer schon pejorativ gewerteten – Standortes männlicher Exegese.

Mein Erschrecken angesichts von Texten wie Ezechiel 16 und 23 oder Nahum 3 ist ein anderes (wenn auch nicht unbedingt ein geringeres) als das von Frauen. Ich finde es schwer erträglich, mich als Mann in diese Texte verstrickt sehen zu müssen (in die Texte und ihre Lektüregeschichte). Aber da ist auch die andere, die gleichsam „positive" Seite: Ich möchte zum Beispiel darüber diskutieren, was die Freundschaft zwischen David und Jonatan für Männer und Männerbilder bedeutet, und zwar gerade auch dann, wenn es sich *nicht* um eine homoerotische Beziehung handelt. Und noch eine weitere Ebene: Ich möchte im Blick auf meine Rolle (nicht nur, aber auch meine Männerrolle) zum Beispiel wahrnehmen, wie Elia in der Wüste an den von ihm selbst verfertigten Normen scheitert („Ich bin auch nicht besser als meine Väter ...!").

Einen Standort für eine so begriffene männliche Exegese zu finden und einzunehmen ist nicht leicht. Denn während die einen (vorwiegend Männer) jenen Standort unreflektiert immer schon behaupten und ihn als wissenschaftlich-objektiven ausgeben, weisen die anderen (vorwiegend Frauen) uns Männer in einen solchen ein, den sie jedoch mit der Klassifizierung „patriarchal" beziehungsweise „androzentrisch" oder – einfach „herrschend" bereits im voraus eingeordnet haben.

Es soll hier kein Mißverständnis geben: Ich sehe nicht davon ab, daß sich diese Debatten und Zuschreibungen nicht im luftleeren Raum abspielen, sondern in einem von Macht und ungleichen Konflikten immer schon bestimmten. Aber vielleicht ist es an der Zeit, daß wir gemeinsam der sogenannten „herrschenden Exegese" nicht länger den Gefallen tun, sie als solche zu bezeichnen und aufzuwerten. Aus dem 13. Kapitel der Johannesoffenbarung habe ich allerdings gelernt, daß etwas, das es gar nicht gibt, weil es nur als Trug existiert, gleichwohl reale Macht haben kann. Da kommt es auf Entlarvung und Entzauberung an. Es gibt ja auch eine Form der Bekämpfung, die den Gegner immer neu aufbaut.

Aber das soll jetzt nicht mein Hauptthema werden. Vielmehr möchte ich meinen Faden wieder aufnehmen und fragen: Was wäre eigentlich ein *nicht* verächtlicher Komplementärbegriff zu „feministische Bibelauslegung"? „Maskulistische"? – das klingt schon ziemlich lächerlich! Aber habe ich nicht auch das Recht (und die Aufgabe), meine geschlechtsspezifischen Lesevoraussetzungen – aufmerksam gemacht durch Frauen, die die ihren diskutieren und reflektieren – bei meiner Exegese zu reflektieren, ohne mich immer schon als Vertreter der herrschenden Exegese ins Unrecht oder als die etwas eigentümliche Figur eines „männlichen Feministen" ins Niemandsland versetzen zu lassen? Bei einer „rhetorischen Frage" wie dieser kommt es bekanntlich nicht auf die naheliegende Antwort an, sondern darauf, aus der naheliegenden Antwort die Konsequenzen zu ziehen ...

Wenn Frauen und Männer sich darüber einig geworden sein werden (Futur II), daß ihre jeweilige geschlechtsspezifische Rolle ihre Lektüre mitbestimmt, dann werden sie sich vermutlich ebenso darüber einig werden, daß es eine Reihe von anderen (und in manchen Situationen und Konflikten womöglich dominanteren) Lektüreinteressen und -rollen gibt, und vielleicht auch darüber, daß es zuweilen gut sein kann, methodisch eine Distanzierung zu üben. (*Auch* das „*sine ira et studio*" hat sein Recht!)

Bis dahin ist der Weg noch weit. Einen Schritt weiter wären wir, wenn man sich ein dem vor einiger Zeit erschienenen „Kompendium Feministische Bibelauslegung" an die Seite tretendes „Kompendium *Männliche* Bibelauslegung" wenigstens vorstellen könnte, eines, das weder objektivistisch noch larmoyant wäre und das sich in der *Wahrnehmung und Reflexion* seiner Lektüreinteressen von einer von sex- und gender-Fragen vorgeblich nicht tangierten „Einleitung in das Alte und Neue Testament" unterschiede, ebenso wie es sich in der Wahrnehmung und Reflexion *seiner* Lektüreinteressen unterschiede vom „Kompendium Feministische Bibelauslegung".

Nicht einmal auf diese *Fragen* und die Fragen nach den *Konsequenzen* für meine Exegese wäre ich ohne die verschiedenen Formen feministischer Exegese gekommen. Auch deshalb will ich als Mann feministische Exegese wahr-nehmen. Und deshalb habe ich meinen Versuch der Wahrnehmung und der Anerkennung feministischer Bibelauslegung in kritische Fragen gekleidet, die ich durch diese Fragestellung und die inzwischen zahlreichen Arbeiten im Rahmen feministischer Fragestellungen auch an mich gestellt sehe.

Mutmaßungen über die Menschlichkeit Gottes*

I. Menschlichkeit

In einer kleinen Veranstaltungsreihe zum Thema „Anthropologie" heute abend der Vortrag eines Exegeten des Alten Testaments (womit der Schwerpunkt meines Referats benannt ist). Das Thema ist die „Menschlichkeit *Gottes*". Daß Theologen von Gott reden, scheint keiner Begründung zu bedürfen (wenngleich mich dünkt, daß dieses inzwischen zu den Themen gehört, über die Theologen selten reden ...). Daß aber von Gott in der Rede der Hebräischen Bibel, des Alten Testaments, im Rahmen einer Vortrags- und Diskussionsreihe zur *Anthropo*logie verhandelt werden soll, bedarf der Begründung. Das Stichwort „Mensch" kommt immerhin vor im Titel meines Referats: Über der *Menschlichkeit* Gottes will ich nachdenken. Das bedarf gewiß der Begründung.

Wenn Gott Gott ist, wie kann dann das Wort „Menschlichkeit" in einem Versuch seiner Beschreibung auch nur in Betracht kommen? Sind nicht die Göttlichkeit Gottes und die Menschlichkeit des Menschen strikt zu unterscheiden? Bedarf es nicht dieser kategorialen Differenz gerade, wenn und weil Gottes Gott-Sein der letzte Grund dafür ist, daß der Mensch Mensch sein kann? Entsteht nicht die Unmenschlichkeit von Menschen eben daraus, daß sie Gott sein wollen? Und wäre nicht daher jede Rede von Gottes Menschlichkeit ein gefährliches Spiel? Oder soll „Menschlichkeit" an dieser Stelle nicht mehr bedeuten als so etwas wie „Milde", „Verständnis" (wie wenn man sagt, der Chef habe sich heute doch erstaunlich „menschlich" verhalten ...)? Aber wäre dann nicht das gefährliche Spiel der Vermischung von Gott und Mensch zum seichten Wortspiel geworden?

Nichts an diesen möglichen und auch notwendigen Rückfragen an den Titel meines Vortrags und das Unternehmen selbst ist falsch. Ein gefährli-

---

* *Vortrag, gehalten an der Evangelische Akademie Hamburg am 12.4.2000.*

ches Spiel also? Allemale. Doch Theologie, die nicht an die Grenzen der Blasphemie geht, bleibt zu harmlos, um wahr sein zu können. Es gibt Bezirke des Denkens und Glaubens, für die in Umkehrung des bekannten Satzes gilt: Wer sich *nicht* in Gefahr begibt, kommt darin um.

Eine Gefahr liegt im Begriff „Menschlichkeit" selbst. Er hat (wie sich bereits andeutete) in der Umgangssprache unterschiedliche Verwendungsweisen. Die eine zielt auf das, was Menschen zu Menschen macht, die *conditio humana*, Thema und Diskursfeld der Anthropologie. Was ist der Mensch? Ist er (mit einer alten philosophischen Tradition) ein *zo'on logon echon* ein „vernunftbegabtes Tier"? Oder ist er ein „werkzeugemachendes Tier"? Ist die Sprache das, was ihn ausmacht? Ist „Mensch" das, als was er sich selbst begreift? Bekanntlich bringen neuere biologische Forschungen und vor allem die ungeheuren Fortschritte der Computertechnologie manche der üblichen Kriterien ins Wanken, besonders die, die auf die Rationalität als anthropologisches Substrat setzen. Aussagen wie, Tiere könnten nicht sprechen oder Computer könnten nicht denken, lassen sich kaum noch halten. Muß man nach ganz anderen Beschreibungen suchen? Ist der Mensch womöglich vor allem (mit Freud) „ein unermüdlicher Lustsucher"? Oder ist er (mit Ernst Cassirer) ein „animal symbolicum", ein Lebewesen mit der Fähigkeit, Symbole zu bilden? Aber wird womöglich gerade diese Fähigkeit den Menschen zur Quelle von Täuschung und Selbsttäuschung (etwa mit Luthers Notiz zu 1. Mose 8, 21 [WA 42, 348], der Mensch sei ein *„animal rationale, habens cor fingens"* – ein vernunftbegabtes Tier, welches ein erdichtendes das heißt vor allem: ein täuschendes – Herz hat, nämlich das Böse erfindet)?

Keine Angst: Ich werde nicht den Versuch unternehmen zu definieren, was „der Mensch" und was „Menschlichkeit" sei. Wenn – ich nehme diese philosophisch-hermeneutische Auskunft noch einmal auf – *Mensch* das ist, als das er sich selbst begreift, dann gehört die Vielfalt der Entwürfe dessen, was Menschlichkeit sei, kategorial zur Sache selbst. Wäre „Menschlichkeit" einmal definiert, so wäre diese Fest-Stellung der Menschlichkeit zugleich ihr Ende.

Das Nicht-festgestellt-Sein des Menschen aber läßt nun eine andere Verwendung des Wortes *Menschlichkeit* als problematisch erscheinen, die besonders erkennbar wird in ihrem Gegenbegriff, nämlich dem Wort

Unmenschlichkeit. Greueltaten, vor denen wir erschrecken, bezeichnen wir als „unmenschlich". Das Erschrecken formiert sich in diesem Wortgebrauch zum Exorzismus: Solch „unmenschliches" Tun soll nicht zu den Taten von *Menschen* gerechnet werden. Indem wir es als „unmenschlich" bezeichnen, wollen wir es von uns als Menschen selbst so weit wie nur irgend möglich wegrücken – bis dahin, daß wir (implizit oder auch explizit) die Täter zu „Unmenschen" erklären. Aber das, was wir da als „unmenschlich" bezeichnen, können allein Menschen tun. Tiere können nicht grausam sein, können weder heimtückisch noch unmoralisch handeln (freilich ebenso wenig moralisch oder barmherzig). Eben das, was wir mit dem Prädikat „unmenschlich" ausgrenzen wollen, gehört zu dem, was allein Menschen tun können, zu dem, was Menschen ausmacht. Der Ort von Menschen ist (mit dem Renaissancephilosophen Pico della Mirandola) einer zwischen Engel und Teufel, und der Mensch hat etwas von beiden. Diese große und erschreckende Ambivalenz gehört zur Menschlichkeit des Menschen. Das scheinbar „Unmenschliche" läßt sich weder aus der Menschlichkeit herausdefinieren noch durch Empörung und Abscheu exorzieren.

An eben der Stelle, an der die Rede von der Menschlichkeit am problematischsten wird, berührt sie sich mit der Frage nach Gott. So wie die Klassifizierung von Taten als „unmenschlich" etwas aus der Wirklichkeit von Menschen ausgrenzen will, das man lieber nicht wahrnähme, fungiert die Rede vom „lieben Gott" in der bürgerlichen Frömmigkeit als Ausgrenzung der „dunklen Seiten Gottes", von denen die Bibel spricht und die der für die biblische Theologie in ihrer Beziehung zur Anthropologie zentralen Rede vom Menschen als „Gottes Bild" ihre bedrohliche Seite hinzufügen.

Das spitzt das Problem dramatisch zu: Sollte denn noch das, was wir als „Unmenschlichkeit" aus der Wirklichkeit des Handelns von Menschen ausgrenzen wollen, den Menschen als „Gottes Bild" auszeichnen? Spätestens an dieser Stelle dürfte deutlich werden, daß ich das erste Wort meines Vortragstitels ganz wörtlich meine. Von der Menschlichkeit Gottes zu sprechen, kann nur in *Mutmaßungen* geschehen, und im Wort Mutmaßung klingt neben dem Mut und der Vermutung auch die Vermessenheit und die Anmaßung mit.

II. Der Mensch: „Bild Gottes"

Beobachtungen und Überlegungen zum Verhältnis von Gott und Mensch als Thema *biblischer Theologie* sollten einsetzen bei der ersten – und in jeder Hinsicht *prinzipiellen* – Aussage über den Menschen in der Bibel. Noch bevor der Mensch (männlich und weiblich) erschaffen wird, und dann im Akt seiner Erschaffung selbst ist er bestimmt zum „Bild Gottes" (*imago Dei*). Wenn die biblische und weitere theologische Rede von der „Gottes(eben)bildlichkeit" des Menschen (männlich und weiblich) einen Realsinn hat, so betrifft sie nicht allein das Bild, sondern auch das so Abgebildete. Wegen der prinzipiellen, wenngleich nicht unbedingt symmetrischen Reziprozität, die im Wort „Bild" steckt, wäre die Rede von der „Gottesbildlichkeit" des Menschen daher nicht nur eine Aussage über den Menschen (weiblich und männlich), sondern auch eine Aussage über Gott. Ist das Bild Gottes *der Mensch*, so übereignet Gott diesem Geschöpf – wie auch immer zu verstehen – Menschlichkeit, und das, was er ihm übereignet, gehörte – wie auch immer – ihm selbst zu. Auf der anderen Seite aber finden sich in der Bibel klare und nicht selten schroffe Bekundungen des prinzipiellen Gegensatzes zwischen Gott und Mensch und die Abweisung jedes Versuches, Gott mit menschlichem Maß zu messen. Wie geht beides zusammen?

Fragen wir zunächst, was die Rede von der Erschaffung des Menschen als „Bild Gottes" in 1. Mose 1, der biblischen Schöpfungsgeschichte, bedeute. Ich muß mich mit wenigen Hinweisen begnügen. *Worin* ist der Mensch „Bild", „Ebenbild Gottes"? Sind es die geistigen Eigenschaften, die den Menschen im Unterschied zu den Tieren auszeichnen? Ist es die Sprache? Sind es körperliche Merkmale wie etwa der aufrechte Gang des Menschen, der ihn (im Unterschied zum gleichsam an die Erde gebundenen Tier) auf den Himmel verweist? Diese und noch viel mehr Antworten gab es in der seit dem Altertum geführten Debatte über die „Imago Dei" (die Gottesbildlichkeit des Menschen), die weithin einher ging und geht mit der um die *conditio humana*, um das, das den Menschen zum Menschen macht. In jeweils dem, was in den verschiedenen anthropologischen Konzeptionen den Menschen als Menschen auszeichnet, wollte man seine Gottesbildlichkeit festmachen. Aber was ist in 1 Mose 1 selbst gemeint? Hören wir die zentralen Verse, 1. Mose 1, 26.27:

Und es sprach Gott: Laßt uns (einen) Menschen machen nach unserem Bild, uns ähnlich. Er soll herrschen über die Fischwelt des Meeres und über das Fluggetier des Himmels und über das Vieh und über alles Wildgetier der Erde und über alles, was auf der Erde kriecht. Und es schuf Gott den Menschen, nach seinem Bild, nach dem Bild Gottes schuf er ihn, männlich und weiblich schuf er sie.

Der Mensch, das Gattungswesen Mensch (männlich und weiblich), ist erschaffen als Bild Gottes. Diese „Gottesbildlichkeit", die Ähnlichkeit von Gott und Mensch realisiert sich in der Herrschaft des Menschen über die Erde und die Tiere. Keine schrankenlose Herrschaft zu seinen beliebigen Zwecken ist hier ins Recht gesetzt, wohl aber eine verantwortliche Gestaltung der Welt. Das schließt ein, daß der Mensch der Erde und den Tieren seinen Willen aufzwingen darf. Dieser „Herrschaftsbefehl" wäre im Blick auf seine Gaben und Vorgaben und seine Grenzen – auch gegen manche Verzeichnungen – genauer zu interpretieren, aber das ist heute abend nicht mein Thema. Konzentrieren wir uns ganz auf die Relation zwischen Gott und Mensch, die in der Formulierung ausgedrückt ist, der Mensch sei als „Bild Gottes" erschaffen. Leider (oder auch glücklicherweise) ist weder hier noch an anderer Stelle der Bibel gesagt, auf welche *Eigenschaften* des Menschen (und Gottes) sich diese Relation bezieht. Weder in geistigen noch in körperlichen Vergleichspunkten ist sie festgemacht, wohl aber in der Relation selbst und in ihrer Auswirkung. Eben darin, daß der Mensch den Auftrag zur Weltgestaltung erhält, ist er als „Bild Gottes" bestimmt. Diese Bestimmung erfolgt (im folgenden Vers in 1. Mose 1) darin, daß Gott den Menschen als sein Gegenüber direkt anredet und ihm den Weltgestaltungsauftrag als Segenswort zu-spricht. Während der Segen zuvor *über* Vögel und Fische ausgesprochen wird, wird nur der Mensch direkt angeredet:

Und es segnete Gott den Menschen, indem er zu ihnen sprach: Seid fruchtbar und werdet zahlreich, füllt die Erde und unterwerft sie euch, herrscht über die Fischwelt des Meeres und über das Fluggetier des Himmels und über das Vieh und über alles Wildgetier der Erde und über alles, was auf der Erde kriecht!

Nicht in einer biologischen Besonderheit liegt (folgen wir dem biblischen Schöpfungsbericht) das, was den Menschen zum Menschen macht, sondern darin, daß der Mensch dasjenige Lebewesen ist, das Gott als sein

Gegenüber direkt anredet und das ihm daher verantwortlich ist. Dieses partnerschaftliche Ver*antwort*ungsverhältnis ist in der Formulierung „Bild Gottes" bezeichnet. Insofern sagt es auch etwas über Gott aus. Denn die Bindung, die Gott zu diesem Geschöpf eingeht (wie in einer weiteren grundlegenden Linie in der Bibel die, die er zu seinem Volk Israel eingeht), läßt Gott selbst nicht unberührt. Es ist eine wechselseitige Relation, freilich keine symmetrische, keine zwischen gleichen Partnern. Es handelt sich um die dialektische Figur einer asymmetrischen Reziprozität der Beziehungen von Gott und Mensch. Das ist der Grund, warum neben, gegen und zuletzt mit der Rede vom Menschen als Bild Gottes die andere Linie wahrzunehmen ist, die, die der Feststellung *Gottes* als „Bild des *Menschen*" wehrt.

III. „Gott bin ich und kein Mann"

Deshalb gibt es einen konträren Pol biblischer Rede über die Relation von Gott und Mensch. Er ist festgemacht in mehreren – durchaus schroffen und abweisenden – Sätzen. Da ist (Hes 28) der König von Tyros, der sich wie ein Gott gebärdet. Gott maßregelt ihn – im buchstäblichen Sinne –; er führt ihn zurück auf sein wahres Maß:

So spricht der Herr Adonaj: „Weil sich dein Herz erhebt und du sagst: ,*Gott bin ich* (el ani), *auf einem Göttersitz wohne ich im Herzen des Meeres'. Aber du bist Mensch* (adam) *und nicht Gott* (el), *und es erhebt sich dein Herz wie das Herz (eines) Gottes!"*

Wird hier in aller Schärfe der Mensch (und wäre es der mächtigste König) von (einem) Gott abgegrenzt, so grenzt sich umgekehrt ebenso scharf Gott vom Menschen ab.

Gott ist kein Mann (isch), *daß er lüge, und kein Menschenkind* (bänadam), *daß ihn etwas gereue.*

Sollte er etwas sagen und nicht tun? Sollte er etwas (ver)sprechen und nicht halten?!

So steht es in 4. Mose 23, 19, und hier ist die Verläßlichkeit, die Übereinstimmung von Reden und Tun der Maßstab, an dem sich Gott vom Menschen unterscheidet. Gott ist zuverlässig, unwandelbar; ohne Widerspruch. Er hat kein „täuschendes Herz" (*cor fingens*); er bedarf niemandes Hilfe, ist allmächtig und allwissend. Die Leitfrage für die weiteren Beobachtungen und Überlegungen ist einfach formuliert. Sie lautet: Stimmt das? Stimmt dieses Bild vom allmächtigen und allwissenden Gott, der sich selbst genug und ohne Widerspruch in sich ist? Ist es die biblische Auffassung von Gott (oder – anders betont – ist es *die* biblische)?

Wenden wir uns im Blick auf diese Frage Hos 11, 9 zu, der vielleicht aufregendsten Stelle, an der Gott darauf besteht, Gott und kein Mensch zu sein (bzw. kein „Mann" [im hebräischen Text steht das Wort *isch*]). Dieser Vers in seinem Kontext ist geeignet, die bis jetzt entstandenen Eindrücke kräftig durcheinander zu wirbeln. Worum geht es in Hos 11? Gott, der als verschmähter Liebhaber aus Wut und Enttäuschung über Israels „Fremdgehen" die Vernichtung des Volkes beschließt, fällt sich selbst ins Wort und erinnert sich gegen den zerstörenden Zorn seiner Liebe (V. 8f.):
Wie kann ich dich preisgeben, Efraim, dich ausliefern, Israel!?
(...)
Ganz umgestülpt ist gegen mich mein Herz, in einem entbrannt ist meine Reue
(oder: *ist das Erbarmen in meinem Bauch).*
Ich will (ich kann) nicht vollziehen die Glut meines Wutschnaubens,
ich will (ich kann) nicht noch einmal Efraim vernichten ...
Wie begründet Gott seinen Sinneswandel, wie erklärt er, daß er die Vernichtung nicht wahr machen will, sich sein Herz gegen ihn richtet, Reue ihn bezwingt? Die Begründung lautet:
Ja, Gott bin ich und kein Mann,
in deiner Mitte der Heilige, und ich will nicht kommen in Zornesglut.

Hatten uns Stellen wie 4. Mose 23, 19 belehrt, daß Gottes Gottsein und die darin sich manifestierende Differenz zum Menschen in Gottes Unwandelbarkeit besteht, in der Übereinstimmung zwischen Reden und Tun, in der Zuverlässigkeit des einmal Gesagten und Verfügten, so ist es hier schier umgekehrt. Das, was Gott vom Menschen (genauer: vom Mann) unterscheidet, ist eben seine Souveränität, die ihn nicht zwingt, um (wie man sagt) sein Gesicht zu wahren, an einem einmal gefaßten Entschluß festhalten zu müssen. Gott kann sich selbst ins Wort fallen, kann es zulassen, daß sich sein Erbarmen gegen seinen Beschluß wendet, daß seine Liebe sein Wutschnauben besiegt.

Gott hat die Macht noch über die Macht und deren Regeln. Eben darin behält die Rede von Gottes „Allmacht" ihren Sinn – und diese Allmacht ist weder Omnipotenz noch gar machistische Omni-Potenz. Gott kann sich wandeln, selbst um den Preis, inkonsequent, unzuverlässig zu erscheinen. Das gleichsam Allermenschlichste – die Zerrissenheit zwischen Verstand und Gefühl, die Inkonsequenz, die die höhere Konsequenz sein kann, zuzulassen, der Bindung durch die Liebe aus Freiheit das letzte Wort zu geben – all das ist – folgen wir Hos 11, 9 – das, was Gott als Gott ausweist. Eine Bindung, die aus und in Freiheit eingegangen ist, bleibt Bindung; eine Schwäche, die aus und in Souveränität zugelassen wird, bleibt eine Schwäche. Nicht anders *können zu wollen* als dem Erbarmen die Macht über die Macht zu geben – eben das ist es, daß Gott – folgen wir dieser aufregenden Hoseastelle – vom Menschen unterscheidet. Oder doch vom Mann?

Die Frage, ob in Hos 11, 9 Gott „kein Mensch" oder „kein Mann" genannt wird, ist – das will ich doch erwähnen, ein Leitmotiv in einem Kriminalroman von *Beate Sauer* (Der Heilige in deiner Mitte, Dortmund [Grafit-Verlag] 1999). Daß in diesem Krimi zunächst ein Alttestamentler umgebracht wird, erfüllte – wie man sich denken kann – den Referenten mit neugierigem Schauer. Immerhin hat bereits Umberto Eco die Motivation zu seinem berühmten Buch „Der Name der Rose" damit begründet, er habe nun einmal einen Mönch umbringen wollen ... Da es mir weder gelungen ist herauszufinden, *welchen* Alttestamentler die Krimi-Autorin umbringen wollte noch, wer die im Buch auftretende feministische Exegetin „im wirklichen Leben" sein könnte, will ich es bei dem Lektürehinweis sein Bewenden haben lassen und lediglich noch einmal betonen, daß die Frage, ob in Hos 11 Gott kein Mensch oder kein Mann zu sein beansprucht, in der Tat mit Kriminalgeschichte zu tun hat. Davon wird noch die Rede sein ...

IV. Gottes Leib

Die bemerkenswerte Passage in Hos 11 soll uns noch eine Weile begleiten. Als eine womöglich erste Überraschung begegnete uns an dieser Stelle, daß Gottes Gott-Sein, das ihn vom Menschen und vom Mann zumal unterscheidet, hier gerade nicht seine Unwandelbarkeit und Widerspruchslosigkeit ist, sondern seine Fähigkeit, sich selbst ins Wort zu fallen, eine

Zerrissenheit zwischen Wut und Liebe zuzulassen und das Erbarmen über den Zorn siegen zu lassen, siegen (ich muß hier genau formulieren:) lassen müssen zu wollen. Nun gibt es in Hos 11 (und an vielen anderen Stellen der Bibel) eine weitere Dimension der Rede Gottes (und darin der Rede von Gott), die heute befremdlich klingt. Ich meine die unmittelbare Körperlichkeit, in der Gottes Denken, Reden und Fühlen beschrieben ist. Da ist die Rede von seinem Wutschnauben – das hebräische Wort *af* ist zugleich das für einen Körperteil, nämlich die Nase. Da ist die Rede von Gottes Herz (*leb*), das sich gegen ihn umgestülpt habe – da im Hebräischen das Herz weniger das Organ des Gemüts als das des Denkens ist, wird man diese Stelle so verstehen können, daß Gottes Planen sich gegen sein Wollen richtet, allemale Ausdruck tiefster Zerrissenheit. Da ist – je nachdem, ob man dem überlieferten Text folgt oder einer begründeten Textänderung – entweder von Gottes Reue die Rede und damit auch von einer Körpererfahrung, nämlich dem tiefen Aufseufzen. (Das Wortfeld „Reue" ist im Hebräischen wurzelgleich mit dem Wortfeld „Trost" – geht die Reue mit dem Aufseufzen einher, so bedeutet „Trösten" jemanden „aufatmen lassen".)

Oder diese Stelle redet von Gottes Erbarmen, und auch das Erbarmen (*rachamim*) hat einen Sitz im Leib, nämlich im *rächäm*, im Bauch, im Mutterleib.

Wir stoßen hier an auf eine Schnittstelle biblischer Anthropologie und Theologie – gerade in einem Punkt, der neuzeitlicher und allemal „nachaufgeklärter" Vorstellung von Gott befremdlich geworden ist, die jedoch im Blick auf das Menschenbild erstaunlich modern klingt. Ich will das kurz ausführen. Biblisch-hebräische Anthropologie ist durch eine integrative, ganzheitliche Konzeption gekennzeichnet, die kognitive, affektive und körperliche Ebenen nicht trennt. Denken und Fühlen haben einen Sitz im Leib: So ist das Herz das Organ des Verstehens, die tiefen Gemütsbewegungen sitzen in Leber und Nieren, die Fähigkeit zum Mitleid hat ihren Ort in den ungeschützten Stellen des eigenen Leibes, im unteren Bauch. Die Nase ist das Organ des Zorns, die Kehle (*näfäsch* – die deutschen Bibeln übersetzen mißverständlich „Seele") ist der Sitz der Vitalität.

Klingt diese ganzheitliche Sicht heute wieder vertraut (immer mehr lernen wir [wieder] den Menschen als ganzheitliches Wesen wahrzunehmen, z.B. psychosomatische Zusammenhänge zu erkennen), so bleibt dieselbe

Vorstellung im Blick auf Gott fremd. Doch die Bibel spricht durchaus selbstverständlich von Gottes Herz, von seinem Mund, seinen Augen und Ohren, seiner wutschnaubenden Nase, seinem starken Arm, ja auch von seinem Bauch und sogar seiner Hinterseite. Wie soll man das – heute – verstehen? Sind diese, wie man sagt: anthropomorphistischen beziehungsweise anthropopathischen Redeweisen im Blick auf Gott Relikte rückständiger, gar primitiver Religiosität? Sind sie unvermeidliche, aber letztlich unbefriedigende Hilfskonstruktionen, weil sich Gottes wahres Wesen nicht darstellen läßt? Oder ist diese zutiefst menschliche Rede von Gott eine Menschen angemessene Rede? Ist die in solcher Sprache aufleuchtende Menschlichkeit Gott eine theologisch unzulässige Vermenschlichung, oder wird gerade in solcher Rede Gott als Gott wahrnehmbar? Erinnern wir uns, daß in Hos 11 die leiblich verortete Zerrissenheit Gottes (man könnte geradezu vom Gegensatz zwischen „Kopf und Bauch" sprechen) und die Überwindung des Wutschnaubens und des gefaßten Vernichtungsurteils durch Liebe und Erbarmen eben in den Satz mündet: *Gott bin ich und kein Mann!*

Sind das alles lediglich metaphorische Redeweisen, jenseits derer wirkliche Theologie einsetzen müßte? Wäre die theologisch die Höhe der Zeit und des Denkens erreichende Quintessenz von Hosea 11 die Aussage, daß Gott „das Prinzip Liebe" sei? Aber – im Blick auf die biblische Rede von der „Gottebenbildlichkeit" des Menschen gefragt: Möchten Sie Ebenbilder eines Prinzips sein? Ist die scheinbar aufgeklärte Überwindung jeder Leiblichkeitsvorstellung bei Gott ein Fortschritt? Oder beseitigt sie gerade an der Stelle, an der Theologie es mit der Relation von Gott und Mensch zu tun hat, etwas eben wegen dieser grundlegenden Relation für Gott und Mensch Entscheidendes?

Ich betrachte die Rede von Gottes Denken, Fühlen und Wollen wie deren leibliche Verortung als einen realmetaphorischen Kern biblischer Theologie in ihrer Relation zur Anthropologie. Doch dann stellen sich neue Fragen an die Kategorie „Bild". Was bedeutet – über die Kernstelle in 1. Mose 1 hinaus – biblisch-theologisch die Rede vom Menschen als „Bild Gottes"? Was bedeutet sie in ihrem Spannungsverhältnis zum „Bilderverbot"? Und verstößt nicht die Bibel selbst gegen das Bilderverbot, wenn sie so bildlich, so leiblich von Gott redet? Wir stoßen auf einen weiteren Themenkreis in unseren „Mutmaßungen über die Menschlichkeit Gottes".

V. Gottesbilder – Gottes Bilder

Die Unbefangenheit, in der heute – nicht nur, aber vor allem in der Religionspädagogik – von „Gottesbildern" die Rede ist, erstaunt angesichts der Tatsache, das eines der „Zehn Gebote" das Verbot ist, sich ein Bild von Gott zu machen. Nun wird man beachten müssen, daß im Dekalog andere Worte für das „Bild" verwendet sind als bei der Rede vom Menschen als „Bild Gottes" in 1. Mose 1. Zunächst wendet sich das „Bilderverbot" gegen den Versuch, Gott in einem Schnitzbild oder einer Statue, einem dreidimensionalen Bild fest zu machen. Sprachbilder oder Imaginationen sind zunächst nicht gemeint. Doch wird man im Kontext einer biblischen Theologie beides nicht säuberlich scheiden können. Denn wenn das Bilderverbot darauf zielt, Gott nicht fest zu stellen, seiner nicht habhaft werden zu wollen, dann wird man mitbedenken, daß solche „Feststellung" nicht nur durch Bilder erfolgen kann, sondern ebenso durch dogmatische Definitionen oder andere Weisen, eine Projektion von Gott zum Maßstab von Theologie und Frömmigkeit zu machen.

Nun wird man umgekehrt einwenden, daß es Menschen nicht möglich ist, auf Bilder, auf Projektionen, auf Imaginationen, auf Vorstellungen zu verzichten – auch und gerade im Blick auf Gott. Und so könnte es die einzige Möglichkeit sein, das Bilderverbot zu *beachten*, viele Bilder von Gott zuzulassen und keinem zu gestatten als *das* Gottesbild Anspruch auf Richtigkeit zu erheben. Eben diese Vielfalt ohne Beliebigkeit begegnet in den Sprachbildern der Bibel selbst. Gott ist *wie* ein König, *wie* ein Vater, wie ein Richter, aber auch wie ein Adler und eine feste Burg, wie eine Henne, eine Quelle, ein Licht, ein Hirte, wie eine (männliche) Amme und wiederum wie ein Wurmfraß – die bunte und irritierende Reihe dieser Bildworte ließe sich leicht verlängern. Auf der Sprach- und Bildebene – das möchte ich zur gegebenenfalls unvermeidlichen Verwunderung ganz zugespitzt sagen – ist Gott ebenso „wie ein Vater" *wie* „wie ein Wurmfraß" (Hos 5, 12: Lutherbibel: wie eine Motte und eine Made).

Mit eben diesen Bildern verbindet sich jedoch ein Problem nicht der Bibel selbst, sondern ihrer Lektüregeschichte, die mit ihnen nämlich sehr unterschiedlich umging. Während einige dieser Bilder wie selbstverständlich als solche wahrgenommen wurden (niemand, der oder die z.B. in Aufnahme von Psalm 46 „Ein feste Burg ist unser Gott" singt, dürfte sich Gott real mit Mauern, Zinnen oder gar einem Wassergraben vorstellen), verloren andere ihren Bildcharakter und gerieten zu dogmatischen Zuschreibungen. Wo Gott als Herrscher, als Vater, als Richter bezeichnet wird, hörte man das „wie" kaum noch mit. Aus den Bildern sind Feststellungen geworden – und jetzt verstoßen sie gegen das „Bilderverbot". Es ist kein Zufall, daß es durchweg Gottesprädikate sind, die ein patriarchalisches Welt- und Gesellschaftssystem legitimieren und befestigen. Eine dritte Gruppe von Gottes-Sprach-Bildern schließlich geriet fast in Vergessenheit, und es bedurfte feministischer „Archäologie", sie freizulegen. Es ist wieder kein Zufall, daß es sich dabei vor allem um solche Bildworte handelt, die Gott mit weiblichem Leben in Verbindung bringen. Von Gott aber ist in der Bibel ebenso als Mutter wie als Vater die Rede, ebenso als Weberin wie als Töpfer, ebenso als Henne wie als Adler, ebenso als Amme wie als König, ebenso als Quelle wie als Burg. Wegen dieser Ungleichbehandlung der biblischen Bilder von Gott, in der manche zu dogmatischen Prädikaten wurden, manche Bilder blieben und wieder andere verdrängt und vergessen wurden, möchte ich etwas, das ich bisher eher implizit ausgedrückt habe, nun ausdrücklich zum Thema machen. Wenn ich – in der gebotenen Vorsicht, die auch hier das „Bilderverbot" auferlegt – biblische Rede von Gottes *Menschlichkeit* nachzusprechen versuche, dann ist diese Menschlichkeit nicht auf Männlichkeit zu reduzieren. Die Bibel selbst nimmt diese Reduktion nicht vor, obwohl – wie könnte es anders sein? – die patriarchale Welt der Bibel auch in ihrer Rede von Gott kräftig durchschlägt. Aber eben in Ansehung der patriarchalen Gesellschaftsstrukturen biblischer Zeiten ist es erstaunlich, daß Gott in der Bibel nicht auf ein „Mann-Sein" reduziert wird.

Auch dafür gibt die Schöpfungsgeschichte im ersten Kapitel der Bibel eine prinzipielle Leseanweisung: „Bild Gottes" ist nicht der Mann (geschweige denn der König), vielmehr *der* Mensch, männlich und weiblich. Keine andere Differenz, die es zwischen Menschen geben mag, ist in der Schöpfung begründet. Weder die Unterscheidung von Hautfarben, Sprachen und Völkern, weder die von Herrscher und Volk, weder eine von Priestern und Laien ist in der Schöpfung grundgelegt. Einzig der „kleine Unterschied" (und selbstredend wieder nicht so kleine) zwischen männlichen und weiblichen Menschen kann das Prädikat „schöpfungsgemäß" beanspruchen, und dieser Unterschied ist hier gerade keiner der Wertigkeit oder der unterschiedlichen Partizipation am Prädikat „Bild Gottes". „Bild Gottes" ist *der* Mensch, das, was Menschenantlitz trägt – „adam" heißt „Mensch" und eben nicht „Mann". Weder nach 1. Mose 1 noch nach der folgenden Erzählung in 1. Mose 2 ist die Frau *nach* dem Manne erschaffen; das Wort für Mann (*isch*) gibt es erst, sobald es die Frau gibt. Doch so genau haben bereits neutestamentliche Autoren die biblischen Schöpfungsgeschichten nicht gelesen, und so beginnt bereits im Neuen Testament eine verhängnisvolle Geschichte, die den Frauen die „Gottesbildlichkeit" nur durch einen Mann vermittelt zugestand, wenn nicht ganz absprach. Diese Auffassung zeigt noch in neuesten theologischen Entwürfen ihre Spuren (und verbindet sich zuweilen noch immer mit eigentümlichen Theorien über ein schöpfungsgemäßes *Wesen* von Mann und Frau). Auf die biblische Schöpfungsgeschichte und ihre Rede vom *Menschen* als Bild Gottes kann sich für solche Zuschreibungen nur berufen, wer ungenau liest oder lesen will. Die Macht männlicher Verlesegeschichte hat jedoch – und auch das gehört zu ihren bösen Folgen – dazu geführt, daß viele Frauen ihre Abwehr gegen ein so tradiertes und befestigtes Frauen- und Männerbild mit den Bildern der Bibel selbst verwechseln und deshalb von *ihr* statt von manchen ihrer Interpretationen Abstand nehmen.

Im Zusammenhang der Lektüregeschichte der Bibel, die das männliche Gottesbild entschieden fester gezurrt hat, als es in der Hebräischen Bibel ist, verdient der Wortlaut in Hos 11, 9 noch einmal Aufmerksamkeit. „Gott bin ich und kein *isch*, das heißt wörtlich: kein Mann. Es ist nicht untypisch, daß manche Übersetzer und Ausleger (gegen das Lexikon, dafür um so mehr mit ihrem Vorverständnis) in 1.Mose 2; 3 „adam" als „Mann" wiedergeben und umgekehrt in Hos 11 „isch" als „Mensch". Nach meiner Auffassung ist die Aussage in Hos 11, 9 nun nicht so zu lesen, als bekunde Gott, er sei Gott und kein Mann, sondern (eher) eine Frau. Dennoch ist es nicht ohne Bedeutung, daß das „Rollenbild", von dem er sich an dieser Stelle absetzt, nicht allgemein das des „Menschen", sondern das des „Mannes" ist. Gott ist gerade in der an dieser Stelle ins Bild gesetzten Zerrissenheit, in der jedoch Liebe und Erbarmen zuletzt zuverlässig die Oberhand gewinnen gegen die Nötigung zur Konsequenz und den Vollzug des Angedrohten um der Wahrung des Gesichts willen, kein omnipotenter Supermann.

Gerade darin, daß er die Macht über die Macht hat, zeigt sich die Souveränität Gottes. Gerade darin, daß er aus freier Liebe eine Bindung eingehen und sich darin in Freiheit abhängig machen kann, widerspricht er dem männlich konnotierten Cliché von Macht. Gottes „Allmacht" – ich möchte eben darum an dieser problematisch gewordenen Kategorie festhalten – ist keine zum Superlativ gesteigerte Macht, sondern eine Macht, die noch über die Macht mächtig ist, ja bis zur Ohnmächtigkeit der Liebe Raum zu geben vermag und die Fähigkeit zur Reue einschließt. Daß Freiheit und Bindung bei Gott keine Gegensätze sind, gehört dann und daher zu Gottes „Menschlichkeit", und gerade darin leuchtet Gottes Gottsein auf.

VI. Freiheit und Bindung

Warum hat Gott den Menschen erschaffen? Nach der Auskunft altorientalischer Mythen über die Menschenschöpfung haben die Götter die Menschen gemacht, damit sie ihnen die Arbeit abnehmen, die die Götter zuvor selbst tun mußten. Die biblischen Schöpfungstexte knüpfen in vielem an altorientalische Vorlagen an – in diesem Punkt folgen sie ihnen dezidiert nicht. Gott bedarf des Menschen nicht, um die Arbeit in der Welt bewältigen zu können, er hat – umgekehrt – die Welt für den Menschen erschaffen. Die in der Rede vom Menschen als „Bild Gottes" grundgelegte Partnerschaft zwischen Gott und Mensch realisiert sich in einer wechselseitigen Beziehung. *Bedarf* Gott dieser Kommunikation? Wäre er ohne Menschen nicht Gott? Ich weiß nicht, was Gott an und für sich ist. Folgen wir der Bibel, so *will* er dieser Kommunikation (mit den Menschen, mit Israel) bedürfen, und wo sie Gott bindet, geht er diese Bindung in Freiheit ein. Die Wechselseitigkeit der Kommunikation zeigt sich in der biblischen Sprache nicht selten an Stellen, an denen die üblichen Übersetzungen – aus Furcht, Gott könne als von Menschen abhängig erscheinen – sie unkenntlich machen. Ich will das an einem Beispiel verdeutlichen, das und zugleich zum Einstieg in eine weitere Dimension göttlicher Allmacht gerade als Macht über die Macht dienen soll.

Ein oft belegtes biblisches Wortfeld ist „Segen, segnen" (*barach, beracha*). *Magdalene L. Frettlöh* hat in ihrem Buch „Theologie des Segens" (Gütersloh, ³2000) wichtige Aspekte des Segens in der Bibel und für die Dogmatik vorgelegt. Gott segnet Menschen, Menschen segnen Menschen, und Menschen segnen Gott. Während in den beiden ersten Fällen die deutschsprachigen Bibeln „segnen" sagen, geben sie dasselbe hebräische Wort da, wo Menschen Gott segnen, als „loben, preisen" wieder. „Lobe den HERRN, meine Seele!" heißt es zum Beispiel am Anfang von Ps 103 oder auch Ps 104 in der Luther-Bibel, obwohl hier dasselbe Verb steht, das zum Beispiel in 1. Mose 1, 28 steht und hier den Schöpfungssegen bezeichnet. (Es würde im höchsten Maße befremdlich wirken, wenn man in Ps 103 läse: „*Segne* den HERRN, meine Seele!" und in 1.Mose 1, 28: „Und es *lobte* Gott den Menschen, indem er zu ihnen sprach: Seid fruchtbar und werdet zahlreich ...!") Nun ist die Verdeutschung von *barach* mit „loben" nicht unbedingt falsch (im lateinischen Gebrauch von *benedicere* und ebenso dem griechischem *eulogein* in beiden Relationen sind sowohl der Zusammenhang von „Segnen" und „Loben" im – wörtlichen – „Gut-Reden" angedeutet wie die Verwendung des gleichen Wortes in der Beziehung von Gott zu Menschen wie von Menschen zu Gott. Die im Deutschen übliche strikte Unterscheidung aber reißt die Wechselseitigkeit des Segens auseinander. Die Reziprozität verlangt keine Symmetrie; es gibt wechselseitige Beziehungen auch zwischen ungleichen Partnern. Daß aber Menschen Gott segnen können, daß sie damit etwas von dem an Gott zurückgeben, das sie von Gott erhalten haben, ist ebenso biblischer Sprachgebrauch wie jüdische Gebetspraxis bis heute. Und wenn es in der Abendmahlsliturgie heißt: „... nahm er das Brot, dankte, brach es ...", dann steckt in diesem „dankte" – fast unhörbar geworden – diese jüdische Gebetspraxis. Jesus sprach den Segen über das Brot und seinen Geber; er tat es mit den bis heute von Jüdinnen und Juden gebeteten Worten: *baruch atta adonaj elohenu mäläch-ha'olam hammozi lächäm min-ha'aräz* – Gesegnet du, Adonaj, unser Gott, König der Welt, der Brot hervorgehen läßt aus der Erde.

Menschen also sollen und können Gott segnen. Bedarf also Gott dieses Segens? Er *will* seiner *bedürfen*. Abermals: Wie Gott ohne diese Verbindung mit und so auch seine Bindung an Menschen und noch einmal besonders an Israel, wie Gott an und für sich war, ist, wäre, sein kann, sein wird (und was sonst noch an Tempora und Modi denkbar ist) – darüber kann ich nichts wissen. Gott, wie sich er in der Bibel erfahrbar macht, ist Gott in dieser freien Bindung. Und so (und nur so) kann ich sagen: Gott bedarf des Menschen; Gott bedarf Israels. Ich möchte das im folgenden Abschnitt an einem Satz der rabbinischen Überlieferung und an zwei Geschichten verdeutlichen, einer talmudischen, die beim Segensthema bleibt, und schließlich einer biblischen.

VII. Segen und Entbindung

Über die Wechselseitigkeit des Verhältnisses von Gott und Mensch und dann noch einmal in besonderer Weise von Gott und Israel gibt es eine Reihe von biblischen und jüdischen Traditionen. Ich möchte einen rabbinischen Satz zitieren, der deutlich macht, daß das Bekenntnis zu Gott in der Aussage über Gottes Sein nicht aufgeht, sondern diesem Gottsein Gottes zur Wahrheit verhilft. In der Pesiqta des R. Kahane (102 b) steht:

Ihr seid meine Zeugen, spricht Adonaj, und ich bin Gott. Wenn ihr meine Zeugen seid, bin ich Gott, wenn ihr nicht meine Zeugen seid, bin ich nicht Gott.

Das Gottsein Gottes aber schließt in dramatischer und – wie bereits in Hos 11 erkennbar wurde – dramatischer Weise einen Widerspruch ein, den zwischen Gerechtigkeit und Barmherzigkeit. Wie kann Gott Gott sein, wenn er ungerecht ist? Und wie kann er Gott sein, wenn er unbarmherzig ist? Und doch ist es mit einem „und" zwischen Gerechtigkeit und Barmherzigkeit nicht getan. Denn was, wenn beides in einen Konflikt gerät? Ich möchte Ihnen (auch wenn sich der Text nicht ganz leicht erschließt) von einer talmudischen Geschichte berichten, die diesen Konflikt zum Thema hat. Sie steht im Traktat *Berachot* des Babylonischen Talmuds (bBer 7a). Der Abschnitt beginnt (bereits das ist bemerkenswert) mit einer Darlegung, daß Gott selbst betet. Es schließt sich die Frage an:

Was betet er? Es sprach Rab Zutra bar Tuvja: Es sprach Raw: Es sei mein Wille, daß bezwingen möge mein Erbarmen meinen Grimm und daß überrollen möge mein Erbarmen meine (andere) Eigenschaft und daß ich umgehen möge mit meinen Kindern mit der Eigenschaft des Erbar-

mens, und daß ich eintrete für sie vor der geraden Linie des Gerichts (d.h. nicht nach der strengen Norm des Rechts mit ihnen verfahre).

Halten wir ein. Um nicht weniger geht es im Gebet, das Gott selbst spricht, als daß er darum bittet, daß in seinem inneren Widerstreit die Eigenschaft der Barmherzigkeit über die Eigenschaft des Gerichts siegen möge (sie überrollen, sie niedertreten möge). Es ist eben der Konflikt, der uns in Hos 11 begegnete. Aber während Gott dort diesen Konflikt in sich selbst austrägt und zuverlässig zugunsten von Liebe und Barmherzigkeit löst, kann der Talmud von diesem Konflikt in Gott selbst noch dramatischer erzählen. Hören wir den Text weiter:

Es wird gelehrt: Es sprach R. Jischmael ben Elischa: Einmal trat ich ein, um die Räucheropfer darzubringen im Allerheiligsten. Und ich sah Achtriel Jah, Adonaj, Zebaot, der saß auf dem hohen und erhabenen Thron ...

Achtriel ist ein im rabbinischen Schrifttum nur hier belegter Gottesname; er bezeichnet Gott also als höchsten Herrscher der Welt – um so erstaunlicher die Fortsetzung:

... Und er sprach zu mir: Jischmael, mein Sohn, segne mich! Und ich sprach:

Und nun geschieht etwas höchst Merkwürdiges und Aufregendes. Man könnte ja erwarten, daß Rabbi Jischmael nun einen Segensspruch gegenüber Gott ausspricht (etwa das in vielen Gebeten ausgesprochene und in der jeweiligen Fortsetzung variierte: Gesegnet Du, Adonaj, unser Gott, König der Welt ...). Aber einen solchen Segensspruch spricht Rabbi Jischmael nicht. Stattdessen folgt die gesamte Passage, die wir als Selbstgebet Gottes gehört haben, noch einmal – mit dem einzigen – und entscheidenden – Unterschied, daß nun die 2. Person erscheint, wo Gott zuvor zu sich selbst nur in 1. Person beten konnte. M. Frettlöh (395) formuliert: „Das vermeintliche Selbstgespräch Gottes wird zur Vorlage der B^{e}racha Jischma'els. Mit seinem Segensspruch vergegenwärtigt er dem Gott Israels dessen eigenen Entschluß, ja bestärkt ihn in seinem Willen. Was Gott sich selbst vorgenommen hat, wird ihm noch einmal von menschlicher Seite zugesprochen, damit aber auch zugetraut und zugemutet." Der Segen, den R. Jischmael spricht, lautet also:

Es sei dein Wille, Wunsch, Wohlgefallen, daß bezwingen möge dein Erbarmen deinen Grimm und daß überrollen möge dein Erbarmen deine (andere) Eigenschaft und daß du umgehen mögest mit deinen Kindern mit der Eigenschaft des Erbarmens, und daß du eintretest für sie vor der geraden Linie des Gerichts (d.h. nicht nach der strengen Norm des Rechts mit ihnen verfahrest).

Gott selbst macht sich des Segens durch R. Jischmael bedürftig. Er *will* gesegnet werden. Beachtet man die pointierte Entsprechung zwischen dem, was Gott selbst als sein Gebet spricht, und dem, was er sich von R. Jischmael als Segen zusprechen läßt, so ergibt sich geradezu, daß der Segen als stellvertretendes Gebet fungiert. Der Wunsch, der im Gebet die Ich-Form hat, hat im Segen die Du-Form. Segnen ist hier stellvertretendes Beten.

Aber warum bedarf es des Segens? Reicht denn nicht, was Gott selbst will – und sei es das, was er von sich selbst will? Womöglich gibt es etwas, das – und sei es bei Gott selbst – in einer Ich-Form nicht sagbar ist, etwas, das der Du-Form bedarf. Gott will – alles, so wird an dieser Stelle betont, beruht auf seinem freien Willen, und daß er selbst sich den Segen wünscht, tangiert nicht seine Souveränität – sich segnen lassen, will des Segens bedürfen, er will, daß ihm im Widerstreit seiner Eigenschaften ein Segen als Zu-Spruch (in der Du-Form) zuteil werde. Hat Gott den Segen durch Menschen nötig? Die Antwort lautet abermals: Er will ihn nötig haben. Er will sich auf die Gegenseitigkeit einlassen; er will sich des Segens bedürftig machen. Und es fällt ihm womöglich leichter, die Eigenschaft der Barmherzigkeit über die des Gerichts obsiegen zu lassen, sich selbst zu überwinden, wenn er es mit Menschen zu tun hat, die ihm in seinem Wunsch nach Gemeinschaft und Gegenseitigkeit entgegen kommen. Gott will, daß die Barmherzigkeit über das Gericht siegt. Auch hier ist es an den Menschen, soweit es an den Menschen ist (d.h. mehr, als manche Theologie es glauben macht), Gottes Willen zur Realisierung zu verhelfen – und sei es gegen eine „Eigenschaft Gottes". Ist das etwas, das Christinnen und Christen denken und glauben dürfen? Ich füge ein weiteres Zitat an:

Denn das kann Gott nicht unterlassen: Er muß helfen dem, der da schreit und ruft. Seine göttliche Güte kann sich da nicht zurückhalten, sie muß hören.

Ist das ein weiterer Satz aus dem Babylonischen Talmud? Müßten wir da nicht kritisch zurück fragen, ob Christenmenschen so denken, glauben und sprechen dürfen? Was heißt: Gott *muß* ..., Gott *kann* nicht ...? Sind solche Sätze nicht geeignet, Gottes Souveränität zu verringern („er kann nicht unterlassen ... er muß helfen ... seine Güte kann sich nicht zurückhalten) und dazu noch Gottes Güte verfügbar zu machen (er muß helfen dem, der da schreit)? Ich lese noch einmal: „Denn das kann Gott nicht unterlassen: Er muß helfen dem, der da schreit und ruft. Seine göttliche Güte kann sich da nicht zurückhalten, sie muß hören."

Der Satz steht in einer Vorlesung über das Buch Jona, und er stammt von Martin Luther.

Ich habe Ihnen noch eine weitere Geschichte versprochen, die davon handelt, wie ein Mensch geradezu Gott befreien kann. Es handelt sich um einen Abschnitt der Erzählung vom sogenannten „Goldenen Kalb" in 2. Mose 32. Als Gott sah, daß das Volk sich einen Gott zum Anfassen gemacht hatte, daß es sich somit als unfähig erwiesen hatte, sich wirklich befreien zu lassen, bekundet er seinen Beschluß, das Volk zu vernichten. Das Projekt „Exodus", das Projekt „Israel" scheint am Ende. Da ergreift Mose das Wort. *wajechal moschä* heißt es in 2. Mose 32, 11 – meist übersetzt man „Und Mose besänftigte Gott ..." Aber die Rabbinen leiten das Wort von einem anderen Verb ab, nicht von *chala*, besänftigen, sondern von *chalal*, entbinden. Gott hat ein Gelübde getan, das Volk zu vernichten. Wie kann er der Barmherzigkeit Raum geben, ohne sich der Unwahrheit und Unzuverlässigkeit schuldig zu machen? Wieder haben wir es mit dem Konflikt zwischen Gerechtigkeit und Barmherzigkeit zu tun. Und hier nun die ungeheuerliche Stelle: Es ist an Mose, an einem *Menschen*, Gott von seinem Gelübde zu entbinden, ihn zu befreien von der schrecklichen Alternative, entweder Unwahres gesagt zu haben oder seine Wahrheit auf Leichenbergen beglaubigen zu müssen. Mose entbindet Gott von diesem Zwang; er hilft Gott, der Barmherzigkeit Raum zu geben. So weit kann das Tun von Menschen gehen; so weit kann Gott sich einlassen auf die Kommunikation und die wechselseitige Gemeinschaft mit Menschen.

So verstanden ist dieser Abschnitt aus der Geschichte vom „Goldenen Kalb" eine Art Gegenstück zum Jonabuch. Da muß der Prophet Jona lernen, daß Gott fähig ist, auf die Umkehr Ninives hin selbst umzukehren, seinen Vernichtungsbeschluß zu bereuen und Ninive leben zu lassen. Für Jona ist das eine schwere Zumutung. Denn er hatte im Namen und im

Auftrag Gottes den unbedingten Untergang Ninives zu künden gehabt, und er muß nun sehen, daß Gott selbst ihn – ginge es um „richtig" und „falsch" – zum *falschen* Propheten gemacht hat. Jona ist ein Theologe, der sein Gottesbild vor Gott selbst schützen will (wie nach ihm viele). In 2. Mose 32 blitzt für einen Moment die Möglichkeit auf, daß Gott selbst lernen muß, daß er um des Lebens willen nicht wahr machen muß, was er angekündigt hat.

Was lehren solche Worte der Bibel über Gott? Können sie zu Lehrsätzen werden? Die Rabbinen verwenden an Stellen, an denen in der „Schrift", in der Bibel, etwas steht, was nicht zum Lehrsatz über Gott werden darf, den Satz: „Wenn es kein geschriebener Schriftvers wäre, dürfte man es nicht sagen." Dieser Satz ist eine Warnung vor jedem Versuch, biblische Sätze auf Flaschen zu ziehen, zum Bestandteil von Katechismen und Lehrbüchern zu machen. Etwas anderes aber ist, gerade *die* biblischen Sätze wahr zu nehmen, die das sagen, was nicht in Lehrbücher gefaßt werden kann. Sätze wie „Gott ist menschlich" oder „Gott bedarf des Menschen, um seine Probleme zu lösen" wären als Lehrsätze geradezu peinlich platt und falsch. Sie sind aussagbar nur als Grenzsätze und als Worte der Bibel. Und doch enthalten auch diese biblischen Grenzsätze eine Lehre – und wäre es nur die, daß Theologie verarmen würde, wenn sie sich auf Lehrsätze verkürzen ließe. Biblische Rede über Gottes Macht und Gottes Reue, über Gottes Souveränität und Gottes Bedürftigkeit verwehrt vor allem eins: Gott zum Supermann zu erheben und in dieser Linie eine Vorstellung vom Menschen als „Bild Gottes" zu entwerfen, das Image, Widerspruchslosigkeit, Perfektibilität, Erfolg, Autarkie und Unverletzlichkeit zum letzten Ziel erhebt. Das Nachdenken über Gott enthält immer auch Folgerungen für das Nachdenken über das, was Menschen zu Menschen macht. Und insofern waren meine „Mutmaßungen über die Menschlichkeit Gottes" womöglich doch ein Beitrag zur Anthropologie.

Ruach – Wind, Atem, Gotteskraft, Geist(in)*
Auch ein Beitrag zur Frage nach Bewußtsein und
Selbstbewußtsein und über die Schwierigkeit, *ich* zu sagen.

I.

Der Haupttitel meines Referats besteht aus einem hebräischen Wort, dem Wort *ruach*, und einer kleinen Auswahl von möglichen Wiedergaben dieses Wortes im Deutschen. (Also kein Druckfehler für eigentlich gemeintes: *Rauch*, Wind, Atem ...[wenngleich da bei einem Alttestamentler, der Pfeifenraucher bzw. einem Pfeifenraucher, der Alttestamentler ist, eine Freudsche Fehlleistung und vielleicht gar manche Allmachtsphantasie mitspielen mag].)

Was mag die Frage nach diesem hebräischen Wort und seinen Bedeutungsfeldern mit dem Leitthema der diesjährigen Philosophisch-Theologischen Arbeitsgemeinschaft in Walberberg zu tun haben, der Frage nach dem Bewußtseinsbegriff und seiner Krise? Wir werden sehen, ob sie etwas und, wenn ja, was sie damit zu tun haben mag oder zu tun bekommen kann. Doch zuerst eine Warnung: Wenn wir versuchen, zu einer philosophischen, theologischen und anthropologischen Fragestellung etwas beizutragen, indem wir einem hebräischen Wort und seinem vielfältigen biblischen Gebrauch nachgehen, müssen wir uns klar machen, daß wir *Begriffe* wie Philosophie, Anthropologie und auch Theologie „avant la lettre" benutzen, indem wir sie auf Texte beziehen, die sich selbst nicht als philosophische oder – im engeren Sinne – theologische Abhandlungen verstehen. (Theologische Abhandlungen sind in der Bibel eher selten – einzig der Römerbrief will das wohl sein–, und von Zeit zu Zeit ist es nützlich,

---

* *Vorgetragen vor der 43. Philosophisch-Theologischen Arbeitsgemeinschaft im Dominikanerkoster Walberberg (29.9.-4.10.1998)*

daran [sich] zu erinnern, daß ja auch das Wort „Theologie" in der Bibel nicht vorkommt ...)

Anders als im Fall der klassischen Antike ist es auch nicht so, daß „vorphilosophische" *Worte* in einer späteren philosophischen Sprache als *Begriffe* aufgenommen wurden. Und auch in die dogmatischen, systematisch-theologischen Begriffsbildungen gingen mehr griechische und lateinische als hebräische Worte ein. Das hat viele *Gründe*, über die jetzt nicht im einzelnen zu handeln ist, – und das hatte (und hat) *Folgen* für die „Theologie". Ich vermute, daß die weithin zu beobachtende Ausblendung biblischer, vor allem hebräisch-biblischer (alttestamentlicher) Erinnerung bei der Konzeptualisierung gegenwärtiger (im weitesten Sinne) politischer Kultur ebenfalls Folgen hatte und hat.

Nehmen wir an, ein Philosoph, eine Politologin, ein Soziologe, eine Anthropologin wollte über Grundfragen ihres Faches eine Abhandlung verfassen (sagen wir: über Gesellschaft und Staat, über Glück, über Tod oder Gerechtigkeit) Sie oder er wird dann nicht selten wie selbstverständlich Platon, Aristoteles, womöglich Cicero und vielleicht auch Augustin heranziehen (und nicht davon ausgehen, daß dafür ja die Altphilologen und Patristiker „zuständig" seien, aber kaum je Jesaja und Amos, „Mose" und Paulus oder gar die Psalmen – denn dafür sind ja die alttestamentlichen Exegeten und die Kirche zuständig ...

Diese Ausblendung vollzieht sich durchaus wechselseitig, denn umgekehrt werden die wenigsten Exegeten alttestamentlicher Texte ihr Augenmerk darauf richten, was in ihnen an möglichem philosophischem, soziologischem oder psychologischem Potential stecken könnte. Wenn ich vorsichtig von einem *möglichen Potential* spreche, soll das festhalten, daß eine unmittelbare Überführung alttestamentlicher Wahrnehmungs- und Sprachformen in gegenwärtige philosophische und theologische Begrifflichkeit kaum möglich sein wird. Ich möchte deshalb am Beispiel des Wortes *ruach* und seiner Beziehung auf die Frage nach dem Bewußtsein einige Wahrnehmungen und Ausdrucksformen der hebräischen Bibel eher von der Seite einspielen. Die Frage, ob es sich um einen hilfreichen Beitrag zur gegenwärtigen Frage nach dem Bewußtsein und seiner in der Titelformulierung der Tagung diagnostizierten Krise handelt, sollten wir dann nach dem Referat gemeinsam erörtern und ausloten.

II.

Ich beginne mit einem kleinen Textausschnitt aus dem Buch Hesekiel (Ezechiel, Jechezqel), der für dieses Referat zu einer Art Leitfaden werden soll. Ein erster Blick jetzt also auf wenige Verse am Ende des ersten und am Beginn des zweiten Kapitels des Ezechielbuches – noch vor der Frage, was denn das Wort *ruach* bedeute.

Die ersten drei Kapitel des Ezechielbuches schildern, wie der Prophet im Exilland (beim Tel Aviv – in Babylonien, heute im Irak) eine Erscheinung Gottes erlebt. Gott ist nicht an den Ort des Jerusalemer Tempels gebunden; er kann auch in der Gola, im Exil präsent sein – das ist die Botschaft des Buchanfangs. Vor der gewaltigen Erscheinung Gottes auf seinem himmlischen Thronwagen fällt der Prophet zu Boden:

Und ich hörte eine Stimme, sprechend: Und er sprach zu mir: Menschenkind, stell dich auf deine Füße, ich will mit dir reden! Da kam ruach *in mich* (ich verdeutsche vorläufig: Geist, Wind, Atem, Lebenskraft), *als er mit mir redete, und sie* (die ruach) *stellte mich auf meine Füße, und ich hörte, was er zu mir sprach.*

So weit die kurze Textpassage (Ez 1, 28b; 2, 1f.). Stellen wir zunächst nur eine einzige Frage: Wer oder was stellt Ezechiel auf seine Füße? Er selbst („Stell dich auf deine Füße")? Oder etwas, das von außen in ihn hinein kommt („Da kam *ruach* in mich ... und stellte mich auf meine Füße")? Handelt es sich bei der Widersprüchlichkeit der Benennung des Subjekts des Aufstehens um eine Ungenauigkeit, die auf mangelnde Reflexion schließen läßt, oder ist hier die Ungenauigkeit eine (die Formulierung leihe ich mir von der Lyrikerin *Hilde Domin*) „unspezifische Genauigkeit", die der Ausdruck präziserer Wahrnehmung ist? Wir stoßen auf das Thema, zu dem die „*ruach*-Spurensuche" ein Beitrag sein kann und das mit der Frage nach dem Bewußtsein, wenn ich recht sehe, viel zu tun hat, auf das Problem des Verhältnisses von *innen* und *außen*, der Relation zwischen dem *Ich* und dem, das dem Ich *widerfährt*.

Was für eine Art von Alternative ist dieser Relation eingeschrieben? Und auf welche Aporie macht sie aufmerksam? In den „Minima Moralia" notiert Adorno:

> *Zwischen „es träumte mir" und „ich träumte" liegen die Weltalter. Aber was ist wahrer? So wenig die Geister den Traum senden, so wenig ist es das Ich, das träumt. (GS 4, 217)*

Adorno macht darauf aufmerksam, daß die Wendungen „ich träumte" und „es träumte mir" nicht bloß stilistische Varianten sind, sondern daß sich in ihnen eine epochale Veränderung der Bestimmung des „Ich" zeigt. In der Fortsetzung überführt er (wie könnte es bei Adorno anders sein?!) *beide* Ausdrucksformen der Unwahrheit beziehungsweise der Halbierung der Wahrheit. („So wenig die Geister den Traum senden, so wenig ist es das Ich, das träumt".) Nun mag man das im Falle des Traums sogleich einräumen, man wollte denn das Unbewußte oder Unterbewußte bruchlos auf das Ich verrechnen. Aber im „richtigen" Leben pflege ich doch meist genauer zu wissen, wann ich etwas tue und wann etwas mit mir geschieht. Oder doch nicht? Nähern wir uns (die Ezechielstelle über den Propheten, der aufsteht oder den etwas aufrichtet, im Hintergrund) der Frage mit Hilfe umgangssprachlicher Wendungen.

Wir sagen: *Meine Lebensgeister kehrten zurück.* Die Ausdrucksweise impliziert, daß mich meine Lebensgeister offenbar zeitweise verlassen hatten und nun zu mir zurückkommen mußten. Sind sie nach dem Modell dieser Formulierung gleichsam nach außen entschwunden, so in einer das Gleiche besagenden um so mehr nach innen: *Meine Lebensgeister erwachten wieder.* Die Rede von den Lebensgeistern dürfte auf biblischen Sprachgebrauch zurückgehen (eben auf die Bedeutungsfelder von *ruach, pneuma, spiritus, Geist*); wir sind auf Stellen wie Ez 2, 1f. zurückgewiesen.

A propos „Spiritus": *Trink mal einen Cognac, der wird deine Lebensgeister wecken!* Man könnte sich das ja einmal konkret und räumlich vorstellen! *Wenn ich einen Cognac trinke, bin ich gleich ein anderer Mensch.* (Sie kennen vielleicht die Fortsetzung: ... *der* will dann auch noch einen.) *Deine Worte haben mich angerührt.* Auch hier innen und außen, Bewußtsein als Raumerfahrung. Wir werden auf all das zurückkommen, sollten aber nun fragen, was es mit dem bereits in seiner schillernden Bedeutungsbreite ansatzweise erkennbar gewordenen Wort *ruach* auf sich hat.

III.

Zunächst ein wenig trockene Statistik und Philologie: Das Wort *ruach* kommt im Alten Testament fast 400mal (exakt 378mal) vor.

Das ist eine so große Zahl von Belegen, daß sie eine differenzierte Wortfeldanalyse erlaubt; andererseits sind es nicht so viele Belege, wie man angesichts der Bedeutung des „Geistes" in der Bibel erwarten könnte (genau so oft ist das Wort *esch* – Feuer belegt; in der Statistik der häufigsten Worte der hebräischen Bibel stehen beide auf Platz 131, unmittelbar davor rangiert *zahab* – Gold, danach *ne'um* – Ausspruch. Das häufigste Nomen (vom Gottesnamen abgesehen) ist übrigens *ben* – Sohn mit knapp 5000 Belegen; das meistgebrauchte Verb ist *'amar* – sagen mit über 5000 Belegen.

Die Bedeutungsbreite des Wortes *ruach* ist sehr groß und schließt physikalisch-metereologische Dimensionen ebenso ein wie anthropologische und (im engsten Sinne) theologische. Die Reihe möglicher Äquivalente oder Annäherungen im Deutschen ist ebenfalls sehr groß und umfaßt Worte wie *Wind, Atem, Geist, Leben, charisma* (Max Webers Rede von den „charismatischen Führern" basiert auf einem Gebrauch von *ruach*), ferner Worte wie *Antriebskraft, Energie, Dynamik, Vitalität*.

Nun sind aber bekanntlich auch viele dieser deutschen Worte mehrschichtig, nicht zuletzt das Wort „Geist", das die häufigste Wiedergabe von *ruach* in den deutschsprachigen Bibelübersetzungen ist. Als Faustregel läßt sich sagen, daß *ruach* alle Bedeutungen einschließen kann, die *Geist* haben kann, ausgenommen eine, nämlich Geist im Sinne von *Gespenst*. Alle anderen Bedeutungen sind beim deutschen Wort Geist wie beim hebräischen *ruach* mit unterschiedlicher Trennschärfe miteinander verbunden. Man denke an Formulierungen wie: ein geistvoller Mensch/Be*geist*erung – aber auch Entgeisterung (dazu gleich mehr) / „Der Geist des Kapitalismus" / „Heiliger Geist" / „der Geist von Spiez" (das war, jüngeren und fußballuninteressierten Menschen sei's gesagt, jenes – heute würde man eher technisch sagen: „Betriebsklima" im Trainingslager der deutschen Nationalmannschaft am Thuner See, das den zum Mythos gewordenen Sieg bei der Weltmeisterschaft 1954 bewirkt haben soll); ferner denke man an die „Phänomenologie des Geistes", an die bereits genannten erwachenden Lebensgeister, an die Formulierung, ein Mensch habe seinen Geist aufgegeben, und sogar für Worte wie Weingeist (Spiritus) ließen sich „*ruach*-Bezüge" nennen, gibt es doch (auf die Stelle kommen wir zurück) den *ruach schäkär*, den Lügengeist, wobei sich das Wort *schäkär* sowohl im „schäkern" (betören) wiederfindet als auch im jiddischen schicker, beschickert, was betrunken meint.

Die Vielfalt der Bedeutungen von Geist, spiritus, kann zuweilen zu Verwirrungen führen. Es gibt die (wahre oder gut erfundene) Geschichte vom Übersetzungscomputer, dem man in englischer Sprache den Satz „*Der Geist ist willig, aber das Fleisch ist schwach*" eingab, ihn ins Russische übersetzen ließ und dann den entsprechenden russischen Satz abermals eingab, um ihn ins Englische zurückübersetzen zu lassen. Der Übersetzungscomputer hatte nicht nur die Sprache, sondern auch den – Exegeten würden sagen: Sitz im Leben des Satzes transferiert, nämlich aus dem Zitat aus dem Matthäusevangelium etwas wie eine Eintragung in einem Restaurantführer gemacht; das Ergebnis war: *Der Schnaps ist gut, aber das Fleisch taugt nichts.*

Das ließe sich nun auf verschiedene Weise auf die Frage nach dem Bewußtsein und seiner Krise beziehen, aber jenseits der Komik macht die kleine Geschichte auf das Problem jedes Übersetzens aufmerksam, das Karl Kraus einmal zu dem Vorschlag brachte, Übersetzen als Imperativ zu lesen: Üb ersetzen! Mit solchen Ersetzungsübungen haben wir zu tun, wenn wir versuchen, uns einem Wort wie *ruach* anzunähern.

Die Vielfalt der Bedeutungen und Bedeutungsfelder von *ruach* darf nun nicht dahingehend aufgelöst werden, daß man einzelne semantische Felder säuberlich voneinander separiert, wie wenn es sich zum Beispiel bei *ruach* in der Bedeutung Wind und *ruach* in der Bedeutung Lebensgeist um Homonyme („Teekesselchen") handelte. Vielmehr geht es um eine integrative Sicht, in der die physikalische, die anthropologische und die theologische Ebene nicht voneinander separiert sind. Um das zu erläutern, möchte ich nun einige Passagen genauer anschauen, in denen *ruach* eine Rolle spielt. Diese Wahrnehmungen an einzelnen Texten sollen uns dabei helfen, die mit Ez 1, 28b; 2, 1f. gestellte Leitfrage zu verfolgen, die Frage nach dem Subjekt des Aufstehens des Propheten (er selbst oder etwas, das ihm widerfährt?).

IV.

Zum ersten Mal kommt das Wort *ruach* in der Bibel gleich in ihrem zweiten Vers vor. Nach dem ersten Vers („Beim Beginn schuf Gott Himmel und Erde") kommt im zweiten der Zustand der Welt „vor der Schöpfung" in den Blick. Schöpfung ist in Genesis 1 nicht die Erschaffung eines etwas aus einem nichts („creatio ex nihilo"), vielmehr die Umgestaltung eines chaotischen, Leben unmöglich machenden Zustandes *davor* in einen Leben ermöglichenden geordneten *danach*. (Die Frage des orientalischen und klassischen Altertums nach der Schöpfung war nicht die neuzeitliche, warum überhaupt etwas sei und nicht vielmehr nichts, sondern die, warum und ob überhaupt stabil sei, was sei.) Der „Davor-Zustand" wird in Gen 1, 2 so beschrieben – ich verdeutsche ziemlich genau am Text bleibend:

Die Erde aber war (vorher) tohuwabohu *(wüst und leer) gewesen, und Finsternis befand sich auf der Oberfläche der Urflut, und die* ruach *Gottes war schwebend (flatternd) auf der Oberfläche der Wasser.*

Die klassische Übersetzung von *ruach* an dieser Stelle ist „Geist" (Luther-Bibel: *Und der Geist Gottes schwebte auf dem Wasser*). Es versteht sich, daß die nachbiblische christliche trinitarische Theologie hier den „Heiligen Geist" erkennen und so in Gen 1 – zusammen gelesen mit dem Prolog des Johannesevangeliums – die göttliche Dreifaltigkeit *in* der, genauer: noch *vor* der Schöpfung sehen konnte.

Ein religionsgeschichtlicher Blick ergibt jedoch ein anderes Bild. Der Anfang der biblischen Schöpfungsgeschichte folgt dem Muster der „Wind-Nacht-Kosmogonien", in denen der Wind die Schöpfungspotenz schlechthin ist. Auf der Suche nach dem *ersten* (dem „primum principium") der Schöpfung stößt man ja notgedrungen auf das Problem des Ursprungs jenes ersten. Insbesondere die Kosmogonien und Theogonien, die das Entstehen von Göttern, Menschen und weiteren Formen des Seienden als Kette von Zeugungen darstellen (vom babylonischen „Enuma elisch" bis zu Hesiods „Theogonie" nebst vielen verwandten Modellen), stellt sich die Frage nach der Zeugung des ersten Paares. Es galt also, nach einer Größe zu suchen, die aus sich selbst heraus entstehen konnte. Ein besonders geeigneter Kandidat für diese Rolle ist der Wind. Man denke an die Kinderfrage: Wo ist der Wind, wenn er nicht weht? Anscheinend (heute würden wir sagen: scheinbar) entsteht der Wind aus sich selbst. Zudem kann er verschiedene Formen annehmen – vom lauen Lüftchen bis zum zerstörenden Sturm und vermag seinerseits anderes in Gang zu setzen, zu bewegen, zu beleben und zu vernichten. „Wind" ist eine Grundbedeutung von *ruach*. Und so gehört die *ruach* als Wind an den Anfang auch der biblischen Schöpfungsgeschichte.

Aber – das ist in der Aufnahme altorientalischer Mythen sogleich deren Korrektur in der Sicht von Gen 1 – es handelt sich nicht um den Wind als solchen, um die reine physikalische Größe „Wind", sondern um die *ruach elohim*, den Wind, den Sturm *Gottes*. Sie, die *ruach* (das Wort ist im Hebräischen überwiegend *feminin,* was bei manchen feministischen Theologinnen zur Rede von der „Heiligen Geistin" führte, ist im „Davor-Zustand" noch ziellos in Bewegung (flatternd/schwebend). Erst im Sprechen Gottes, mit dem in Vers 3 das eigentliche Schöpfungshandeln beginnt („Und es sprach Gott: Licht werde, und Licht wurde"), wird aus der schwebenden Luftbewegung ein gezielter Atem; die *ruach* wird zum Wort.

An der zweiten Stelle, an der in der Bibel das Wort *ruach* vorkommt, handelt es sich ebenfalls um den Wind, nämlich den „Wind des Tages", vermutlich den Abendwind, in dessen lauer Luft sich Gott im Paradiesgarten ergeht (Gen 3, 8). Eine erste Grundbedeutung von *ruach* scheint uns also in den Bereich der Meteorologie zu verweisen. Aber wir sollten nicht vorschnell nach Schubladen und Ordnungskategorien suchen, in die wir die *ruach*-Belege sogleich versorgen. Denn es wird sich zeigen, daß die verschiedenen Bedeutungsfelder nicht gegeneinander abgeschottet, sondern integrativ verbunden sind und das eben in dieser Integration der Beitrag des Alten Testaments zu unserem Tagungsthema bestehen kann. Halten wir also als eine Bedeutung von *ruach* fest: Wind, Atem, vielleicht allgemeiner noch und darin genauer: *bewegte Luft*.

Die *ruach* als Atem verbindet Gott und Mensch, Gott und Welt. In der Flutgeschichte will Gott alles vernichten, was Lebensatem (*ruach chajjim*) hat, und es ist Gottes Atem, der die Lebewesen belebt hat. Der Rhythmus des Lebens von Mensch und Tier – so steht es in Psalm 104 – folgt dem Rhythmus des Ein- und Ausatmens Gottes (ein fast mystischer Gedanke): „... Du nimmst weg deinen Atem, deine *ruach*, und sie vergehen. Du sendest deine *ruach*, deinen Atem, aus, und sie werden geschaffen" (Ps 104, 29f.).

Die Fähigkeit des Menschen, selbst zu atmen, zu leben, gründet im Atem Gottes. Zwischen Gottes *ruach* und der *ruach* des Menschen besteht ein Zusammenhang. *Ruach* ist danach etwas, das von außen (von Gott her) in belebte Wesen hineinkommt und ihnen so ihre *ruach*, ihren Atem, ihr Leben gibt. Ein eigener Mensch sein zu können heißt, das Entscheidende empfangen zu haben. Das Ich verdankt sich nicht sich selbst. Ein Bewußtsein zu haben könnte heißen, von diesem Empfangen-Haben zu wissen. Diesem Zusammenhang, der meines Erachtens unabweisbar ist, wenngleich er nicht unbedingt religiöser oder gar zwingend christlich-theologischer Deutung bedarf, möchte ich nun im Blick auf Beziehungen zwischen Gottes *ruach* und menschlicher *ruach* weiter nachgehen.

V.

Ja, so spricht der Hohe und Erhabene, der auf Dauer wohnt, und der Heilige ist sein Name: Hoch und heilig wohne ich und bei dem Zerschlagenen und dem, der schwach an ruach *ist.*

Dieser Satz steht in Jes 57, 15. Wer sind die, die *schfal ruach*, schwach an *ruach*, an Atem, an Luft sind und bei denen Gott ebenso ist, wie er seinen ewigen und heiligen Thron im Himmel hat? Es sind die, die man demütigt, bedrückt, denen man die Luft zum Atmen nimmt. In rabbinischen Texten ist das Gegenteil dieses Zustandes recht drastisch bezeichnet, nämlich mit einer naheliegenden weiteren Konnotation von Wind und Luft, einer, bei der ein anderes „Organ" als der Mund die bewegte Luft verursacht. Das Gegenteil dessen, der *schfal ruach*, schwach an Atem ist, ist der Behäbige und Satte, der, der, so heißt es, mächtig *furzen* kann.

Die, die *schfal ruach* sind, denen man die Luft zum Atmen nimmt und die dennoch atmen und leben sollen, – ich folge hier einer Beobachtung von *Klaus Wengst*, die mich überzeugt – sind eben die, die in den Seligpreisungen der Bergpredigt mit der schwer verständlichen Wendung „die geistlich Armen" bezeichnet sind. Die matthäische Wendung *ptochoi to pneumati* – die Armen im Geiste beziehungsweise Schwachen an Atem, wo Lukas an entsprechender Stelle nur von den Armen, das heißt den materiell Armen spricht, dürfte nämlich eine Wiedergabe des hebräischen *schfal ruach* aus Jes 57 sein. Die Matthäus zuweilen vorgeworfene Spiritualisierung der lukanischen Sozialkritik wäre also, wenn das Wort überhaupt zutreffend ist, eine, mit der Matthäus den ökonomischen, sozialen Aspekt nicht verdrängt, sondern auf seine Weise und im Blick auf seine Gemeinde konkretisiert.

Nicht nur die Wendung *schfal ruach* begegnet uns im Alten Testament in der Beschreibung von Schwachen, Gedemütigten, Verängstigten, sondern auch weitere Verbindungen mit *ruach*, zum Beispiel *tsar ruach* – eng im Atem – als Ausdruck der Angst (wenn einer, einem die Kehle eingeschnürt ist) oder *ruach mischbara*, wörtlich: zerbrochene *ruach*, in dem Sinne, in dem wir vom gebrochenen Herzen sprechen. Daß man wohl nur mit einem zerbrochenen Herzen ein heiles Herz haben kann, ist in der chassidischen Tradition explizit formuliert.

Man frage einst Rabbi Bunam: „Habt Ihr einen Zaddik gekannt, dessen Herz gebrochen und zerknirscht und zugleich heil und ganz war?" Rabbi Bunam antwortete: „Solch einen Zaddik habe ich gekannt. Das ist Rabbi Mosche Leib von Sasow gewesen." [M. Buber, Erzählungen der Chassidim, ¹⁰1987, 546]

Die Dialektik von ganzheitlichem und beschädigtem Leben und die vielleicht einzig als fragile und fraktale überhaupt mögliche Subjektivität läßt sich auch an anderen Menschen wahrnehmen. Ich denke an *Marcel Proust* und *Franz Kafka*, an *Else Lasker Schüler* und *Rosa Luxemburg*, an *Walter Benjamin* und *George Tabori*. Eben diese Dialektik der Notwendigkeit und gleichzeitigen Unmöglichkeit, *ich* zu sagen, aber scheint mir in der biblischen Sprache zumindest angelegt.

Ein weiterer Aspekt: In all diesen Sprachformen stoßen wir auf eine Integration von Gemüts- und Körpererfahrungen, einen Zug biblischer Sprache, der lange als altertümlich galt und zunehmend als überaus modern erscheint. Aufregend ist, daß diese Integration von psychischen und somatischen (und dazu den kognitiven) Aspekten nicht nur im Blick auf Menschen, sondern auch im Blick auf Gott sprachlichen Ausdruck findet. Gott hat, wenn man das so sagen kann, zwar keinen Körper, wohl aber eine Leiblichkeit.

Lebt in diesem Sinne jedes Lebewesen, das eine eigene *ruach* hat, von und in der *ruach* Gottes, so gibt es darüber hinaus in der Bibel eine besondere Kraft- und Bewußtseinsübertragung bei Menschen, die von der *ruach* Gottes ergriffen, gepackt werden. Max Weber spricht in diesem Zusammenhang von den „charismatischen Führern". Von Gottes *ruach* ergriffen werden vor allem die Richtergestalten wie Gideon (Ri 6, 34), Jefta (Ri 11, 29.32), Otniel (Ri 3, 10), vor allem aber Simson, in dessen Geschichte die *ruach* eine zentrale Bedeutung hat. Dabei kann die *ruach* wie eine besitzergreifende, dem von ihr Gepackten ihren Willen aufzwingende Macht auftreten. Sie „treibt ihn umher" (Ri 13, 25), „überfällt ihn" (14, 6.19; 15, 14), sie „zerreißt ihn" (14, 6). Der „Geist Gottes" ist hier keine milde Erleuchtung, sondern eine wilde, zerstörerische Macht, die einen Menschen befähigt, ungeahnte Kräfte zu entfalten (wie Simson), andere und auch sich selbst zu vernichten (wie derselbe Simson).

Von der *ruach* Gottes ergriffen, geraten Menschen außer sich; in Ekstase. Von der *ruach* an den Haaren gepackt fliegt Ezechiel vom babylonischen Exilsort nach Jerusalem, wie die Hexen mit dem Bilsenkraut oder Carlos Castañeda mit dem Meskalin, der Droge der Peyotefrucht. Die *ruach* wirkt in diesem Sinne bewußtseinserweiternd, wobei solche Erfahrungen allemal Grenz- und Krisenerfahrungen sind. Auch dieses Thema ließe sich weiter ausführen; jetzt möchte ich aber von einer alttestamentlichen Geschichte berichten, die – durchaus nicht ohne Komik – von der derangierenden Kraft der *ruach* erzählt.

Die Geschichte steht in 1 Sam 19, 20ff. Der König Saul will den ihm zum Konkurrenten gewordenen David in die Hand bekommen und schickt daher einen Greiftrupp aus, der David fangen soll. Die Soldaten begegnen auf dem Weg einer Prophetengruppe, die sich, von der *ruach* ergriffen, im Zustand ekstatischer Verzückung befindet. Die *ruach* wirkt ausgesprochen ansteckend und ergreift auch die ausgesandten Soldaten, so daß, wie der Text lapidar berichtet, auch sie in Verzückung geraten, was sie verständlicherweise außer Stand setzt, ihren Auftrag zu erfüllen. Einer zweiten ausgeschickten Truppe ergeht es nicht anders, auch sie gerät in Verzückung. Schließlich nimmt Saul die Sache selbst in die Hand – und auch er gerät in Verzückung.

Hier wirkt die *ruach* also ausgesprochen destabilisierend, sie entzieht Macht – und rettet das Leben Davids.

VI.

Halten wir einen Moment inne, um auf einer beschreibenden Ebene nach der „Leistung" solcher Rede von der *ruach* bezogen auf das Bewußtsein zu fragen. An allen genannten Stellen fungiert die *ruach* als eine Kraft, die Bewußtsein verändert, indem sie Menschen außer sich geraten läßt, nüchterner gesagt: sie etwas tun läßt, was sie unter „normalen" Umständen nicht können oder nicht wollen. Es geschieht mit und in ihnen (positiv oder negativ) etwas, dessen sie nicht Herr sind, etwas, das die Frage stellen läßt, was eigentlich das Ich ist.

Daß wir nicht Herr im eigenen Hause sind, ist also nicht erst die Folge der Erkenntnisse Freuds. Die Erfahrung, daß es – nicht nur in Ausnahmefällen – eines *etwas* bedarf, über das ich nicht verfüge und das mich dennoch und deshalb erst zum Ich macht, ist in der Bibel mit Gott verbunden. Sie ist – und das gehört zu den dramatischen Seiten der Rede von Gottes *ruach* – in den guten und in den bösen Seiten mit Gott verbunden. Auch das möchte ich an biblischen Geschichten und Sprachformen selbst erläutern.

Zuweilen ist von einer *ruach ra'a* die Rede, einem „bösen Geist". Einen solchen bösen Geist schickt Gott zwischen Abimelech und die Leute von Sichem (Ri 9, 22), so daß sie Abimelech untreu werden. Dramatischer noch geht es mit der *ruach* zu, von der Saul ergriffen wird. Zunächst wird Saul (ganz in der Tradition der Richter) von Gottes *ruach* erfaßt; sie macht ihn zum – nochmals mit Max Weber – „charismatischen Führer" und schließlich zum ersten König Israels. Auf Grund einer Reihe von Verfehlungen, zu denen Sauls Bestreben gehört, den Krieg zum Mittel der Politik und sich selbst zum Herrn des Sieges zu machen, wird Saul von Gott verworfen. Die biblische Überlieferung erzählt, wie Saul von Schwermut, in der Sprache der hebräischen Bibel von einem „bösen Geist" (*ruach ra'a*), erfaßt wird. Die Formulierung in 1 Sam 16, 14 ist sehr interessant; sie lautet:

Und die ruach *Adonajs (Gottes Geist) wich von Saul, und es ergriff ihn eine* ruach ra'a *(ein böser Geist), die von Adonaj (Gott) kam.*

Anders als in späteren Konzeptionen wird hier also nicht das Gute auf Gott, das Böse auf eine andere Macht (den Teufel, den Menschen selbst) zurückgeführt; vielmehr ist Gott als Herr aller Wirklichkeit auch mit deren dunklen Seiten verbunden. (Hier meldet sich das Theodizeeproblem", das ich an dieser Stelle nur nennen, aber nicht eigens thematisieren möchte.) In einer gewissen Nähe zu diesem Problem bleiben wir, wenn wir eine weitere alttestamentliche Erzählung für unser Thema in den Blick nehmen. Sie steht in 1 Kön 22 und handelt vom Propheten Micha ben Jimla, der gegen die Heilsbotschaft der vielen Propheten seine einsame Unheilsbotschaft kündet. Um erkennbar zu machen, wie hier von der *ruach*, genauer an dieser Stelle dem *ruach schäkär*, dem Lügengeist, die Rede ist, muß ich die Geschichte in Grundzügen nacherzählen.

Ahas, der König von Israel, will Joschafat, den König von Juda, bewegen, mit gemeinsamer Streitmacht die Stadt Ramot in Gilead den Aramäern wegzunehmen. Joschafat möchte, daß zuerst die Propheten befragt werden, ob der Erfolg garantiert sei. Vierhundert Propheten werden befragt, sie sagen den Sieg voraus. Darauf fragt Joschafat, ob das alle Propheten seien. Nein, erwidert Ahas, da gebe es noch einen, Micha ben Jimla, aber den wolle er nicht befragen, denn der sage ihm immer Böses voraus. Joschafat besteht darauf, daß auch er befragt wird, und Micha ben Jimla kündet ebenfalls den Sieg. Ahas ist mißtrauisch und ermahnt ihn, die Wahrheit zu sagen. Da hat Micha ben Jimla eine Vision. Er sieht Gott auf seinem Thron inmitten des himmlischen Heeres, wie er den „Lügengeist" (*ruach schäkär*) beauftragt, die vierhundert Propheten zu betören. Daraufhin kündet Micha Böses und wird am Ende Recht behalten.

Für unsere Frage ist diese Geschichte aufschlußreich. Sie fungiert als metatheoretische Begründung für die Möglichkeit falscher Prophetie. Sie künden Falsches, weil Gott ihnen ein falsches Bewußtsein gibt. Andererseits enthält die Erzählung aber auch ein gleichsam internes Kriterium für wahre und falsche Prophetie. Denn die falschen Propheten sind, die, die sagen, was ihre Auftraggeber hören *wollen*. Insofern sind auch hier innen und außen, das Ich und etwas, das es zu diesem Ich macht, integriert. Die falschen Propheten lügen, und Gott *läßt* sie lügen. Es geht um das durchaus aktuelle Problem des Redens und Denkens wider besseres Wissen. In der biblischen Sprache wird es mit dem altertümlichen, aber meines Erachtens hilfreichen Begriff „Verstockung" bezeichnet. Im 2. Mosebuch wird dieses Motiv an der Figur Pharaos geradezu durchdekliniert. Es heißt nebeneinander, *Pharao* habe sein Herz verstockt und *Gott* habe das Herz

Pharaos verstockt. Die Frage, was denn nun richtig sei, formuliert eben eine falsche Alternative.

VII.

Blicken wir abermals auf unseren Ausgangs- und Leittext aus dem Ezechielbuch. Der Prophet stellt *sich* auf seine Füße, weil die *ruach* ihn auf die Füße stellt. Und ebenso anders herum gelesen: Weil die *ruach* ihn auf die Füße stellt, kann er *sich* auf seine Füße stellen. Vor Gottes Erscheinung fällt Ezechiel auf den Boden; wenn Gott mit ihm redet, soll er aufrecht stehen. Der aufrechte Gang und die Verehrung Gottes sind keine Gegensätze – auch das lese ich in diesem Text. Von hier aus bietet sich ein kurzer Blick ins Neue Testament an. Da gibt es eine Reihe von Formulierungen, die dieses Motiv aufnehmen. In Markus 9 findet sich die Erzählung von der Heilung eines besessenen (möglicherweise epileptischen) Jungen.

Das Motiv der Besessenheit wäre – nebenbei – ebenso wie die Frage nach der *ruach* geeignet als biblischer Beitrag zur Frage nach dem Bewußtsein. Denn Besessenheit hängt mit Besetztheit, Besatzung zusammen. Besessen ist jemand, wenn eine andere Macht von seinem Bewußtsein Besitz ergriffen, ihn besetzt hat. In der Geschichte vom Gerasener, der vom Dämon „Legion" besessen ist (Markus 5; der Bezug zu den römischen Legionen als Besatzungstruppen ist unübersehbar), fällt ein scheinbar unklarer Sprachgebrauch auf. Es bleibt nämlich undeutlich, ob und wann der Besessene spricht und ob und wann der Dämon aus ihm. Eben das ist eine unspezifische Genauigkeit, denn gerade das macht ja den Zustand des Besessenen, Besetzten aus, daß sein Ich und das, was von ihm Besitz ergriffen hat, nicht unterscheidbar sind. Die Identifikation mit dem Aggressor hat das Ich des Menschen zerstört und ist an seine Stelle getreten. Unter diesem Blickwinkel könnten wir Besessenheit heute an überraschenden Stellen erkennen ...

Am Ende der Erzählung von der Heilung des besessenen Jungen steht in Mk 9, 27 der Satz:

Jesus aber ergriff ihn bei der Hand und richtete ihn auf, und er stand auf.

Ohne das Aufgerichtet-Werden kann der Geheilte nicht aufstehen. Aber das Aufgerichtet-Werden *ersetzt* das eigene Aufstehen nicht, sondern *er-*

möglicht es. Und erst mit dem eigenen Aufstehen ist die Heilungsgeschichte abgeschlossen. Dieselbe Abfolge finden wir bei der Auferweckung der Tochter des Jaïrus (Mt 9, 25), aber es gibt noch eine weitere Pointe. „Er/sie stand auf" – das heißt im griechischen Text an beiden Stellen: *anestä*. Dasselbe Wort findet sich auch im Blick auf Jesus selbst (1 Thess 4, 14) – da aber pflegt man nicht zu übersetzen, er sei auf*ge*standen, sondern er sei auf*er*standen. Ich halte diese im Deutschen üblich gewordene Unterscheidung zwischen dem Aufstehen und dem Auferstehen für problematisch. Denn in der Frage der Auferstehung findet sich eben die unspezifische Genauigkeit, die wir aus Ez 2 kennen. Es kann heißen, Jesus sei aufgestanden – und dieses Aufstehen ist von dem des geheilten Jungen oder des wiederbelebten Mädchens, aber auch von alltäglichem Aufstehen sprachlich nicht unterschieden. An anderen Stellen aber wird die Auferstehung Jesu anders ausgedrückt, nämlich passivisch: Er ist aufgeweckt worden (*ägerthä*). Auch hier die Beobachtung der konstitutiven Verbindung von Aktiv und Passiv, (transitivem) Tun und (intransitivem) Geschehen sowie (tolerativem) Geschehen-Lassen. Auch in diesem zentralen Punkt christlicher Theologie stoßen wir auf jene Unschärfe, die der säuberlichen Trennung von innen und außen, Aktiv und Passiv, ich und „mit mir"/"an mir" sich verweigert. Diese Unschärfe ist der Ausdruck größter Genauigkeit.

VIII.

Es gibt im Ezechielbuch einen längeren Abschnitt, der wie kein anderer die Integration der Aspekte der *ruach* demonstriert. Ich meine Ez 37, 1-15, die Zeichenhandlung des Propheten, in der er die toten Gebeine Israels wiederbelebt. Ich muß mich jetzt auf wenige Hinweise beschränken; das Kapitel bietet eine ungeheure Fülle von Aspekten.

Ezechiel wird von der *ruach* auf ein freies Feld geführt, das voller verdorrter Knochen ist. Mit Hilfe der *ruach* wird er diese Gebeine zu neuem Leben bringen. Dazu holt er die *ruach* von den vier Windrichtungen herbei – sie ist hier – wie in Gen 1 – der Wind. Die *ruach* wird dann in die toten Gebeine hineinblasen, um ihnen ihre *ruach*, ihren Lebensgeist, ihren Atem, ihr Leben zu verleihen. Und schließlich sagt Gott, er habe in die toten und nun wiederbelebten Gebeine seine *ruach* gegeben.

Nun könnte man an jeder Stelle gesondert fragen, welche der Bedeutungen von *ruach* jeweils am besten passe. Dann wird man die *ruach*, die den Propheten in jenes Feld führt, vielleicht mit „Vision" oder „geistiges Auge" wiederzugeben versuchen, die von den vier Himmelsrichtungen herbeigerufene *ruach* mit „Wind" verdeutlichen, die in die Leblosen hineingeblasene *ruach* vielleicht mit „Atem", die *ruach*, die nun in den wieder Lebenden ist, mit „Lebenskraft" und die *ruach*, die in alledem Gott als seine *ruach* geschickt hat, als „Geist". Aber eben diese Unterscheidung würde verfehlen, worum es in diesem Text geht, nämlich die integrative Verbindung von Gott, Mensch und (avant la lettre) „Natur", anders akzentuiert von Metereologie, Anthropologie und Theologie, oder – wieder anders – von Ästhetik, Physik, Psychologie, Medizin und Religion.

Ich möchte Ihnen eine Verdeutschung von Ez 37, 1-15 nun ohne weitere Kommentierung vorlesen; das Wort *ruach* lasse ich dabei ebenso unübersetzt wie den Gottesnamen Adonaj beziehungsweise hier majestätsbetonend Adonaj Elohim.

Es war über mir die Hand Adonajs, und er führte mich in der ruach *Adonajs hinaus und setzte mich nieder mitten in der Ebene, und die war voller Gebeine. Und er führte mich durch sie hindurch, ganz ringsherum, und siehe, da lagen sie, sehr, sehr viele auf der Fläche der Ebene, und siehe, sie waren sehr vertrocknet. Und er sprach zu mir: Menschenkind, können wieder zum Leben kommen diese Gebeine? Und ich sprach: Adonaj Elohim, du weißt es. Und er sprach zu mir: Prophezeie über diese Gebeine und sprich zu ihnen: Ihr vertrockneten Gebeine, hört das Wort Adonajs! So spricht Adonaj Elohim zu diesen Gebeinen: Siehe, ich bringe* ruach *in euch, und ihr werdet leben. Und ich gebe auf euch Sehnen und lasse Fleisch euch überziehen und spanne über euch Haut und gebe in euch* ruach, *und ihr werdet leben und wahrnehmen: Ja, ich bin Adonaj. Und ich prophezeite, wie ich geheißen ward, da entstand eine Stimme, als ich prophezeite, und siehe, ein Rauschen, und es rückten zusammen die Gebeine, eins zum anderen. Und ich sah hin, und siehe, auf ihnen waren Sehnen, und Fleisch wuchs, und Haut zog sich über sie oben darüber, aber es war noch keine* ruach *in ihnen. Und er sprach zu mir: Prophezeie über die* ruach, *prophezeie, Menschenkind, und sprich zur* ruach: *So spricht Adonaj Elohim: Von den vier* ruchot (Pl. von ruach) *komm,* ruach *und hauche in diese Getöteten, und sie werden leben. Und ich prophezeite, wie er mir befohlen hatte, da kam in sie die* ruach, *und sie lebten, und sie standen auf ihren Füßen, eine große, eine sehr große Macht. Und er sprach zu mir: Menschenkind, diese Gebeine, das ganze Haus Israel sind sie, siehe, sie sagen: Vertrocknet sind unsere Gebeine und zuschanden ist unsere Hoffnung, wir sind abgeschnitten. Darum prophezeie und sprich zu ihnen: So spricht Adonaj Elohim, siehe, ich öffne eure Gräber und führe euch aus euren Gräbern heraus als mein Volk und bringe euch ins Land Israel. Und ihr werdet erkennen. Ja, ich bin Adonaj, wenn ich eure Gräber öffne und wenn ich euch heraufführe aus den Gräbern als mein Volk. Und ich lege meine* ruach *in euch, und ihr werdet leben, und ich setze euch in euer Land, und ihr werdet erkennen: Ja, ich, Adonaj, habe geredet und ich tue es, Spruch Adonajs.*

IX.

Zum Abschluß noch einmal ein Blick auf unseren Ausgangstext aus Ez 2 und der Versuch, einen Aspekt noch einmal zuzuspitzen.

Und er sprach zu mir: Menschenkind, stell dich auf deine Füße, ich will mit dir reden. Da kam ruach *in mich, als er mit mir redete, und sie stellte mich auf meine Füße, und ich hörte, was er zu mir redete.*

Einen Aspekt dieser Verse habe ich bisher nicht betont. „Da kam *ruach* in mich, als er mit mir redete", heißt es. Ich sehe darin den Hinweis auf die Relation von *ruach*-Begabung und Kommunikation. In dem Maße, in dem Gott mit ihm sprach, kam *ruach* in ihn hinein und richtete ihn auf, und er stand auf (um Ez 2, 1f. mit den neutestamentlichen Formulierungen zu lesen).

Das Ich bedarf, um zum Ich werden zu können, nicht nur einer von außen kommenden Kraft, sondern auch der Kommunikation, der Beziehung. Allein auf sich selbst bezogen zu sein, eingekrümmt in sich selbst (incurvatus in seïpsum) – das ist Luthers „Definition" der Sünde.

Zu diskutieren ist an dieser Stelle die mit dem Bewußtsein als *Selbstbewußtsein* (im philosophischen und im [alltags]psychologischen Sinn) verbundene Frage nach Recht und Grenze der Autarkie. Sie ist (man denke an die große Perikleserede bei Thukydides) als *autarkia* (zusammen mit der *eleutheria*) ein Grundwert attischer politischer Anthropologie und sie ist

– durch die Aufklärung und ihre Konzepte hindurch erweitert, verschärft und modifiziert– auch gegenwärtig als Ziel menschenwürdigen Lebens nicht ohne Grund und ohne Recht hoch angesehen. In der historisch und wohl auch noch gegenwärtig durchaus problematischen Haltung der Kirchen im Verhältnis zu den Begriffen Autarkie, Autonomie und Freiheit wurde (und wird) nicht selten die Kritik an einem auf Rationalität (im philosophischen und im ökonomischen Sinne) verkürzten Leben zu einer Propagierung undemokratischer und unfreier Strukturen. Aber der Mißbrauch macht die Kritik selbst nicht falsch. Man muß ja nur fragen, was die Betonung von Autarkie und Autonomie bewirken kann im Urteil über Menschen, die nicht autonom und autark leben können.

Aber die Reduktion auf diesen Aspekt wäre meines Erachtens abermals eine Verkürzung. Es käme darauf an, die konstitutive Begrenztheit und Bedürftigkeit *jeden* menschlichen Lebens zu betonen. Es bedarf mehr als des Ich, um ein Ich werden und „ich" sagen zu können. Die Rede von der *ruach* in der Bibel ist dazu ein Beitrag. Die biblische Rede von der *ruach* ist – in allen ihren Aspekten – die Basis einer Pneumatologie, anders gesagt: Wenn und insofern *ruach* das Wort für den „Heiligen Geist" ist, so ist es das Wort in *allen* seinen Aspekten.

Zum Abschluß erzähle ich Ihnen deshalb eine chassidische Geschichte, in der das Wort *ruach* nicht vorkommt und die doch von dem handelt, über das ich gesprochen habe – vor allem von Autarkie und Autonomie. Ein chassidischer Frommer fragte einmal den Rabbi Bunam nach einer Schriftstelle, die er nicht verstehe. Es war der Fluch über die Paradiesschlange, die, weil sie die Menschen dazu verführte, Gott gleich sein zu wollen, fortan auf dem Boden kriechen und Erdstaub fressen soll, wie es in 1. Mose 3 zu lesen ist. Das sei doch keine Strafe, sagte der Mann, das sei doch eher ein Segen, denn wenn die Schlange Erdstaub fressen solle, dann sei sie doch das einzige Lebewesen, das immer genug zu essen habe. „Ja", erwiderte der Rabbi Bunam, „sie wird nie um etwas bitten müssen. Das ist ihre Strafe."

Erinnerung an Hiob
Dulder oder Rebell?*

Hiob und der Fall: Hiob

Heute nachmittag möchte ich den etwas abenteuerlichen Versuch unternehmen, über das Hiobbuch und seinen Helden beziehungsweise Anti-Helden im ganzen zu sprechen. Das Unternehmen kann natürlich nur gelingen (insofern möchte ich Anmaßung und Bescheidenheit verbinden), wenn dieser Blick auf das Ganze gleichwohl beschränkt bleibt auf einige Perspektiven. Vieles kann nur kurz angesprochen werden, manches ebenfalls Wichtige nicht einmal das. Aber die Frage nach der Gesamtperspektive auf das biblische Hiobbuch ist mir dennoch wichtig. Einmal wegen der (und gegen die) von vielen Exegeten vorgenommenen Aufspaltungen des Buches in unterschiedliche literarische Schichten und der damit nicht selten verbundenen Tendenz, die Rekonstruktion des *Entstehens* eines biblischen Textes mit seinem *Verstehen* zu verwechseln. Vor allem aber wegen zweier falscher Alternativen im Umgang mit Hiobbuch und Hiobgestalt. Von diesen Alternativen möchte ich jetzt in einem ersten Abschnitt sprechen, um sodann nichts anderes zu tun, als das Hiobbuch nachzuerzählen.

So sehr gerade Hiob dazu angetan ist, zu einem Modell, einem Typus, einem Paradigma zu werden – für das Leiden des Gerechten, für das geduldige Ertragen des Leids, für die Rebellion gegen Gott (für recht Ungleiches also) –, so sehr Hiob wie der Träger eines gleichsam überzeitlichen Geschicks erscheinen mag, und so sehr gerade diese Züge der Hiobgeschichte zu immer neuer Aufnahme und Gestaltung in Kunst, Literatur, Musik reizte und bis heute reizt, so sehr kommt es doch auch darauf an, Hiob zuerst in seiner Zeit und in den Problemen seiner Zeit beziehungsweise der Zeit, in der seine Geschichte aufgeschrieben wurde, aufzusuchen. Beides – das paradigmatische, über eine bestimmte Zeit Hinausreichende und das den

---

* *Vortrag an der Evangelischen Akademie Meissen am 28.10.1995*

Fragen einer bestimmten Zeit Zugehörende – hat im biblischen Buch Hiob Anhalt. Einerseits läßt es sich (wenigstens grob) datieren – und mit ihm seine Problemgeschichte. Es ist die Zeit nach dem babylonischen Exil, etwa des 4. Jahrhunderts vor Christus – eine Zeit, in der viele Lehrgebäude und Stimmigkeiten zerbrachen. In eine Krise geraten war vor allem der grundlegende Satz der israelitischen Weisheit, wonach sich die Taten eines Menschen im Ergehen dieses Menschen auswirken sollten. Die Hoffnung, daß das Geschick eines Menschen seinem Tun entsprechen möge (der also, der Gutes tut, die Folgen seiner guten Taten genieße, und der, der übel handelt, von den Folgen seiner bösen Taten eingeholt werde), hatte nicht mehr genug Anhalt an der Erfahrung. Weder die politischen Strukturen noch die gesellschaftlichen Verhältnisse zeitigten Stabilität. Die alten Eliten waren in eine Krise geraten und mit ihnen ihre Überzeugungen. Der Weltlauf war verstört.

Es sind also die Fragen und Krisen einer bestimmten Zeit, die in der Geschichte Hiobs zum Thema werden. Aber andererseits und gleichzeitig thematisiert das Hiobbuch diese Fragen und Krisen als Menschheitsproblem. Hiob erscheint ja nicht als ein Israelit der nachexilischen Zeit, der die Frage vor Gott bringt, warum Israel so machtlos geworden ist, wie Gott selbst in solcher Lage Gott sein kann, warum die Lehren der bewährten Weisheit nicht mehr gelten, warum Neureiche an die Stelle der alten Eliten getreten sind. All das steht im Hiobbuch und in Hiobs Fragen und Klagen zur Debatte, aber es wird zum Thema an einem scheinbar aus all diesen konkreten historischen, geistes- und religionsgeschichtlichen Situationen herausgehobenen Fall. Der große jüdische Lehrer Leo Baeck pflegte, wie mir sein Schüler Albert Friedlander erzählte, wenn er das Buch Ijjob auslegte, zu sagen, das Wichtigste in dem ganzen Buch sei sein erster Satz: „Einen Mann gab es im Lande Uz – Hiob war sein Name." Denn in diesen ersten Worten wird klar, daß Hiob Nichtisraelit ist; mit gewissen Recht könnte man ihn als „Weltbürger" bezeichnen. Sein Land Uz liegt irgendwo in Arabien, und seine Zeit ist die der Patriarchen. Hiob opfert wie Abraham, hat Herden wie Isaak, lebt bei den „Söhnen des Ostens" wie Jakob. Im Hiobbuch – so kommen beide Linien zusammen – sind die Fragen der eigenen Zeit in eine alte Geschichte gefaßt. Wenn wir heute in der Lektüre des Hiobbuches unsere Fragen finden und mit Hilfe der biblischen Geschichte zu formulieren lernen, dann wiederholen wir in bestimmter Hinsicht also das, was das Hiobbuch selbst tut: die eigene Zeit und ihre Fragen in der Form einer alten Geschichte darzustellen, zu formulieren, zu thematisieren.

Beim Hören und Lesen des Hiobbuches sollten wir stets die beiden Zeitebenen wahrzunehmen versuchen, die zeitgebundene und die die Zeiten übergreifende.

Es gibt dazu und daneben noch eine andere doppelte Lektüreebene: Das Hiobbuch und die Geschichte, die es erzählt, hat eine kognitive und eine existentielle Seite. Es geht um das „Hiob-Problem" und den „Fall Hiob", um Lehre und Leben.

Da ist auf der einen Seite die theologische Frage, die man (mit einem gewissen Anachronismus) als „Theodizeefrage" verstehen kann. In ihrer allgemeinsten Form lautet sie: Wie kann Gott das Leiden in der Welt zulassen, wie kann Gott zugleich ein guter und ein mächtiger Gott sein? Auf der anderen Seite wird diese Frage aber nicht abstrakt zur Debatte gestellt, sondern in der Geschichte eines Menschen thematisiert. An seiner besonderen, existentiellen Geschichte, am „Fall Hiob", stehen Grund und Sinn des Leidens und zugleich das Gott-Sein Gottes auf dem Prüfstand.

Beim Versuch, das Hiobbuch zu verstehen, kommt es darauf an, diese beiden Seiten wahrzunehmen und sie nicht auseinanderfallen zu lassen. Denn groß ist die Verführung, je eine der beiden Seiten zu überspielen. So kann man das Hiobbuch auf die Problemseite reduzieren, nach seinem Lehrgehalt, seinem Gottesbild etc. fragen. Dabei wird zu kurz kommen, daß es sich nicht um einen theoretischen Traktat handelt, sondern um den Ausdruck des Leidens eines Menschen, seine Klagen und Anklagen. Man kann aber auch umgekehrt die Problem-Ebene verfehlen, wenn man allein die existentielle Situation des Leidenden beachtet. Dann nämlich wird die Klage Hiobs nurmehr wahrgenommen als Ausdruck einer subjektiv empfundenen Not, und mit dem Verstehen der Lage, als deren Ausdruck man Hiobs Klagen und Anklagen empfindet, wird das Problem gleichsam ausgeblendet, das nicht nur für den Betroffenen selbst mit der Frage verbunden ist, wie es ein Geschick wie das Hiobs geben kann und wie es vereinbar ist mit dem Glauben an Gott.

Noch einmal zusammengefaßt: Es kommt darauf an, beim Versuch, das Hiobbuch zu verstehen, auf zweifache Weise falschen Alternativen zu entgehen. Die Entscheidung zwischen der historischen, geistes- und religionsgeschichtlichen Einordnung dieses biblischen Buches auf der einen und seiner Lektüre als zeitunabhängigen Menschheitsproblems auf der anderen Seite wäre die eine falsche Alternative. Und die Entscheidung zwischen dem „Hiobproblem" und dem „Fall Hiob" wäre die andere falsche Alternative.

Im Versuch, in dieser doppelten Hinsicht die je beiden Seiten wahrzunehmen, möchte ich nach diesen eher grundsätzlichen Eingangsbemerkungen die mir gestellte Aufgabe so einlösen, daß ich nichts anderes tun werde als – in der hier nötigen Kürze – das Hiobbuch nachzuerzählen.

Assekuranzethik

Einen Mann gab es im Lande Uz, Hiob war sein Name.
Dieser Mann war untadelig und aufrecht, gottesfürchtig und dem Bösen abhold.
So wurden ihm sieben Söhne und drei Töchter geboren.
Und sein Herdenbesitz belief sich auf 7.000 Stück Kleinvieh, 3.000 Dromedare, 500 Gespanne Rinder und 500 Eselinnen – und an Gesinde sehr viel: und so wurde dieser Mann groß gegenüber allen Söhnen des Ostens.

So beginnt das Hiobbuch. Hiob wird vorgestellt als ein Mensch, in dessen Leben sich erfüllt, was in Israel seit alters gehofft wird. Es geht ihm so gut, wie es seinem guten Tun entspricht. Hiob handelt gut, und es ergeht ihm gut. Dieses „und" aber wird zum Problem, zu dem Problem des ganzen Buches. Was ist das für ein „und", das das gute Tun und das gute Ergehen verbindet? Geht es ihm gut, weil er so fromm ist? Oder ist er fromm, weil es ihm so gut geht? Oder hat beides nichts miteinander zu tun? Es ist die Frage, die der Satan stellen wird. Die Frage wird auf den Prüfstand gestellt, indem Hiob selbst zum Gegenstand eines Experiments werden wird. Doch ich bin schon zu weit vorgeprescht, denn vor der „Wette" zwischen Gott und dem Satan, ob Hiob auch ohne Wohlergehen an Gott festhalten werde, kommt Hiobs Lebensführung in einem kennzeichnenden Detail in den Blick. Ich zitiere weiter:

Von Zeit zu Zeit veranstalteten seine Söhne ein Trinkgelage, jeweils im Hause dessen, der an diesem Tag an der Reihe war; dazu schickten sie nach ihren drei Schwestern und riefen sie, mit ihnen zu essen und zu trinken. Wenn dann die Tage des Trinkgelages herum waren, schickte Hiob nach ihnen und heiligte sie: er stand frühmorgens auf und ließ Brandopfer aufsteigen, für jeden eines. Denn Hiob sagte (sich): „Vielleicht haben meine Söhne gesündigt und Gott in ihrem Herzen ‚gesegnet' [vielleicht ein Euphemismus, gemeint ist: verflucht].*" In dieser Weise verhielt sich Hiob an all den Tagen.*

Hiob wird uns hier vorgestellt als ebenso großzügiger wie besorgter Vater. Er will den Kindern Freude und Luxus gönnen, sorgt sich aber zugleich, daß ihnen im Übermut eine Gotteslästerung unterlaufen könnte. Der nach antiker Auffassung dann unweigerlich auf sie zurückfallenden Schädigung beugt Hiob vor, indem er Opfer darbringt, um sie – vorsorglich – zu entsühnen. Die Bemerkung, so habe sich Hiob allezeit verhalten, sagt uns, daß wir es mit einem typischen, ihn charakterisierenden Zug zu tun haben. Wie kann man ihn beschreiben? Hiob will sich und die Seinen vor drohendem Unheil versichern. Er will die Stimmigkeit zwischen seinem Tun und seinem Ergehen sichern. Tatsächlich entspricht seine Praxis der Logik der Versicherung, mit gezieltem Anachronismus formuliert: der einer Risiko-Kapital-Versicherung. Ist der Schadensfall eingetreten, kompensieren die Opfer den Schaden; ist er nicht eingetreten, bringen die Opfer gleichsam ein religiöses Plus auf dem himmlischen Konto.

Das ist die ökonomische Seite der „Assekuranzethik" Hiobs. Sie hat aber auch eine psychologische Seite. Wie lebt einer, der sich vor allen Eventualitäten meint sichern zu müssen? Wie lebt Hiob mit dem permanenten Mißtrauen, der ständigen Angst, die Kinder könnten etwas falsch gemacht haben? Wie lebt einer, der gleichsam stellvertretend feiern läßt (daß er selbst sich solche Gelage gönnte, wird ja nicht gesagt) und der ebenso stellvertretend das Glück der Kinder herstellen und sichern will? Es könnte sein, daß dieser Hiob schon krank ist, bevor er zum Experiment zwischen Gott und Satan wird. Ob an dieser Überlegung etwas dran ist, ob der Hioberzähler mit dieser Anfangsbemerkung eine Spur gelegt hat, die noch eine Rolle spielen wird, wird sich beim Blick auf den Schluß des Buches zeigen.

Umsonst?

Im Hiobbuch folgt nun die Szene, die Hiobs Leiden in Gang setzt, jene – wie man eher im Blick auf Goethes Aufnahme der Szene im Faust als im Blick auf das Hiobbuch selbst sagt – Wette zwischen Gott und dem Satan:
Eines Tages geschah es, daß die Götterwesen kamen, vor Adonaj zu treten; da kam auch der Satan in ihre Mitte. Da sprach Adonaj zum Satan: „Woher kommst du?" Der Satan antwortete: „Vom Herumschweifen auf der Erde und vom Hin-und-Her-Wandern auf ihr." Da sprach Adonaj zum Satan: „Hast du acht gehabt auf meinen Knecht Hiob? Ja, so wie er ist keiner auf der Erde – ein Mann, so untadelig und aufrecht, so gottesfürchtig und dem Bösen abhold!" Da antwortete der Satan und sprach: „Ist denn Hiob umsonst gottesfürchtig? Bist du es nicht, der ihn umschirmt und sein Haus und alles rings um ihn? Das Tun seiner Hände hast du gesegnet, und sein Herdenbesitz hat sich auf dem Land ausgebreitet. Aber recke doch einmal deine Hand aus und rühre all das an, was er hat – ob er dir dann nicht ins Angesicht ‚segnen' wird?" Da sprach Adonaj zum Satan: „Da! Alles, was er hat, ist in deiner Hand. Nur nach seiner Person recke deine Hand nicht aus!" Da ging der Satan weg vom Angesicht Adonajs.

Allein zu dieser Szene ließe sich vieles ausführen. Die religionsgeschichtlichen Fragen (z.B. die nach den „Götterwesen" in Gottes „Hofstaat") könnten uns lange beschäftigen, vor allem die nach der Rolle des Satan. In aller Kürze nur dies: Hier ist der Satan noch nicht der spätere „Teufel", noch nicht der selbständig agierende Gegenspieler Gottes, nicht einmal der „Böse". Er gehört zu Gottes Hofstaat; seine Aufgabe ist es, sich auf der Erde umzusehen, Meldungen zu erstatten und den Dingen auf den Grund zu gehen. Man hat ihn als eine Art „Staatsanwalt" bezeichnet. Ihm obliegt es zu prüfen, nachzuprüfen, falschen Schein aufzudecken. Und deshalb stellt er die Frage, die die Leidensgeschichte Hiobs in Gang setzen wird, die Frage nach dem „und" zwischen Hiobs Frömmigkeit und Hiobs Wohlergehen. Hiob, so der Satan, ist nicht „umsonst" fromm. Das „umsonst" hat (im Deutschen wie im Hebräischen) einen mehrfachen Sinn und bedeutet „ohne Lohn", „ohne Sinn", „vergeblich". Alle drei Bedeutungen stehen hier zur Debatte. Gäbe es Hiobs Frömmigkeit ohne Lohn? Um das zu prüfen, müßte ihm alles genommen werden, was als Lohn für die Frömmigkeit in Frage kommt. Ist sie ohne Sinn? Was hieße das für den Glauben an Gott? Ist sie vergeblich? Was hieße das für das Leben Hiobs und aller anderen Frommen?

Gott geht ein auf den Argwohn des Satans. Er wird wenige Verse später sich selbst als den Urheber des Leidens Hiobs bezeichnen. Es wäre also keine Lösung, das Leiden Hiobs dem Werk des Satans und die spätere Gesundung Gott zuzuschreiben. Hier kämpfen nicht Gott und Satan um Hiobs Seele. Hier steht zur Debatte, wie Frömmigkeit und Wohlergehen zusammen gehören, ob sie zusammengehören. Der Satan argwöhnt, daß es sich um einen Tauschhandel zwischen Gott und Hiob handele: Frömmigkeit gegen Wohlergehen, Gottesfurcht gegen Wohlstand, „Moral gegen Fressen"...

Adonaj hat's gegeben

Nun geht alles rasant. Mit einem Mal ist Hiobs Wohlstand dahin. Die Herden geraubt, die Knechte erschlagen, die Kinder tot. Boten treten auf und melden in atemloser Folge („noch redete der ‚eine', war schon der nächste gekommen und sprach...") die Katastrophen. Die LeserInnen wissen, was Hiob nicht weiß. Für ihn bricht ohne jeden ersichtlichen Grund die Welt zusammen. Wie wird er reagieren?

Hiob sagt (1,21) die berühmten Worte (ich zitiere sie in der Fassung der älteren Luther-Bibeln):

Der HErr hat's gegeben, der HErr hat's genommen, der Name des HErrn sei gelobt!

Das ist Hiob, wie die meisten ihn kennen: Hiob, der Dulder, Hiob, der demütig hinnimmt, was Gott über ihn verhängt hat. Mit den Worten Hiobs hat seither mancher eigenes Leid kommentiert – und mehr noch das Leid anderer. Es fehlt aber auch nicht an Protest gegen dieses stumme Dulden. Im biblischen Hiobbuch selbst sind diese Worte Hiobs nicht die Quintessenz, geschweige denn „die Moral". Denn sie stehen nicht am Ende des Buches, sondern (fast) an seinem Anfang. Sie stehen im 1. Kapitel, und 41 weitere Kapitel folgen, in denen Hiobs Klagen und Anklagen gegen Gott zur Sprache kommen. Die berühmten Worte Hiobs sind der Auftakt zum

Streit mit Gott. Wie sind sie aber dann zu verstehen? Ich plädiere für eine andere als die übliche Betonung der Worte dieses Satzes. Liest man: „Der HErr hat's gegeben, der HErr hat's genommen...", dann überwiegt das Dulden, das Hinnehmen des Leids. Aber im Kontext ist eine andere Betonung richtiger: „Adonaj hat's gegeben, Adonaj hat's genommen...", das heißt Hiob sieht sich nicht einem blinden Schicksal ausgeliefert, dem er sich nur fügen, das er nur hinnehmen kann, sondern es gibt einen Herrn des Geschehens, und vor diesen Herrn, vor Gott, kann er in Klage und Anklage treten. So gelesen, kommt in Hiobs Worten zum Ausdruck, daß er sich nicht als Opfer unglücklicher Umstände und ihrer Verkettungen sieht, sondern als von Gott Getroffener. Und so ist diese Aussage nicht nur der Auftakt, sondern der Grund für die folgenden Reden, Klagen, Anklagen. Man kann über das Schicksal klagen, aber nicht gegen es; man kann von Unglück sprechen, aber nicht mit ihm. Daß Hiob bei all dem, was ihn getroffen hat, an Gott festhält, bedeutet nicht nur stummes Dulden. Es bedeutet auch, daß er einen Adressaten für seine Klagen weiß. Eines aber bleibt bei beiden Betonungen das gleiche: Hiob hält an Gott fest. Doch der Satan ist noch nicht überzeugt. Es kommt (ich muß jetzt abgekürzt berichten) zu einer zweiten „Himmelsszene". Wieder argumentiert der Satan ökonomisch. Noch, sagt er, ist Hiob ja nicht am eigenen Leib getroffen. Aber: „Haut für Haut" (ein Satz des alten Tauschhandels)! Aber auch: Geh ihm an die Haut, schlage ihn mit Krankheit, dann wird er von dir abfallen...

Wieder stimmt Gott zu, und Hiobs schreckliche Krankheit beginnt. Doch abermals hält Hiob an Gott fest, indem er ihn als den Herrn allen Geschehens (des Guten wie des Bösen) benennt. Das ist ebenso Ausdruck seiner Frömmigkeit wie Verschärfung des Problems. Denn nun ist es keine Lösung, nach dem Vorbild mancher christlicher Frömmigkeit zwischen dem lieben Gott und dem bösen Teufel die Wirklichkeit zu teilen. Die ganze Wirklichkeit steht zur Debatte und mit ihr ihr Herr, wenn er denn der Herr der ganzen Wirklichkeit ist.

Die Erstreckung der Zeit

Drei Freunde Hiobs kommen, um ihn in seinem schrecklichen Leid zu trösten. Hiob ist von einer bösen Hautkrankheit befallen, die ihn quält, ihn (auch das ist wichtig für das Verstehen) unrein macht und aus der Gemeinschaft der Menschen ausschließt. Hiobs Freunde (Elifas, Bildad und Zofar) kommen von weit her. Sie setzen sich zu dem Kranken und schweigen: sieben Tage und sieben Nächte.

Das ist die Stelle im Hiobbuch, bei der mir besonders deutlich wird, wie schwer es ist, darüber angemessen zu referieren. Man kann versuchen, einen theologischen, philosophischen, problemgeschichtlichen Extrakt des Hiobbuches zu formulieren. Man kann die langen Reden des Buches zusammenfassen, indem man die wesentlichen Argumentationsfiguren beschreibt. Man wird dann sehr viele Wiederholungen straffen. Bei all dem bleibt eine entscheidende Dimension der Geschichte Hiobs verstellt: die Erstreckung der Zeit. Da ist ja nicht die Abfolge: Exposition, Versuch, Argumentationsstrategien, Lösung, wie wenn ein philosophisches oder theologisches Problem formuliert, diskutiert, vielleicht gelöst würde. Sondern da ist ein Leben in seiner Zeit. Warum kann Hiob am Ende akzeptieren, was er zunächst und lange nicht akzeptieren kann? Warum haben die Freunde am Ende nicht recht, obwohl sie doch richtig sagen, daß Hiob, brächte er seine Sache nur vor Gott, am Ende wiederhergestellt und größer als zuvor sein werde?

Warum die vielen Wiederholungen in den Reden Hiobs und der Freunde, die den größten Teil des Buches ausmachen?

Eine Antwort auf all diese Fragen wäre: wegen der Zeit. Wie oft muß etwas gesagt werden, damit es am Ende nicht das letzte Wort hat? Stellen Sie sich einen Patienten vor, der der Therapeutin zum – ich weiß nicht wievielten Male – sagt, es gehe ihm schlecht, er habe Angst, und die Therapeutin erwiderte: „Das beliebten Sie bereits letzte Woche zu sagen, lassen Sie mal die Wiederholungen weg." Das wäre nicht nur lieblos, sondern falsch. Oder stellen Sie sich vor, man sage einem Trauernden mit der Gewißheit des Nichtbetroffenen, er werde in ein paar Jahren anders empfinden. Das wäre vermutlich ebenso richtig wie jetzt belanglos und deshalb gewiß nicht wahr.

Wenn man das Hiobbuch um seine Zeiterstreckung, seine Wiederholungen, seine Retardierungen und Stillstände bringt, wird man es verfehlen.

Warum das an dieser Stelle, wo wir doch noch gar nicht bei den Reden sind?

Hiobs Freunde sitzen bei ihm schweigend sieben Tage und sieben Nächte. Erst dann redet Hiob, und dann reden auch sie, versuchen ihre Antworten. Wir können die sieben Tage und sieben Nächte konstatieren. Verstehen kann sie nur, wer sieben Tage und sieben Nächte sitzt und schweigt.

Hiob sitzt auf einem Aschen-, einem Kehrichthaufen, die Freunde sind von weit hergekommen – und schweigen: sieben Tage und sieben Nächte.

Der Tagverflucher

Und dann öffnet Hiob den Mund und verflucht den Tag seiner Geburt. Mit dem 3. Kapitel beginnen die Reden des Buches. Hiobreden und Freundesreden wechseln einander ab; in drei Redegängen (wobei der dritte außer Form gerät) folgt auf je eine Hiob- eine Freundesrede. Die Reden sind poetisch formuliert, das heißt (und das ist wichtig für das Verstehen des Buches) sie sind literarische Reden, keine Wortprotokolle.

Man spricht in der Regel vom „Dialogteil" des Hiobbuches. Aber sind es Dialoge? In weiten Teilen und mit dem Fortgang immer stärker hat man den Eindruck, als redeten die Dialogpartner aneinander vorbei. Man hat deshalb auch von „Monologen" gesprochen. Aber bei genauerem Hinsehen zeigt sich, daß es sehr wohl Anknüpfungen und Frage-Antwort-Relationen gibt. Dennoch verstehen Hiob und die Freunde einander nicht. Es sind keine Dialoge und keine Monologe, sondern gescheiterte Dialoge. Woran scheitern sie? Nicht so sehr an der verschiedenen Lehre, der unterschiedlichen „Theologie", die Hiob und die Freunde vertreten, sondern an der unterschiedlichen Lage. Ich will versuchen, wenigstens einen Eindruck von diesen Reden zu geben.

Hiob (so beginnt Kap. 3) verflucht den Tag seiner Geburt. Er will, daß dieser Tag samt der Nacht seiner Zeugung und Empfängnis aus der Zeit ausgetilgt werde. Um die Bedeutung dieses Fluches zu verstehen, darf man ihn nicht nur als Ausdruck einer verzweifelten Stimmung wahrnehmen. Der Fluch ist in biblischer Zeit ein wirkungsmächtiges Wort. Tatsächlich fordert Hiob, jener Tag solle real ausgelöscht sein aus der Folge der Zeit. Denn der Tag, an dem begann, was jetzt so ist, ist Trug. Gott hat die Welt und die Zeit gleichsam dem Chaos abgetrotzt. Aber im Zerbrechen jeder Stimmigkeit, jedes Zusammenhangs zwischen dem Tun und dem Ergehen eines Menschen, wie es in Hiobs Geschick manifest wird, zeigt sich der Sieg des Chaos. Und so soll dieser Tag an die Finsternis zurückgegeben werden.

Was ist das für ein Gott, der die Menschen erschafft, um sie dann so zu behandeln? Was ist das für ein Trug und Betrug an Hoffnungen und Erwartungen? Warum läßt Gott Menschen leben, wenn das ihr Leben ist?

Es geht nicht nur um Hiobs persönliches Ergehen in dieser Rede, die den Redenteil des Buches einleitet. Es geht um das Ganze der Welt, des Kosmos. Kosmos oder Chaos? – das ist die Frage. Ich lese Ihnen das dritte Kapitel in einer Übersetzung vor, die ich für einen Hiobkommentar angefertigt habe und aus der ich auch sonst zitiere:

Danach öffnete Hiob seinen Mund und verfluchte seinen Tag.
Und Hiob hub an und sprach:
„Es verschwinde der Tag, an dem ich geboren wurde,
und die Nacht, die sprach: Ein Mann wurde empfangen!
Dieser Tag werde Finsternis,
nicht forsche Gott nach ihm von oben!
Kein helles Licht strahle über ihm auf!
Finsternis fordere ihn ein und Schattendunkel,
es lasse sich nieder auf ihm Gewölk!
Es sollen ihn schrecken die Tagesverdüsterungen!
Diese Nacht – Dunkel nehme sie weg,
sie reihe sich nicht ein in die Tage des Jahres!
Zur Zahl der Monate komme sie nicht hinzu!
Diese Nacht da – sie versteinere!
Kein Freudenlaut komme in ihr auf!
Verwünschen sollen sie die Tagverflucher,
die bereit sind, den Leviathan zu reizen.
Es sollen finster werden die Sterne ihrer Dämmerung,
sie hoffe auf Licht – doch nichts!
Nicht soll sie sehen die Wimpern des Morgenrots!
Denn sie hat die Türen des Leibs meiner Mutter nicht verschlossen
und die Mühsal nicht verborgen vor meinen Augen.
Warum starb ich nicht vom Mutterschoß weg,
warum kam ich nicht aus dem Mutterleib und verschied?

Weshalb sind mir Knie entgegengekommen,
und was sollten mir Brüste, daß ich saugte?
Ja, dann läge ich jetzt da und wäre still,
könnte schlafen und hätte jetzt meine Ruhe
mit Königen und Ratsherren des Landes,
die sich Trümmer erbauten,
oder mit Beamten, die Gold hatten,
die ihre Häuser mit Silber füllten!
Oder wie eine verscharrte Fehlgeburt existiere ich nicht,
wie Kinder, die das Licht gar nicht sahen.
Dort haben die Frevler mit ihrem Wüten aufgehört;
dort ruhen die, deren Kraft erschöpft ist.
Allesamt ruhen da die Gefangenen aus
und hören nicht mehr die Stimme ihres Treibers.
Klein und groß, da sind sie eins,
und der Knecht ist ein Freier gegenüber seinem Herrn.
Warum gibt er Licht den Mühseligen
und Leben denen, deren Kehle voller Bitterkeit ist,
die auf den Tod warten, und er kommt nicht,
die nach ihm graben mehr als nach Schätzen,
die sich freuten, wäre der Stein über sie gewälzt,
die froh wären, wenn sie ein Grab fänden?
(Warum) dem Mann, dessen Weg verborgen ist,
den Gott eingeengt hat?
Ja, vor meinem Brot kommt mein Stöhnen,
und meine Schreie ergießen sich wie Wasser.
Ja, was mich schrecklich schreckte, das traf mich wirklich,
und wovor mir grauste, das kam über mich.
Ich finde keine Rast und keine Stille,
ich kann keine Ruhe finden – es kommt das Wüten."

Suche nach Konsistenz

Elifas, der erste der Freunde, antwortet. Hätte er geschwiegen, mag man denken, so wäre er – kein Philosoph, aber ein Freund geblieben. Aber, so sehr uns – vollends am Ende der Reden angekommen – das Schweigen der Freunde so viel angemessener erscheinen möchte als ihr Reden – kann man denn weiter schweigen, wenn der Betroffene Antwort fordert? Elifas versucht zu trösten. Er verweist Hiob auf – Hiob. Sei denn nicht er es gewesen, der früher andere getröstet und gestärkt habe? Und wolle er sich nicht erinnern an die gemeinsame Erfahrung: Aufrechte kommen nicht um. Am Ende werde sich alles zum Guten wenden, denn Hiob werde, wo er doch schuldlos sei, von Gott Wiederherstellung erfahren. Er solle sich nur an Gott wenden.

Das etwa ist der Kern der mit Bildern und spirituellen Erfahrungen gefüllten ersten Freundesrede. Wie ist sie zu beurteilen? Immerhin – Elifas wird recht behalten. Am Ende wird Hiob sich an Gott wenden, von Gott Antwort und Lösung erhalten und wiederhergestellt sein. Und dennoch ist, was in diesem Sinne richtig ist, nicht wahr. Es gibt eine unscheinbare Wendung in der Rede des Freundes, die das Problem deutlich werden läßt. „Ich an deiner Stelle würde mich an Gott wenden", sagt er (5, 8).

Wäre ich an deiner Stelle..., das ist gut gemeint, aber es bleibt der Rat eines, der nicht an dieser Stelle ist. Gleich in der ersten Freundesrede zeigt sich das Problem jedes Trostes, jedes Rates eines Nichtbetroffenen.

Hiobs Freunde scheitern nicht an bösem Willen, nicht daran, daß sie nicht bereit wären, sich auf Hiob und sein Geschick einzulassen. Sie scheitern an ihrer Lage, die nicht Hiobs Lage ist. Sie mögen sich betroffen fühlen, aber sie sind nicht die Getroffenen.

Das Problem ist kaum zu lösen. Neuere Beratungs-, Therapie- und Seelsorgegesprächsformen ziehen aus der Unmöglichkeit des „Ich an deiner Stelle..." Konsequenzen. Aber reicht es aus, zum Beispiel im Falle Hiobs, die Worte des Leidenden nur zu spiegeln? Sollte Elifas etwa sagen: Ich spüre, was du sagen willst. Dir geht es sehr schlecht, höre ich aus deinen Worten heraus?

Und selbst wenn es gelänge, die Worte des Leidenden angemessen wahrzunehmen und nicht aus eigener Sicht zu beurteilen, zu werten, zu klassifizieren, bleibt nicht die andere Seite neben dem „Fall Hiob", nämlich das „Hiobproblem"? Bleibt nicht auch für den Nichtbetroffenen die Frage, wie sich Hiobs Geschick mit dem Glauben an einen zugleich guten wie mächtigen Gott vereinbaren läßt? Wer sieht, daß er nicht der Getroffene ist, ist damit nicht vom Problem befreit, das sich mit der bloßen Existenz eines Hiobs (und der vielen vor und nach ihm) verbindet.

Und noch etwas: Wenn es nur den Selbstbetroffenen möglich wäre, Antworten zu finden, dann müßten alle Lehrerinnen und Pfarrer, Therapeuten und Humanwissenschaftlerinnen ihren Beruf aufgeben. Die, die meinen, Hiobs Freunde hätten besser weiter geschwiegen, drücken sich um das Problem, und die, die ihre Reden als platte Dogmatik abqualifizieren, tun es auch. Ich bin nicht in Hiobs Lage. Meine Rolle in diesem Fall könnte allenfalls (allenfalls!) die eines Freundes sein. Ich möchte sie dann wahrnehmen, freilich im Bewußtsein der Grenzen.

Vielleicht ist es einzig das, was Hiobs Freunden vorgeworfen werden kann, daß sie diese Grenze, die notwendigen Grenzen jedes Redens von Nichtbetroffenen nicht wahrnehmen, ja immer mehr überschreiten.

So machen sie sich anheischig, Hiobs Fragen zu beantworten – mehr noch, und das ist das Entscheidende: sie anstelle Gottes, für Gott, im Interesse Gottes zu beantworten. Sie halten an der Stimmigkeit fest, die Hiob zerbrochen ist. Ihre Logik ist, daß nicht sein kann, was nicht sein darf.

Dabei zeigt sich in der Abfolge der Reden eine Verschärfung. Im ersten Redegang argumentieren sie etwa so: Hiob ergeht es schlecht, obwohl er gut handelt. Es gibt die verbürgte Erfahrung, daß es, aufs ganze gesehen, den Guten gut und den Bösen schlecht ergeht. Also kann es sich nur um eine vorübergehende, anscheinende und zuletzt nur scheinbare Störung handeln. Hiob solle sich an Gott wenden, und der werde ihn wiederherstellen.

Typisch für diese ersten Freundesreden sind Idealbiographien des Bewährten und des Frevlers. Hiobs Leben wird dann, in einer dritten Biographie, wenn er doch ein Bewährter ist, mit dem Geschick des Bewährten verbunden. Im zweiten Redegang finden sich ebenfalls solche Idealbiographien; es fehlen aber Ausblicke auf Hiobs Geschick. Denn – das ist die Logik hinter der literarischen Form – Hiob, wenn es ihm so böse ergeht, ist ein Frevler. Hier ist die alte Hoffnung, einem Menschen möge es so ergehen, wie es seinem Tun entspricht, in eine Doktrin umgeschlagen: Es ergeht Hiob schlecht, also hat er böse gehandelt.

Im dritten Redegang verändert sich die Argumentation abermals. Nachdem nun – in den Augen der Freunde – Hiob als Sünder überführt ist, bleibt ihm die Möglichkeit von Reue und Buße. Auch dann ist ihm Gottes Verzeihen und die endliche Wiederherstellung in Aussicht zu stellen. So enden die Freundesreden auf den ersten Blick versöhnlicher als sie in der Mitte klingen. Aber eben nur auf den ersten Blick. Denn Voraussetzung für die Milde ist, daß Hiob als Sünder überführt ist, wohlgemerkt: als so grosser Sünder, daß sein böses Geschick dem voll entspricht.

Was Hiob erlebt, nämlich daß an seinem Geschick jede Stimmigkeit zerbricht, erkennen sie nicht an, weil sie es nicht erkennen, nicht wahrzunehmen bereit sind. Denn wenn stimmte, daß Hiobs Leiden das Leiden eines Unschuldigen ist, dann stimmte sonst nichts mehr. Weil sie das befürchten, weil sie weniger an Gott als an einem Gottesbild festhalten und sich festhalten, wird ihnen der Freund zum Feind und sie ihm.

Lehre contra Realität

Hiob nennt das, was die Freunde tun: Trug für Gott vorbringen (13, 7). Für ihn nämlich ergibt sich aus seinem Erleben bei gleichzeitiger Anerkennung der Lehre vom Zusammenhang zwischen dem Tun und dem Ergehen etwas ganz anderes: Wenn Gott die Aufgabe hat, jene Stimmigkeit zu garantieren und es ausweislich des Geschicks Hiobs nicht tut, dann ist Gott der Schuldige. Und Hiob wagt es, den ungeheuerlichen Gedanken auszusprechen oder doch nahe zu legen: Gott selbst ist ein Frevler, ein Verbrecher. Ich lese Ihnen einen Abschnitt aus Kap. 9 vor:

Schau, er rafft hinweg, wer kann es abwenden,
wer kann zu ihm sagen: Was tust du da?
Gott nimmt sein Wutschnauben nicht zurück,
unter ihn beugen sich die Helfer Rahabs.
Doch wie könnte ich ihm entgegnen,
meine Worte gegen ihn wählen,
der ich ihm, wenn ich auch im Recht wäre, nicht entgegnen könnte,
um mein Recht müßte ich um Gnade flehen.
Wenn ich rufe und er mir antwortete –
ich kann mich nicht daran festmachen, daß er meine Stimme hört –,
er, der mit einem Unwetter nach mir schnappt,
der meine Wunden umsonst mehrt.

Nicht läßt er mir Zeit zum Atemholen,
er sättigt mich mit Bitternissen.
Wenn es um die Kraft des Stärkeren geht – er hat sie,
aber wenn es ums Recht geht – wer lüde mich vor?
Doch wenn ich auch im Recht bin, mein Mund spräche mich
doch schuldig,
untadelig bin ich, er duckt mich.
Untadelig bin ich, nicht frage ich nach meiner
Lebenskraft,
ich verachte mein Leben.
Es ist doch alles eins! Deshalb sage ich:
Untadelig oder Frevler – er macht ein Ende.
Wenn die Geißel plötzlich den Tod bringt,
verhöhnt er noch die Verzweiflung der Unschuldigen.
Die Erde ist in die Hand eines Frevlers gegeben
– das Gesicht ihrer Richter verhüllt er –,
und wenn nicht er – wer dann!?

Wenn nicht er, wer dann? Wieder zeigt sich, daß und wie Hiob an Gott festhält. Er klagt, er klagt ihn an, aber er läßt keine andere Instanz zu. Immer mehr wendet sich Hiob von den Freunden weg und Gott zu. Einzig von ihm erwartet er Antwort und Lösung. Diese Wendung erfolgt nicht mit einem Mal; wie auch sonst gibt es Wiederholungen, Rückschritte, Neuanläufe. Aber der Dialog mit den Freunden kommt an sein Ende, der letzte Redegang verliert (literarischer Ausdruck des Inhalts) die Form, die Reden werden disproportional, eine dritte Zofarrede fehlt ganz. Zudem werden die Worte zunehmend ununterscheidbar. Hiob sagt, was die Freunde sagten, sagen könnten und umgekehrt. So ist das Ende dieser Rede- und Lösungsebene ausgedrückt. Und nur Gott bleibt als Adressat Hiobs. Während die Freunde nur Rechtgläubiges über Gott gesagt hatten, sagt Hiob Ungeheuerliches, wir würden heute sagen: Ketzerisches und Blasphemisches zu Gott. Und in dieser Differenz bekommt Hiob Recht. Das ist eine ungeheure Pointe des Hiobbuches. Am Ende heißt es, Hiob habe von Gott recht geredet, die Freunde aber nicht. Noch die ungeheuerlichsten Anklagen *gegen* Gott kommen (um es salopp zu sagen:) besser weg als jedes noch so korrekte Reden *über* Gott. Was den Freunden zum Vorwurf gereicht, ist, daß sie um der Doktrin willen die Realität nicht sehen wollten, daß sie, um ihr Gottesbild aufrecht zu erhalten, Gott zum Gegenstand ihrer Theologie gemacht haben. Die authentische Klage, ja Anklage Hiobs behält dagegen recht.

Das heißt aber nicht, daß Hiob in der Sache Recht bekommt. Denn es gibt ja (wie wiederum betont sei) nicht nur die Frage der Authentizität, der Ehrlichkeit im Aussprechen der Empfindungen und Erfahrungen. Es gibt auch die Seite der Lehre, des Problems. Authentische Ehrlichkeit macht eine Fehleinschätzung nicht zur richtigen. So wird auch Hiob ins Unrecht gesetzt, und zwar von Gott selbst. (Ich überschlage nun wichtige Teile des Buches, die Reden eines vierten Freundes, Elihu, vor allem, obwohl auch sie große Aufmerksamkeit verdienen, um zum letzten Redeteil zu kommen, den Gottesreden.)

Die Antwort

Gott antwortet dem Hiob. Er antwortet in einer Rede aus dem Wetter, in einer Gotteserscheinung also, und er antwortet in vielen Bildern. Von Tieren redet Gott, solchen, die der außermenschlichen Welt angehören, den Menschen und ihren Lebensbedürfnissen widrig sind und die doch in ihrer Art leben dürfen. Und in einer weiteren Rede spricht Gott von zwei anderen Tieren, dem Leviathan und dem Behemoth, mythischen Ungeheuern, die allein von Gott gebändigt werden können. Mit keinem Wort ist in diesen Gottesreden von Hiobs Krankheit die Rede, auch nicht von der „Wette" oder davon, daß Gott Hiob habe prüfen wollen. Deshalb haben viele Ausleger die Gottesreden gar nicht als eine Antwort auf Hiobs Fragen verstehen können oder wollen. Gott donnere Hiob bloß nieder, mache ihn klein, zitiere aus dem großen Biologiebuch, statt Hiobs Leiden wahrzunehmen.

Achtet man jedoch auf Hiobs Reden genau, so erkennt man, daß Gott sehr wohl und konkret auf die Fragen antwortet. Hiob hatte ja nicht nur und nicht einmal vor allem gefragt, warum es ihm so schlimm ergehe. Er hatte vielmehr (von Kap. 3 an) gefragt, wie die Welt beschaffen sei, in der so etwas möglich sei, und wie es um den Herrn dieser Welt stehe. Die Welt als ganze ist Chaos, hatte Hiob behauptet, und Gott herrscht – wenn er denn herrscht – als ihr verbrecherischer Herr. Auf diesen doppelten Vorwurf antwortet Gott in zwei Reden. In der ersten setzt er sich (freilich nicht in einer argumentierenden Disputation, sondern in einer Fülle von mythisch-realen Bildern) mit dem Vorwurf auseinander, die Welt sei chaotisch. Von einer Reihe von Tieren ist die Rede, die den Menschen widrig sind. Da sind zum Beispiel die Wildesel, die die Saaten zertrampeln, da sind die Löwen, die Menschenleben bedrohen, die Steinböcke und Geier, die die außermenschliche Welt repräsentieren. Um sie alle weiß Gott, und er sorgt für sie. Gott ist der Schöpfer einer bunten Welt, in der keineswegs nur die Lebensbedürfnisse von Menschen zählen. Von der Schöpfung ist im Hiobbuch ganz anders die Rede als etwa in der Schöpfungsgeschichte von 1. Mose 1. Es gibt, so zeigt diese Gottesrede, Elemente in der Welt, die sich den Interessen des Menschen und vor allem dem Zugriff seiner Rationalität entziehen. Es gibt Widersprüchliches in der Welt, aber deshalb ist sie nicht als ganze chaotisch. Nicht am Kriterium des Menschen und seinen Bedürfnissen, geschweige denn an Hiobs Ergehen entscheidet sich der Zustand der Schöpfung.

Was heißt das für Hiob? Darin, daß er wahrnimmt, was ist, und nicht um einer Doktrin willen die Realität preisgibt, bekommt er Recht, Recht vor allem gegen die Freunde. Darin aber, daß er den Zustand der Welt und die Güte ihres Herrn allein an seinem Ergehen bemessen will, bekommt er Unrecht. Hiobs Klagen und Anklagen werden ins Recht gesetzt, Hiobs gewaltiger „Ego-Trip" wird ins Unrecht gesetzt.

Hiob antwortet auf diese Gottesrede. Er erkennt, daß er zu klein ist, es mit diesem Gott aufzunehmen. Er erkennt seine Unterlegenheit an, aber er erkennt noch nicht an, daß er im Irrtum ist, was den Vorwurf angeht, Gott sei, wenn er denn nicht die Stimmigkeit in der Welt garantiere, ein Frevler. Deshalb folgt eine zweite Gottesrede. In ihr ist von anderen Tieren die Rede: vom Leviathan und vom Behemoth. Sie sind Chaostiere, mythisch-reale Ungeheuer. Um ihre „Rolle" einschätzen zu können, bedarf es eines kleinen Seitenblicks auf die ägyptische Mythologie, die hier und an anderen Stellen des Hiobbuches im Hintergrund steht.

Der Leviathan ist ein mythisch-reales Krokodil, der Behemoth in derselben Weise ein Nilpferd. In der rituellen Jagd auf Krokodil und Nilpferd stellt der ägyptische Pharao die Weltordnung wieder her. In der ägyptischen Spätzeit wird die Bewältigung dieser chaosvernichtenden und schöpfungstabilisierenden Aufgabe nur mehr dem Gott Horus zugetraut. Er allein ist es, der Nilpferd und Krokodil, der das Chaos „im Griff hat". In diese „Rolle" des Horus (religionsgeschichtlich gesprochen) tritt im Hiobbuch Gott ein. Nur er, so führt er in der zweiten Rede aus, vermag die Welt davor zu schützen, ins Chaos zu versinken, nur er ist der Kraft der Monstren, des Leviathan und des Behemoth, gewachsen. Gott garantiert nicht die „heile Welt", aber er und nur er ist es, der sie davor bewahrt, dem Chaos zu verfallen. Er ist kein „Frevler", sondern er und nur er ist es, der verhindert, daß die Welt den bösen Mächten anheimfällt.

Nun antwortet Hiob abermals; nun widerruft er, das heißt, er erkennt, daß er im Unrecht war. Nicht an ihm bemißt sich die Schöpfung, nicht an ihm ist Gott zu messen. Die bunte Welt Gottes ist nicht die heile Welt, nicht am Menschen und nicht an Hiob entscheidet sich die Frage: Chaos oder Schöpfung. Es gibt Widriges und Feindliches in der Welt. Daß es nicht herrscht, dafür kann allein Gott sorgen.

Hiobs Leiden ist damit weder erklärt noch gerechtfertigt. Es hat keinen Zweck und keinen Sinn. Nicht daß das Leiden einen Zweck oder Sinn bekommen soll, kann gehofft werden, sondern einzig, daß es ein Ende habe. Aber der Zustand der Welt bemißt sich nicht daran, ob Hiob – ob ich, eine heile Haut habe.

Das *„Hiobproblem"* bleibt ungelöst. Hiobs Fragen müssen gestellt werden, solange Menschen leiden wie Hiob. Die Frage nach dem „warum" muß aber nicht ins Leere gehen. Sie kann an Gott gestellt, in Klage und Anklage vor Gott gebracht werden. Die Frage lautet dann: Wie lange noch, Herr?!

Der *„Fall Hiob"* wird gelöst. Am Ende des Buches wird von Hiobs Wiederherstellung erzählt. Die Erzählung vom Ende des „Falles Hiob" bedeutet nicht die „theologische" Lösung des „Hiobproblems". Dennoch kann davon erzählt werden, daß dieses Leiden ein Ende hatte, und darauf gehofft werden, daß *jedes* Leiden ein Ende habe. Nicht mehr und nicht weniger. Das ist manchen zu wenig. Aber es ist mehr als die Konstruktion von Stimmigkeit, bei der die Realität ausgeblendet wird, mehr als jeder „Trug für Gott".

Ohne „um – zu"

Mit dem erzählenden Schluß des Hiobbuches schließt sich der Rahmen. Das Ende ist parallel zum Anfang gestaltet – aber nicht ganz parallel. Um zu erkennen, was sich für Hiob geändert hat, sind die kleinen Unterschiede zu beachten. Ich zitiere den Schluß:

Und Adonaj segnete Hiobs zukünftiges Leben mehr als das frühere: Er bekam 14.000 Schafe, 6.000 Kamele, tausend Joch Rinder und tausend Eselinnen.

Und er bekam sieben Söhne und drei Töchter.

Er nannte sie mit Namen: die eine Jemima, die zweite Kezia, die dritte Keren-Happuch.

Und man fand im ganzen Land keine schöneren Frauen als die Töchter Hiobs; und ihr Vater gab ihnen Erbbesitz genau wie ihren Brüdern.

Und Hiob lebte danach noch 140 Jahre; und er sah seine Söhne und die Söhne seiner Söhne über vier Generationen.

Und Hiob starb alt und lebenssatt.

Hiob bekommt alles doppelt – das fällt zuerst auf. Aber mindestens ebenso wichtig ist die kleine Differenz; mit der nun gegenüber dem Anfang die Töchter in den Blick kommen. Am Anfang ist Hiob rastlos, fast manisch bemüht, das Wohlergehen seiner Söhne zu sichern. Am Ende sieht er die Schönheit seiner Töchter. In gewisser Weise zeigt sich Hiobs Gesundung nicht nur an seiner wieder heil gewordenen Haut, sondern auch darin, daß er auf das Sichern und Herstellen von Stimmigkeit verzichten kann. Nun kann er seine Kinder frei geben, sie ihr Leben führen lassen. Er ist befreit von der Herrschaft der Zwecke. Er lebt ohne „um zu". Das ist das Entscheidende. Jetzt erst kann Hiob leben, und weil er gelebt hat, kann er auch sterben – alt und lebenssatt, nicht weil er das Leben satt hat, sondern von Leben gesättigt ist. Das ist kein Leben ohne Narben, ohne Leid. Aber es ist Leben.

So endet der *„Fall Hiob"*. Er endet nicht „happy", aber voller Leben und Schönheit. Das *„Hiobproblem"* aber bleibt offen, solange Menschen leiden wie Hiob. Und so lange müssen Hiobs Klagen wiederholt, wieder geholt werden. Nicht zuletzt als ständige Anklage gegen jeden „Trug für

Gott"; das heißt nicht zuletzt gegen jede Theologie, die die Theodizeefrage beantworten will, statt an ihr als Frage festzuhalten, als Frage, auf die allein von Gott Antwort erwartet werden kann.

„Leben in der Zeit"*
Biblische Besinnung zu Prediger 3

I. Prolog

Im Jahre 1759 gab es vor der Sorbonne in Paris eine von den staatlichen und kirchlichen Behörden veranlaßte Bücherverbrennung. Es war ein gefährliches, ein staatszersetzendes und moralzerstörendes Buch, dem diese Vernichtungsaktion galt, und der Autor, den die Aktion treffen sollte, war ein ebenso beliebter wie verhaßter Philosoph und Literat, François-Marie Arouet, bekannt unter dem Pseudonym Voltaire. Allein, das Buch war in Wahrheit eine Übersetzung, die Übersetzung eines Buches der Bibel, des „Predigers Salomo" oder (mit dem *biblischen* Namen) des Buches Kohelet. Ein Buch der Bibel, das – wenn es übersetzt und damit dem Volk verständlich wird – so gefährlich werden kann, daß es von der Kirche höchstderoselbst verbrannt werden muß? Was muß das für ein Buch sein!?

Hören wir ein zweites Urteil über dieses Buch der Bibel – das Buch, aus dem wir heute morgen einen Abschnitt hören und bedenken wollen, den aus Kapitel 3 über die Zeit. Dieses Buch, so urteilte ein berühmter Theologe, komme daher „wie auf Socken", es habe „weder Stiefel noch Sporen" – was hier nicht etwa meint, daß es so friedlich sei, sondern daß es so seicht, so leisetreterisch sei. Für diesen Kirchenmann war das Buch Kohelet eines, das gleichsam auf Filzpantoffeln daher kommt, das keinen Biß hat – so der zitierte Theologe: – „gleichwie ich, als ich noch ein Mönch im Kloster war".

Was ist das für ein Buch in der Bibel, das die Kirche meinte verbrennen zu müssen und von dem umgekehrt Martin Luther sagt, es komme auf Socken und in Mönchskutte daher? Beide Urteile sind vernichtend ge-

---

* *Vortrag gehalten auf der Vertreterversammlung des Amtes für Kirchliche Dienste in Kassel am 23.9.1999*

meint – aber beide passen nicht recht zusammen. Was mag das für eine Haltung sein, die dieses Buch der Bibel auszeichnet und die so gefährlich *und* so seicht wirken kann? Es ist die Haltung der Skepsis.

Der Skeptiker (als der trotz des etwas anachronistischen Begriffs Kohelet, der Prediger durchaus angemessen bezeichnet ist) kann höchst gefährlich sein. Denn er verweigert verordneten Sinnsystemen und Moralvorstellungen die Gefolgschaft. Er fragt weiter, wo andere längst die Antworten verkaufen. Er (oder sie) läßt sich nicht so leicht begeistern, ist und bleibt mißtrauisch gegen die großen Worte und Werte wie *Wahrheit, Glaube, Zukunft, Sinn*. So kann die Skepsis zum gefährlichen Gegner werden für alle die, die die Wahrheit für sich beanspruchen, die bestimmen wollen, was richtig ist, und die allemal leichter mit ihren offenen Feinden umzugehen wissen, die *auch* die Wahrheit für sich gepachtet haben (aber eben eine andere), als mit den Skeptikerinnen und Skeptikern, die von den großen Worten und Werten nicht so leicht besoffen zu machen sind und die sich hinter keiner Fahne und in keine Massenbewegung einreihen mögen.

Doch die Skepsis kann auch ganz anders wirken, nämlich als permanenter Rückzugsort gegenüber jedem wirklichen Engagement, als Mißtrauen gegen *jede* Position. Wo andere schon längst etwas tun, wo sie sich etwa engagieren im Kampf für mehr *Gerechtigkeit*, sitzt der Skeptiker weiter im Lehnstuhl (oder auf dem Lehrstuhl) und räsoniert über die Problematik der *Definition* von Gerechtigkeit. Solche Menschen können andere zum Wahnsinn bringen. Wo es darum zu tun ist, zuzupacken, müssen sie noch „hinterfragen"; wo es darum geht, eine klare Entscheidung zu treffen, kommen sie aus ihrem „einerseits – andererseits" nicht heraus.

Und so könnten vielleicht doch beide Urteile – das Luthers im 16. und das der Sorbonne im 18. Jahrhundert –, wenn schon nicht berechtigt, so doch begründet sein. Das Buch Kohelet (der Prediger) – ein Zeugnis der Skepsis? Was heißt das für den Text, dem wir uns nun zuwenden wollen, dem berühmten Abschnitt über die Zeit in Koh 3?

II. Der Text: Kohelet 3,1-15.

Ich lese Koh (Prediger) 3 in (m)einer Übersetzung:

Koh 3,1	Für alles gibt es einen Zeitpunkt, und eine Zeit gibt es für jedes Vorhaben unter dem Himmel.
2	Eine Zeit zu gebären und eine Zeit zu sterben, eine Zeit zu pflanzen und eine Zeit, auszureißen das Gepflanzte,
3	eine Zeit zu töten und eine Zeit zu heilen, eine Zeit niederzureißen und eine Zeit zu bauen,
4	eine Zeit zu weinen und eine Zeit zu lachen, eine Zeit zu klagen und eine Zeit zu tanzen,
5	eine Zeit, Steine zu werfen, und eine Zeit, Steine zu sammeln, eine Zeit, einander zu umarmen, und eine Zeit, einander zu meiden,
6	eine Zeit zu suchen und eine Zeit zu verlieren, eine Zeit zu behalten und eine Zeit wegzuwerfen,
7	eine Zeit zu zerreißen und eine Zeit zu nähen, eine Zeit zu schweigen und eine Zeit zu reden,
8	eine Zeit zu lieben und eine Zeit zu hassen, eine Zeit des Krieges und eine Zeit des Friedens.
9	Was für einen Gewinn hat, wer etwas tut, bei dem, womit er sich plagt?
10	Ich habe die Mühe gesehen, die Gott dem Menschen gegeben hat, daß sie sich damit abmühen.

11	Das Ganze hat er schön gemacht zu seiner Zeit, und auch die Ewigkeit hat er in ihr Herz gelegt – nur, daß der Mensch nicht herausfindet das Werk, das Gott getan hat, von Anfang bis Ende.
12	Ich weiß: Es gibt nichts Gutes bei ihnen, außer sich zu freuen und es sich gut sein zu lassen in seinem Leben.
13	Auch, daß ein Mensch essen und trinken und Gutes sehen kann bei all seiner Plage – auch das ist ja eine Gabe Gottes.
14	Ich weiß: Alles, was Gott tut, besteht für die Ewigkeit, dem kann man nichts hinzufügen, und davon kann man nichts wegnehmen, und Gott handelt so, daß man sich vor ihm fürchte.
15	Was geschieht, war längst da, und was sein wird, war längst schon, und Gott sucht das Verfolgte.

III. Was ist der Grundton dieses Textes?

Wenn man nach Worten sucht, die diesen Text kennzeichnen, fallen einem leicht gegensätzliche ein: Gelassenheit *und* Ratlosigkeit, Unruhe *und* Ruhe, Aufmerksamkeit *und* Müdigkeit, Gottvertrauen *und* Vergeblichkeitsklage. „Alles hat seine Zeit" – der erste und zugleich Leit-Vers des Kapitels ist so etwas wie ein Leitvers auch für seine Auslegung. Vermutlich ist es gar nicht möglich festzustellen, wie die Worte *wirklich* gemeint sind, unter den genannten gegensätzlichen Worten die jeweils *richtigen* zu bestimmen, *die* Interpretation von Koh 3 (und des Buches des Predigers überhaupt) zu liefern. Stattdessen gilt auch für die Auslegung und für das Hören und Lesen der Worte, daß sowohl die eine als auch die andere Interpretation, sowohl der eine als auch der andere Ton, sowohl die eine als auch die andere Lektüre ihre Zeit haben. Es gibt eine Zeit, die Skepsis zu hören, und es gibt eine Zeit, das Vertrauen wahrzunehmen. Es gibt womöglich eine Zeit, *den* „Ton" wahrzunehmen, der zuzeiten so gefährlich war, daß man eine Übersetzung des Buches verbrennen ließ, und es gibt womöglich eine Zeit, in der *dieselben* Worte in Filzpantoffeln (oder „Birkenstocksandalen") daherkommen und unkritisch werden. Ich möchte versuchen, Ihnen beide Tonlagen ein wenig zu erläutern.

Es gibt eine Zeit, mit Pred 3 alles für „absurd" zu halten. *häwäl* ist das Leitwort des ganzen Buches, und man kann das durchaus angemessen mit „absurd" wiedergeben (im gegenwärtig gesprochenen Hebräisch ist *hawlut* die Wiedergabe des Wortes absurd/ Absurdität durchaus auch im Sinne des modernen „absurden Theaters"). *häwäl* bedeutet so etwas wie „nichtiger Hauch", „Wind", ja sogar – mit Verlaub – Furz. „Alles ist eitel" – so heißt es – in der geläufigsten Übersetzung im ersten Vers des Buches nach der Überschrift. Der ganze Vers lautet: „Absurd und wieder absurd!" sprach Kohelet [der Prediger], „absurd und wieder absurd, das Ganze absurd!" „Alles ist *häwäl*, eitel, absurd, leer, das All, ein Furz. – *hawal hawalim* – Absurdität der Absurditäten.

Wenn man üblicherweise ein anderes in der Tradition auf Salomo zurückgeführtes Buch, nämlich das *Schir ha-Schirim* – Das Lied der Lieder mit „Das Hohelied" übersetzt, so könnte man parallel dazu das *hawal hawalim* im Buche des Predigers mit „Die Hochabsurdität" verdeutlichen.

Eitelkeit der Eitelkeiten – „vanitas vanitatum" mit der lateinischen Bibel! Nicht weniger als 37mal kommt dieses Wort *häwäl* in dem kurzen Buch des Predigers vor (übrigens ist 37 der Zahlenwert des Wortes *häwäl*...). Auch der letzte Vers in Kap. 2, der „unserem" Text unmittelbar vorangeht, hat diesen Ton. ... *auch das: absurd und Weiden des Windes* – das sind die Worte, die „unseren" direkt vorausgehen. Und in Kap. 3 selbst kommt bald nach den zitierten Worten unter Aufnahme des Zeitmotivs dieser Leitton ebenfalls wieder ins Bild. Ich zitiere den Schluß des Kapitels – diesmal in der Fassung der Luther-Bibel:

Weiter sah ich unter der Sonne: An der Stätte des Rechts war Gottlosigkeit, und an der Stätte der Gerechtigkeit war Frevel. Da sprach ich in meinem Herzen: Gott wird richten den Gerechten und den Gottlosen; denn alles Vorhaben und alles Tun hat seine Zeit. Ich sprach in meinem Herzen: Es geschieht wegen der Menschenkinder, damit Gott sie prüfe und sie sehen, daß sie selber sind wie das Vieh. Denn es geht dem Menschen wie dem Vieh: wie dies stirbt, so stirbt auch er, und sie haben alle einen Odem, und der Mensch hat nichts voraus vor dem Vieh; denn es ist alles eitel. Es fährt alles an einen Ort. Es ist alles aus Staub geworden und wird wieder zu Staub. Wer weiß, ob der Odem der Menschen aufwärts fahre und der Odem des Viehes hinab unter die Erde fahre? So sah ich denn, daß nichts Besseres ist, als daß ein Mensch fröhlich sei in seiner Arbeit; denn das ist sein Teil. Denn wer will ihn dahin bringen, daß er sehe, was nach ihm geschehen wird? (Pred 3, 16-22)

Nimmt man diesen „Ton" wahr, so mag es wundern, daß viele Menschen dieses Kapitel Prediger 3 sehr lieben. Meinen sie nur die ersten Worte? Hören sie womöglich im „Alles hat seine Zeit" vor allem ein: „Alles zu seiner Zeit", mit dem man als genervter Mensch zuweilen einem Überdruck begegnet, wenn zu viele zugleich etwas von einem wollen, wenn zu vieles zugleich auf einen einstürmt, oder auch wenn man ein schlechtes Gewissen hat, weil man wieder einmal in dem einen Moment nicht dem gerecht werden konnte, was man sich im anderen Moment doch so vorgenommen hatte. Allemale lauert hier eine Gefahr: Denn aus dem „alles zu seiner Zeit" wird dann leicht ein „immer der Reihe nach" oder ein „Dienst ist Dienst, und Schnaps ist Schnaps". Ich will diese Gefahr noch deutlicher machen und darauf verweisen, daß ein *so* gelesenes „Alles hat seine Zeit" auch die Parole derer hätte sein können, die tagsüber ihrer „Arbeit" nachgingen, die Vergasung von Menschen zu organisieren und durchzuführen, und abends dem eigenen Kind, das sich womöglich das Knie aufgeschrammt hatte, ein „Heile, heile Gänschen" vorsingen, den Hund streicheln und „biedere Menschen" sein konnten. „Was ist daran so falsch?" – könnte man zynisch fragen und dann aus „unserem" Text zitieren: „Es *gibt* eine Zeit zu töten und eine Zeit zu heilen (...) eine Zeit zu lieben und eine Zeit zu hassen, eine Zeit des Krieges und eine Zeit des Friedens."

IV. Was hat seine Zeit?

Ich wollte mit dieser extremen Lektüremöglichkeit der Worte von Koh 3 auf eine Gefahr hinweisen, die dann ins Blickfeld rückt, wenn man dem „Ton" eine Indifferenz entnimmt, die zum Mitmachen bei allem legitimieren könnte, was nun einmal seine Zeit hat, was nun einmal auf der Tagesordnung steht. Ich meine nicht, daß „unser" Text so gelesen werden *sollte*, oder gar, daß er *nur* so zu lesen wäre. Aber gerade die Rolle der Intellektuellen in der NS-Zeit macht darauf aufmerksam, wie leicht der Schritt vom Zögern bei inneren Vorbehalten zum Hinnehmen und wie leicht der Schritt vom Hinnehmen zum Mitmachen sein konnte. Im allgemeinen Vorbehalt („*Alles* ist eitel/ *alles* ist absurd") könnte die konkrete Differenz zwischen „töten" und „heilen", „lieben" und „hassen" und – auch dieses Paar steht ja in „unserem" Text – zwischen „schweigen" und „reden" verschwinden. Mancher, der sich für diese bösen Jahre in Deutschland nachträglich den Status der „inneren Emigration" zuerkannte, mochte in Worten wie denen „unseres" Textes Unterstützung finden.

Das ist die eine Seite von Prediger 3, die buchstäblich „fatale". „Alles hat seine Zeit" – das wird dann zur Zustimmung zu dem, was ist und wie es ist, und – schlimmer noch – diese faktische Zustimmung vermag sich als Skepsis zu gerieren, als weise Distanz zum konkreten „Töten" und „Heilen", „Reden" und „Schweigen", „Weinen" und „Lachen", „Niederreißen" und „Aufbauen". Nicht wirkungsvoller kann man die eigene Indifferenz „adeln" und die eigene Schuld verbergen als in der Erklärung, alles sei ohnehin „absurd".

Das ist die eine Seite „unseres" Textes und seines Umgangs mit dem, was je seine Zeit hat. Aber es ist eben nur die *eine* Seite, die „Filzpantoffelseite" des Textes. Es gibt die andere Seite, die, die die Worte des Predigers so subversiv machen konnte, daß sie auf den Scheiterhaufen kamen. Worin besteht diese Subversivität, die denselben Text höchst kritisch und für die Herrschenden gefährlich machen kann? Einen Teil der Doppeldeutigkeit des Leitsatzes „unseres" Abschnitts aus dem Buch Kohelet kann man vielleicht am besten so zum Ausdruck bringen, daß man zwei anscheinend, aber letztlich nur scheinbar ähnliche Varianten dieses Satzes neben- und gegeneinander stellt. Die eine Formulierung wäre die Frage: „Was hat seine Zeit?" Und dann wäre die Antwort: „Mal das und mal das." Die andere Formulierung wäre die Frage: „Was ist an der Zeit?" Und dann ginge es darum, so genau wie möglich zu unterscheiden, Kriterien zu finden. Es ginge dann um die Frage, was sein solle, das heißt um die Weigerung, alles hinzunehmen, wie es ist, und um die klare Frage, was – zu denken, zu tun – jetzt an der Zeit ist. An dieser Differenz liegt alles. Liefert „unser" Text eine Beschreibung dessen, was ist, oder gibt er seine Zustimmung zu dem, was *nun einmal* so ist? Es geht um die entscheidende Differenz zwischen Realismus (zu sehen, was und wie es ist) und Fatalismus (hinzunehmen, was nun einmal so ist). In dieser Differenz ist der Unterschied angesiedelt zwischen Theologie und Schicksalsglaube. Die „Macht des Schicksals" nämlich (das sage ich, obwohl ich Verdi-Opern liebe ...) ist allemal der größte Feind biblischer Theologie.

Ich erzähle Ihnen dazu eine kleine Geschichte, die ich mir bei der Religionspädagogin Marie Veit „ausgeliehen" habe. Sie berichtete – es war in den Zeiten der „Nachrüstung" – von einem Gespräch mit ihrer Schneiderin. Beide waren sich einig, daß es eine böse Zeit sei. Und dann sagte die Schneiderin: „Es kommt eben immer alles so, wie es kommen soll." Und Marie Veit antwortete: „Aber nur, wenn wir uns sehr anstrengen. Sonst kommt es nämlich so, wie es gar nicht kommen soll!"

V. Was ist an der Zeit?

Fragen wir – mit „unserem", so gelesenen, Text *so*, dann wird aus der indifferenten Skepsis eine kämpferische Skepsis. So wird die Weigerung, in dem, was und wie es ist, einen Sinn zu sehen, die Absurdität der Realität zu verdecken, zur kritischen Haltung gegenüber jedem verordneten Sinn, jeder Aufblähung der Zeit, jedem vollmundigen Fortschrittsglauben. Gerade darin, daß in „unserem" Text vom Rhythmus der Zeit als Lebenszeit die Rede ist – kein Wort von „großen Zeiten", von „historischen Stunden", von Rekorden, überhaupt von einem „immer mehr, immer schneller, immer höher"–, kann er eine subversive Kraft entfalten gegen das, was angeblich die Stunde geschlagen habe. Lassen Sie mich das an einem (im mehrfachen Wortsinn) *Zeitthema* ein wenig ausführlicher erläutern (auch wenn wir uns für eine Weile vom Text aus Koh 3 entfernen).

In wenigen Wochen ist es so weit. Ein denkwürdiges Datum naht: der 22. Kiyakh des Jahres 1716 (der koptischen Zeitrechnung). Nun, das scheint uns kein besonderes Datum zu sein, aber dieser Tag ist immerhin auch der 24. Ramadan des Jahres 1420 (der islamischen Zeitrechnung). Noch immer scheint Ihnen das kein ausreichender Grund, am heutigen 23. September 1999 über dieses Datum zu sprechen? Sie fragen vielleicht, was es denn mit diesem einen besonderen Tag, dem 24. Ramadan des Jahres 1420 auf sich hat. Ich weiß es auch nicht. Ist aber vielleicht der 23. Tevet im Jahre 5760 seit Erschaffung der Welt (jüdischer Zeitrechnung) ein besonders bemerkenswerter Tag? Oder der 22. Frimaire der dritten Dekade im Jahre 208 des französischen Revolutionskalenders? Der 25. Tag im 11. Monat im 16. Jahr des 78. Zyklus im chinesischen Kalender? All diese Datumsangaben beziehen sich auf den selben Tag. Aber Sie ahnen gewiß, daß da noch ein anderes Datum folgen muß – das der *christlichen* Zeitrechnung. Hier ist es: Nach dem von der Kirche übernommenen Julianischen Kalender ist dieser Tag der 19. Dezember 1999.

Aber was hat es denn mit dem 19. Dezember auf sich? Ich muß noch etwas hinzufügen. Als sich nämlich im Laufe der Zeit die Differenz zwischen dem Julianischen Kalender und dem Wechsel der Jahreszeiten immer mehr bemerkbar machte, griff im Jahre 1582 Papst Gregor XIII. in den Kalender ein und ließ in einem Jahr einige Tage im Oktober schlicht ausfallen, um Sonne und Kalender wieder in Einklang zu bringen. In christlich-orthodoxen Ländern blieb der alte Kalender noch Jahrhunderte in Kraft, und deshalb fand die russische „Oktoberrevolution" „eigentlich" im November statt (dafür beginnt das Münchner „Oktoberfest" im September ....). Aber bei uns haben wir seitdem den Gregorianischen Kalender, und nach dieser einen Zählung ist der Tag, den man so unterschiedlich zählen kann, der 1. Januar 2000.

Und welcher Tag ist es nun „wirklich"? Die Frage läßt sich natürlich überhaupt nicht beantworten, denn Zeitrechnung ist eine Frage von Tradition, von Verabredung und nicht zuletzt von Macht. Das Jahr 2000 – für Juden und Hindus ist es längst vorbei, für Muslime wird es bis dahin noch 580 Jahre dauern. Und nicht einmal *der* christliche Kalender zeigt die Jahrtausendwende, sondern nur einer von mehreren. Manche Menschen meinen, fürchten oder hoffen, daß mit der Welt an diesem Tag etwas ganz besonderes geschehen werde. Da verbinden sich alte Ängste und manche alten Geschichten mit moderner Sensationslust. Aber was für eine Anmaßung steckt doch dahinter zu meinen, mit der ganzen Welt müßte etwas ganz Besonderes geschehen, nur weil auf *unserem* Kalender eine markant neue Zahl erscheint!? Bei der „Generalprobe" für den Jahrtausendwechsel war das bei manchen ja ähnlich. Ich meine die letzte Sonnenfinsternis bei uns. Alle zwei Jahre gibt es irgendwo in der Welt eine solche Sonnenfinsternis, aber noch immer konnten apokalyptische Ängste bei Menschen damit geschürt werden, daß es jetzt *die* Sonnenfinsternis gebe und daß sie

Unheil für die ganze Welt bedeute. Dahinter steht die Vorstellung, nur die Sonnenfinsternis bei uns sei *die* Sonnenfinsternis. Das ist ungefähr so, wie wenn ich immer noch meinte, die ganze Welt müßte nun den Löffel in die Suppe tauchen, weil es auf meiner Uhr 12 ist. Seit wir wissen, daß unsere „Antipoden", die Menschen in Neuseeland, nicht mit dem Kopf nach unten an der Erde hängen, und uns daran gewöhnt haben, daß etwa in Amerika ein Sportereignis bei hellem Licht stattfindet, das wir tief in der Nacht im Fernsehen anschauen können, müßte es mit dieser eurozentrischen Anmaßung eigentlich ein Ende haben. Aber manches vom alten Imperialismus heißt heute Globalisierung, und so feiert „*die Welt*" das neue Jahrtausend, wie wenn in einer Zeit, in der der Einfluß des Christentums auf nahezu allen Ebenen rapide schwindet, wenigstens und immerhin die christliche Zeitrechnung die „wirkliche" Zeit wäre – obwohl wir unsere Wochentage unverdrossen nach germanischen Gottheiten wie Tiu, Donar und Freia und unsere Monate nach römischen Gottheiten wie Janus, Mars und Maia oder Herrschern wie Julius (Caesar) und August(us) nennen ...

Damit sind wir mit den Merkwürdigkeiten des angeblichen neuen Jahrtausends noch nicht am Ende. Es wird bei näherem Zusehen noch komplizierter und zuweilen auch einigermaßen komisch. Zuerst: In wenigen Wochen, genauer: am Samstag, den 1. Januar 2000, beginnt keineswegs ein neues Jahrtausend. Denn da gibt es eine schlichte, aber oft übersehene Tatsache. Die „christliche" Zeitrechnung, die im 5. Jahrhundert zaghaft beginnt und sich im Laufe mehrerer Jahrhunderte allmählich verbreitet, setzte mit der Geburt Jesu eine Zeitenwende an und zählte fortan die Jahre *nach* der Geburt Christi. Es gibt damit einen Wende*punkt* durch die Geburt Jesu, jedoch kein *Jahr* der Geburt Jesu. Kurz gesagt: Das Jahr „Null" existiert nicht; auf den letzten Tag des Jahres 1 *vor* Christus folgt der erste Tag des Jahres 1 *nach* Christi Geburt. Und deshalb war das erste Jahrzehnt mit dem Ende des Jahres 10 nach Christi Geburt abgeschlossen, das erste Jahrhundert am letzten Tag des Jahres 100 – und so ist das zweite Jahrtausend am *letzten* Tag des Jahres 2000 zu Ende, und dann erst beginnt das nächste Jahrtausend. Also begrüßt man in knapp drei Monaten, selbst wenn man den *einen* von vielen möglichen und realen Kalendern, den christlich-westlichen, zugrunde legt, das neue Jahrtausend ein Jahr zu früh.

Aber darauf komme es doch nun wirklich nicht an, höre ich von manchen, und dann frage ich zurück, ob sie auch einem Menschen zum 50. Geburtstag gratulieren und ihm, wenn er dann sagt, er oder sie sei doch gerade erst 49 geworden, *auch* sagen: „Aber darauf kommt es doch nun wirklich nicht an" ...

Doch wir sind mit den Merkwürdigkeiten noch immer nicht am Ende. Als der Mönch Dionysios Exiguus im 5. Jahrhundert im Zusammenhang der für die Berechnung des in den Kirchen umstrittenen Osterdatums als erster „nach Christi Geburt" datierte, legte er für dieses Datum eine bestimmte Berechnung zugrunde. Manchmal zeigt sich ein Fortschritt der Wissenschaft darin, daß man etwas nicht mehr so genau weiß wie die früheren Forscher. So ist es auch beim Datum der Geburt Jesu. Bereits die neutestamentlichen Angaben sind nicht eindeutig, weder der berühmte Stern von Bethlehem noch die ebenso berühmte Zählung des Kaisers Augustus – *„daß alle Welt geschätzet würde"* – führen auf ein gewisses Datum, und so nimmt man heute eher das Jahr 4 vor oder auch das Jahr 6 nach Christus als Zeitpunkt der Geburt Jesu an.

Daß wir das so genau nicht wissen, hängt vor allem damit zusammen, daß – und das hat nun viel mit unserem Thema „Leben in der Zeit" zu tun – den neutestamentlichen Zeugen zwar daran gelegen war, darzustellen, daß mit der Verkündigung und der Praxis Jesu eine neue Zeit in die Welt gekommen ist, daß sie aber kein Interesse hatten, das in historischen Zahlen und Daten auszudrücken. Die jüdische Botschaft vom kommenden Reich Gottes, die Jesus in der Treue zur Tora verkündigte und die vor allem Paulus in die Welt trug, auf daß auch die Menschen aus den nichtjüdischen Völkern zum Gott Israels finden können – die Verkündigung *dieser* Zeit hat mit historischen Daten und Kalenderzeiten nichts zu tun. Der „jüngste Tag" läßt sich eben so wenig datieren, wie sich die „Ewigkeit" in zeitlichen Dimensionen bemessen läßt. (Der wunderbar unsinnige und darin erhellende Satz: „Wer früher stirbt, lebt länger ewig", zeigt das augenfällig.)

Das Reich Gottes, so verkündigt es Jesus, kommt und es ist schon angebrochen – jetzt und hier, in jedem jetzt und hier – und nicht in einem berechenbaren Zeitverlauf. „Ihr wißt nicht Zeit noch Stunde", sagt Jesus denen, die es anders wissen wollen – und dieser Satz allein sollte Menschen, die ihren Glauben auf die Bibel gründen, Anlaß genug sein, auf derartige Berechnungen zu verzichten.

Nun gibt es in den großen Kirchen zur Zeit keine Neigung zu Spekulationen über das Weltende in Verbindung mit dem magischen Datum „2000". Was es da aber gibt, macht mich auf andere Weise ärgerlich. In den letzten Monaten bekam ich eine Reihe von Einladungen zu Vorträgen, die unter der Überschrift „2000 Jahre Christentum" stehen sollten. Ich möchte Ihnen erzählen, warum ich solche Einladungen abgelehnt habe. Mein Hauptgrund dafür ist nicht die merkwürdige Berechnung des genauen Datums. Ob Jesus vor 2000, vor 1999, schon vor 2003 oder erst vor 1995 Jahren geboren wurde, das scheint mir für den christlichen Glauben unerheblich. Ob es allerdings in unserem Bewußtsein seit 2000 Jahren *das* Christentum gibt, das ist für den christlichen Glauben keineswegs unerheblich. Ich will erklären, warum ich das sage, und muß wieder etwas ausholen.

„2000 Jahre Christentum" – das besagt ja, daß mit der Geburt Jesu das Christentum in die Welt kam. Das besagt dann aber auch, daß Jesus von Geburt an Christ war, daß die Jünger Jesu Christen waren, daß sich Paulus vom Judentum zum Christentum bekehrt hat, kurz: daß mit Jesus und seinen Jüngern das Christentum als eine neue Religion neben und gegenüber dem Judentum in die Welt trat. Jesus aber war und blieb Jude, die Jünger waren und blieben Juden. Paulus war und blieb zeit seines Lebens Jude, die Schriften des Neuen Testaments sind jüdische Zeugnisse. Dafür daß Menschen, die Jesus als den Christus, das heißt als den Messias ansahen, ihre Religion selbst als „Christentum" bezeichneten und damit ausdrücken wollten, daß sie sich nicht mehr im Rahmen des jüdischen Glaubens verstanden, gibt es im gesamten ersten Jahrhundert nach Christi Geburt kein Zeugnis. Dann aber gab es „das Christentum", und seit es existiert, ist ein Gegensatz zum Judentum, ja die Enterbung Israels sein Merkmal. Die Kirche setzte sich an die Stelle Israels und nahm für sich in Anspruch, das *„wahre Israel"* zu sein. Damit beginnt eine Geschichte, die auf jüdischer Seite Unendliches an Leiden, Verfolgung und Ermordung bedeutete, die schwärzeste Seite des Buches des christlichen Lebens. Wer mit dem flotten Slogan „2000 Jahre Christentum" die wichtigen ersten Jahrzehnte der christlichen Gemeinden, in denen es ihnen um die bleibende Gemeinschaft in und mit Israel ging, stillschweigend einkassiert, indem er in einem angeblichen

Jahre „Null" das Christentum beginnen läßt, unterschlägt etwas, das für den christlichen Glauben viel entscheidender ist als irgendwelche runden Zahlen. In vielen Gemeinden und in den Synoden inzwischen zahlreicher evangelischer Landeskirchen hat eine Neubesinnung zum Verhältnis zwischen Christen und Juden eingesetzt. Viele Christinnen und Christen haben begonnen zu *ver*lernen, daß Jesus der erste Christ war und die Kirche das wahre Israel ist, und sie haben begonnen zu *lernen*, ihren christlichen Glauben nicht gegen das Judentum, sondern angesichts des Judentums und im Lernen von und mit Jüdinnen und Juden neu zu buchstabieren. Ich vermute, daß die Parole „2000 Jahre Christentum" als kirchlicher Beitrag zur Jahrtausendwende gut gemeint ist. Aber sie ist, wenn man sie wirklich ernst nimmt, ein Rückfall hinter manche neuen Einsichten, die – ich wiederhole das – für den christlichen Glauben wichtiger sind als plakative Zahlen nach dem Muster des Guinness-Buchs der Rekorde.

Ich könnte mir vorstellen, daß einige von Ihnen jetzt denken: Das mag ja alles stimmen, gewiß ist jeder Kalender relativ, jede Zeitrechnung beruht auf Beschlüssen. Ein „wirkliches" Datum gibt es so wenig wie eine „wirkliche" Uhrzeit. Aber wenn am 1.1.2000 eine ganz neue Zahl auf unseren Uhren und Zeitungen, auf den Kalendern und den Datumsangaben unserer Briefe erscheint – dann ist das eben doch ein großer Einschnitt und doch der Hinweis auf ein neues Jahrtausend. Ist es nicht eine gute Sache, solche Einschnitte bewußt wahrzunehmen, – von Zeit zu Zeit – einmal inne zu halten und zu fragen, was so weiter gehen soll und was nicht? Bedürfen wir nicht der Anlässe für diese notwendige Besinnung, und sind nicht Übergänge wie ein neues Jahr, ein neues Lebensjahr und gar eine so große Schwelle wir die von der „1" zur „2" in der Jahrtausendzahl ein guter Anlaß zu einem solchen Innehalten? Dafür spricht in der Tat vieles. Und doch sollten wir nicht diese Schwellenerfahrungen mit einer apokalyptischen oder esoterischen Aufladung eines *magischen Datums* verwechseln. Gewiß: Schon immer hatte gerade die Zeitspanne von einem Jahrtausend große Bedeutung. „*Tausend Jahre sind vor dir wie ein Tag*", heißt es in einem Psalm, und das letzte Buch der Bibel, die Johannesoffenbarung, spricht von jenem „tausendjährigen Reich", *nach* dem, so heißt es: „der Teufel los" ist, der zuvor – in jenen tausend *guten* Jahren – gebunden war. Nun: In der neueren deutschen Geschichte gab es ein „Tausendjähriges

Reich", und es waren wahrlich keine „guten" Jahre, denn nicht *nach* sondern *in* ihm war „der Teufel los", und diese „1000" dauerten nur – und doch viel zu lange – zwölf Jahre. Schon das sollte uns warnen, die biblisch-apokalyptischen Bilder in historische Daten umzusetzen.

Dennoch wirken die alten Ängste und die alten Geschichten noch heute. Jeder Schritt über eine Grenze kann Hoffnungen wecken, aber auch Angst machen, und die Wende von der „1" zur „2" in der Jahrtausendzahl ist eine solche Grenze. Es ist schwer, Ängsten mit rationalen Überlegungen bei zu kommen, vor allem dann, wenn sich die alten Ängste in der Form rationaler Befürchtungen melden.

Man könnte das ja kaum besser erfinden: Einst fürchteten Menschen bei einem neuen Jahrtausend den Zusammenbruch der ganzen Welt, und jetzt befürchten sie dasselbe, nämlich den Zusammenbruch der heute entscheidenden Computerwelt. Nicht mehr daß sich die Sonne verfinstern werde, ängstigt die Menschen, wohl aber, daß am 1.1.2000 Tiefkühlhäuser auftauen, Telefonrechnungen einen Millionenbetrag fordern und Fahrstühle stecken bleiben. Nicht mehr daß der Himmel abstürzt, fürchten Menschen, sondern daß Dateien abstürzen. Das befürchtete Ergebnis aber ist das gleiche: Mit dem neuen Jahrtausend bricht das Chaos aus. Nach allem, was ich von Kundigen höre, mag es hier und da zu einer Panne kommen, aber das Chaos wird nicht ausbrechen. Es wird so sein, wie wenn wir im Auto plötzlich sehen, daß sich die Anzeige der gefahrenen Kilometer der Marke von 100.000 nähert. Man schaut eine Weile gebannt hin, dann steht da plötzlich die Zahl – und dann geht es weiter, und nichts anderes geschieht, als daß sich nun weiter erst die Einer, dann die Zehner, dann die Hunderter und so weiter weiter drehen.

Doch jetzt falle ich mir selbst ins Wort. Denn das Beispiel mit der 100.000er-Grenze des Tachos hat ja einen Haken. In seltensten Fällen wird das Auto in eben dem Moment, in dem es die 100 000 erreicht hat, seinen Geist aufgeben. Wenn es ein gutes Auto ist, kann es noch ein ganze Weile weiter gehen. Aber es geht nicht *immer so weiter*. Und so möchte ich angesichts des Jahres „2000" keineswegs die Parole ausgeben: Es wird immer so weiter gehen! Darin nämlich behalten die alten apokalyptischen Berechnungen ihr Recht. Sie sagen in der Erfahrung von Bedrückung und Not an, daß es nicht immer so weiter gehen wird, daß nicht auf ewig die

Imperien andauern, nicht auf ewig die Mächtigen die Macht haben und die Armen ausgebeutet werden. Diese Zeit, so enthüllen sie – Apokalypse heißt „Enthüllung" –, diese Zeit wird ein Ende haben, diese Welt wird ein Ende haben, es kommt das ganz Neue, es kommt „die Fülle der Zeit", es kommt das Reich Gottes. Nicht die beliebige Schwelle zwischen dem 31.12.1999 und dem 1.1.2000 unseres Kalenders bringt irgendetwas Entscheidendes, wohl aber kommt es darauf an, sich der Endlichkeit bewußt zu sein, der Endlichkeit des eigenen Lebens, der Endlichkeit dieser Welt.

VI. Weder Prognostik noch Nostalgie

Ich bitte um Nachsicht für den langen Abschnitt, der sich von „unserem" *Text* entfernt hat, der aber, wie hoffentlich deutlich wurde, mit dem *Thema* „unseres" Textes sehr wohl zu tun hatte. Man kann Prediger 3 lesen als kritische Infragestellung jeder Rekordsucht in Sachen „Zeit", jeder Aufblähung von Ereignissen zu Jahrhundert- und Jahrtausendereignissen. Am letzten Samstag fand ein Boxkampf um die WBC-Weltmeisterschaft im Weltergewicht statt (im allgemeinen keine sonderlich beachtete Gewichtsklasse), der allen Ernstes als Millenniumskampf, als Kampf des Jahrtausends, angekündigt wurde. (Einen Fernsehkommentator hörte ich sagen, man greife ja heute leicht zu solchen Superlativen, aber in diesem Fall läge keine Übertreibung vor [!?].) Wenn ich überlege, welche Kämpfe es in diesem Jahrtausend gegeben hat (vollends, wenn man über den Sport hinaus denkt), so ist die Bezeichnung des Boxkampfs zwischen Oscar de La Hoya und Felix Trinidad in Las Vegas als „Fight des Millenniums" in einem solchen Maße zwischen „geschmacklos" und „blöde" angesiedelt, daß sich jedes weiter Wort erübrigen müßte. Aber wenn man fragt, warum man zu dieser Bezeichnung greift (die Antwort lautet schlicht: wegen der Einschaltquote), dann beschleicht mich der Gedanke, daß die Ausrufung von „2000 Jahren Christentum" so anders wieder nicht begründet ist. Auch hier soll der Rekord die „Einschaltquote" erhöhen, Aufmerksamkeit erzeugen, letztlich „sich rechnen".

„Zeit ist Geld" – so lautet ein berühmter – und auch beim genaueren Nachdenken richtiger – Satz. Heute wird die Zeit selbst zu Markte getragen. Das Guinnessbuch der Rekorde wird zur heiligen Schrift.

Gegenüber dieser gefährlichen Aufblähung von Zeit in Rekorde (mir scheint das nicht zufällig in einer Zeit zu geschehen, in der der Fortschrittsglaube schwindet ...), ist „unser" Text in Koh 3 wohltuend nüchtern. Er ist aber nicht nur bescheiden, in dem er den Rhythmus der Lebenszeit gegen jegliche „Zeit ist Geld – Zeit ist Rekord-Mentalität" setzt; er ist in dieser Hinsicht kritisch bis subversiv. Ebenso kritisch ist er gegenüber der Nostalgie. Fortschrittsfetischismus und Nostalgie sind ja durchaus Zwillingsgeschwister (womöglich sogar eineiige). Die nicht erfüllten (und nicht erfüllbaren) Wachstumsverheißungen für die Länder der alten DDR nach der Wende auf der einen und die wachsende „Ostalgie" auf der anderen Seite gehören zusammen. Wie wenn es darauf gemünzt wäre, lese ich in Pred 7, 10: „Sage nicht: Warum waren die früheren Zeiten besser als die jetzigen? Denn eine solche Frage stammt nicht aus der Weisheit." Und *dazu* lese ich in Koh 8, 7: „... denn er (der Mensch) weiß nicht, was sein wird, denn wer könnte ihm kundtun, was geschehen wird?" Nostalgie ist dumm, sagt der Prediger, und Prognostik ist es auch. Man muß nur an die zwanghafte Verwendung des Wortes „Zukunft" in der Werbung und vor allem der politischen Werbung denken, um zu sehen, wie leer dieses Wort ist. In diesem Sinne vom Geiste Kohelets sind deshalb kluge Worte wie die eines Bankiers, der sagte, Prognosen seien schwer zu geben, vor allem, wenn sie mit Zukunft zu tun hätten, und der – in bestimmter Hinsicht komplementäre – Satz des ehemaligen spanischen Ministerpräsidenten Gonzales, der einmal sagte: „Die *Vergangenheit* ist schwer vorher zu sagen."

VII. Ambivalenzen aushalten oder sich in ihnen häuslich einrichten?

Pred 3 – besonders die ersten acht Verse – verbinden das Wort „Zeit" mit einer Reihe von Gegensatzpaaren: „Eine Zeit zu gebären und eine Zeit zu sterben, eine Zeit zu pflanzen und eine Zeit, auszureißen das Gepflanzte" – und dann weiter: töten und heilen, niederreißen und bauen, weinen und lachen, klagen und tanzen, Steine werfen und Steine sammeln, einander umarmen, einander meiden, suchen und verlieren, behalten und wegwerfen, zerreißen und nähen, schweigen und reden, lieben und hassen, Krieg und Frieden. Das alles – so möchte ich das lesen – hat seine Zeit, das heißt, das alles geschieht, aber das alles ist nicht immer an der Zeit, das heißt, es geschieht faktisch oft auch dann, wenn es nicht geschehen soll. Was ist wann an der Zeit? Diese Frage bleibt die entscheidende. So schön es ist, daß das Leben Lachen und Weinen, Umarmung und Einsamkeit, Schweigen und Reden enthält, so wenig darf doch ein Leben propagiert werden, bei dem die Bilanz am Ende ausgeglichen und das so zum Nullsummenspiel geworden ist. Und vollends sollte man nicht im Ausgleich von „Soll und Haben" hochtrabend den Sinn des Lebens erblicken. Daß das Leiden zum Leben gehört, rechtfertigt kein einziges Leiden. Daß auch Einsamkeit zum Leben gehört, rechtfertigt nicht, auch nur *einen* Menschen einsam zu lassen. Daß es Haß gibt, ja daß er womöglich auch einen Wert hat, rechtfertigt nicht, auch nur einen *einzigen* Menschen zu hassen.

Aber wieder bleibt auch das andere wichtig: Wo man Pred 3 nicht liest wie eine Anweisung, sich in die Welt zu schicken, wie sie nun einmal sei, sondern als Aufforderung, die Welt zu sehen, wie sie ist, da wird es wichtig, im Reden von der Liebe nicht zu unterschlagen, daß es Haß gibt, keinen Frieden zu feiern, weil die Kriege anderswo geführt werden, nicht die Heilungserfolge zu feiern, weil woanders gestorben wird, nicht die Gemeinschaft zu feiern und dabei die Einsamkeit zu verdrängen. Ich meine, daß es leicht wäre, hier jeweils auch die Punkte zu nennen, die im Bereich der Kirche und den Arbeitsfeldern ihrer Mitarbeiterinnen und Mitarbeiter besonders relevant sind. Da gibt es (ich nenne nur wenige Beispiele) eine in der Kirche propagierte Hochschätzung von Liebe und Frieden, die eine massive Konfliktunfähigkeit zur Folge hat. Wo man Konflikte nicht zulassen will und verdrängt, richtet die „Wiederkehr des Verdrängten" oft größere Schäden an, als es der Konflikt selbst und seine offene Austragung vermocht hätte. Weil in der Kirche eine Gemeinschaft und ein Gemeinschaftsgefühl verwirklicht werden sollen, die dem eigenen Anspruch nicht gerecht werden können, sind am Ende nicht selten die Zwietracht und die Einsamkeit noch größer. Weil es in der Kirche nicht so zugehen soll wie in der Welt, scheitert in der Kirche nicht wenig an Allerweltsproblemen. Unter der Überschrift des „Dienstes" können sich bestehende Hierarchien und die Ausbeutung von Lebens- und Arbeitszeit verstecken. Und da wäre es zuweilen angebracht, über die Gegensätze nicht die große Ambivalenz-Sauce zu gießen, sondern scharf gegeneinander zu stellen: Es gibt und es muß – zu seiner Zeit – auch geben: niederreißen und bauen, weinen und lachen, klagen und tanzen, Steine werfen und Steine sammeln, einander umarmen und einander meiden, suchen und verlieren, behalten und wegwerfen, zerreißen und nähen, schweigen und reden, lieben und hassen. Und wieder ginge es darum herauszufinden, was gerade heute, gerade in diesem Moment an der Zeit ist.

VIII. ... und Prediger 3 auslegen hat seine Zeit

Ich habe meinen Vortrag damit begonnen, daß ich Ihnen erzählt habe, wie das Buch des Predigers im Urteil Luthers auf Socken daher kommt – ein leisetreterisches Buch ist – und wie dasselbe Buch in der Übersetzung so gefährlich wirken konnte, daß man es auf dem Scheiterhaufen verbrannte. Ich habe Ihnen verschiedene Möglichkeiten vorgestellt, Koh 3 zu lesen, und dabei zeigten sich beide Urteile als nachvollziehbar. Was der *Autor* dieses biblischen Buches gemeint hat, weiß ich nicht. Wir wissen nicht einmal, wer der historische Autor war (der König Salomo war es gewiß nicht, obwohl die Zuschreibung dieses Buches zum weisen König Salomo sehr wohl eine Bedeutung hat). Ich habe mich in den letzten Jahren mehrfach und bei verschiedenen Gelegenheiten zu diesem Kapitel Pred 3 geäußert, in mehreren Vorträgen, in Vorlesungen, in einem langen Aufsatz. Wenn ich zu einem Vortrag über Koh 3 aufgefordert werde, denke ich mir immer wieder beruhigt, daß ich da wenigstens auf bereits Formuliertes zurückgreifen könne. So war es auch diesmal. Und wenn es dann so weit ist, lese ich meine alten Texte zu diesem Kapitel der Bibel, erinnere mich daran, in *welcher* Zeit, in *welchem* Kontext, angesichts *welcher* Fragestellungen und im Gespräch mit *welchen* Menschen ich das da so gesagt und geschrieben hatte – und stelle fest, daß es bei diesem Mal irgendwie nicht paßt. Und so möchte ich die lange Reihe der Felder, für die es nach Pred 3 eine Zeit gibt, verlängern mit dem Satz: ... *und Prediger 3 auslegen hat seine Zeit*. Und je nach der Zeit fällt die Auslegung verschieden aus, weil es immer wieder etwas anderes ist, das ich beim Wiederlesen entdecke, das mir besonders fraglich und das mir mitteilenswert erscheint. Und so weiß ich nach jedem Lesen und Auslegen immer wieder neu *nicht*, wie dieser Text „eigentlich" zu lesen ist. So war das, was ich Ihnen heute vorgetragen habe, nicht etwa das, was *man* über dieses Kapitel zu sagen hat, nicht einmal das, was *ich* über dieses Kapitel zu sagen habe, sondern „nur" das, was ich Ihnen zu *dieser Zeit*, was ich Ihnen *heute* zu Pred 3 sagen wollte, weil ich meinte, daß das an der Zeit sei.

Wenn es ein Kapitel in der ganzen Bibel gibt, das eine und einen durch seine eigenen Worte zu einer so zeitgebundenen Lektüre und Auslegung auffordert, so ist es dieses.

Mobilität[*]

Biblische Erinnerungen in sechs Schritten

Lahme gehen

„Mobilität" – ein vieldeutiges, ein geradezu *selbst* „mobiles" (doch deshalb nicht nur „auto-mobiles") Wort, aber kaum ein Wort der Bibel. „Biblische Erinnerungen" zum Thema „Mobilität" sind daher nicht ohne Tücke; denn es ist problematisch, eine Frage an die Bibel heranzutragen, die sie selbst nicht hat. Und ebenso zu beherzigen ist: Man soll nicht mit der Bibel begründen, was man genau so gut ohne sie begründen kann, und man soll nicht mit der Bibel illustrieren, was man auch ohne sie für richtig hält. Und gewiß soll man nicht der Bibel implantieren, was man aus gegenwärtigen Interessen gern in ihr sähe ...

... obwohl es da offenbar unterschiedliche Erfolge gibt. Ich erzähle Ihnen – an diesem Ort und zu diesem Thema – eine Geschichte, die von solch unterschiedlichen Erfolgen handelt: Eines Tages trifft im Vatikan ein Telegramm aus Atlanta/ Georgia ein. Die Firma „Coca Cola" bietet eine Billion (eine Milliarde) Dollar, wenn „Coca Cola" ins „Vater unser" kommt. Eine Milliarde Dollar – das ist sehr viel Geld. Was könnte man damit nicht alles an Gutem tun, für Kirche und Welt?! Und doch: Ein Eingriff in den Text des „Vater unser" erscheint unmöglich. Man teilt das der Firmenleitung in Atlanta mit, und die verdoppelt das Angebot. Neues Überlegen im Vatikan – allein, man muß „Coca Cola" mitteilen, daß man das großherzige Angebot zu schätzen wisse, daß es aber nun einmal gänzlich unmöglich sei, den Namen Coca Cola ins „Vater unser" aufzunehmen. Prompt folgt die Antwort aus den Staaten: „OK, wir müssen das akzeptieren. Aber *eine* Frage haben wir dann doch noch: Wie hat FIAT das geschafft?"

---

[*] *Vortrag gehalten auf dem Evangelisch Sozialen Kongress zur EXPO 2000 am 16./17. Juni 2000 in Wolfsburg*

Es geht nicht darum, das Wort „Mobilität" in die Bibel aufzunehmen oder einen modernen Begriff und Sachverhalt *so* schon in der Bibel finden zu wollen.. Um „biblische Erinnerungen" ist es zu tun, nicht um eine biblisch-theologische oder dogmatische Antwort auf ein gegenwärtiges Problem. Ich will nicht mehr, aber auch nicht weniger als zu versuchen, biblische Motive und Erfahrungen mit unserem Thema ins Gespräch zu bringen. Die Erinnerung soll dabei helfen, die richtigen Fragen zu stellen. Erst wenn die biblische Überlieferung ihr eigenes Licht auf eine Frage, eine Sache, ein Wort wirft, wenn sie – und sei es nur um ein geringes – den Blickwinkel zu verschieben und neue, womöglich überraschende oder gar verstörende Fragen zu stellen hilft, erst dann kann man von einer „biblischen Erinnerung" sprechen. Ob die Erinnerung zur Ermutigung wird oder zur kritischen Einrede, ist nicht von vorn herein ausgemacht.

Mobilität – zunächst (nur) ein *Wort*. Welche der vielen Bedeutungen und Facetten des Wortes lassen sich mit biblischen Worten, Motiven, Geschichten, Weisungen verbinden, und mit je welchen?

Da ist zunächst der *medizinische* Sprachgebrauch. Die Worte „Mobilität" und „Mobilisierung" bezeichnen hier die Fähigkeit zur beziehungsweise die Hilfe zur Beweglichkeit, vor allem zum freien Gebrauch der Gliedmaßen. Wird eine Patientin als „mobil" beschrieben, heißt das: Sie ist nicht bettlägerig.

„Willst du gesund werden?" Das fragt Jesus am Teich von Betesda (Joh 5, 8) einen Gelähmten, der sich 36 Jahre lang daran, besser noch *darin* gewöhnt hat, da zu liegen, und der die Hoffnung längst aufgegeben hat, daß ihn die Wasser des Teiches heilen könnten, wenn er einmal der erste wäre, der in das von Zeit zu Zeit aufwallende Wasser steigen könnte. „Willst du gesund werden?", fragt Jesus ihn und stellt damit die Frage, die dem Kranken längst entschwunden war. Und so antwortet der nicht etwa, er wolle gesund werden (oder auch nicht), sondern erklärt, warum er keine Chance hat. „Lieber Herr, ich habe keinen Menschen, der mich an den Teich bringt, wenn das Wasser sich bewegt; wenn ich aber hinkomme, so steigt ein anderer vor mir hinein."

Die Reaktion Jesu? Kein Mitleid, kein Angebot (etwa: „Beim nächsten Mal helfe ich dir ..."), sondern die berühmten Worte: „Nimm dein Bett und wandele!" und die Reaktion: „Und sogleich wurde der Mensch gesund und nahm sein Bett und ging hin."

Gewiß enthält diese Wundergeschichte mehr als das Wecken der Selbstheilungskräfte, ginge sie darin auf, wäre sie nur zynisch gegenüber denen, die gesund werden wollen und nicht gesund werden. Und doch enthält sie auch das, und sie ist – so gelesen – nicht unbedingt als Leib- und Magengeschichte für professionelle Helfer geeignet. Eine der neueren Attacken gegen unendlich lange Psychoanalysen, bei denen man kritisch fragen kann, ob sie sich nicht vor allem selbst fortzeugen, hat den Titel: „Nimm deine Couch und wandele!" Die biblische Anleihe mag etwas Triftiges haben.

Nicht nur diese biblische Wundergeschichte ist eine „Mobilisierungsgeschichte". Mehrere Erzählungen enden mit der Aussage, Jesus habe den Kranken oder gar die Tote an der Hand gefaßt, aufgerichtet, und er oder sie sei *aufgestanden* – und dieses Wort *aneste* ist dasselbe, das man im Blick auf Jesus selbst als „auf*er*stehen" zu übersetzen pflegt. Immer wieder werden in neutestamentlichen Geschichten Menschen auf ihre eigenen Füße gestellt, im übertragenen, aber oft auch im ganz wörtlichen Sinne. Wo Blinde sehen und Lahme gehen können und das Evangelium den Armen verkündigt wird (letzteres gehört in die Reihe als das womöglich noch größere „Wunder"), kommt etwas zuvor Starres in Bewegung. Die Geschichten streiten gegen die Eingewöhnung in die Vorstellung, das, was sei, sei nun einmal so. Die Bibel ist eine einzige Streitschrift gegen den Fatalismus, die Anerkennung „der Macht des Schicksals". Nichts, was ist, ist „nun einmal so"; nichts muß bleiben, wie es ist.

Wenn man die jesuanischen Wundergeschichten aufmerksam liest, stößt man auf einen auf den ersten Blick eigentümlichen Tatbestand, der auf den zweiten Blick etwas mit unserem Thema zu tun bekommt. Als typische Reaktion auf ein Wunder Jesu erfahren wir in den meisten Fällen nicht etwa, die Umstehenden seien in Freude ausgebrochen, sondern sie seien *entsetzt* gewesen. Warum Entsetzen statt Jubel, Verstörung statt Freude – darüber etwa, daß da ein Mensch gehen kann? Das Entsetzen ist Reaktion auf eine Machterfahrung, aber es hat womöglich noch einen anderen Grund, auf den man kommt, wenn man an eine alte Bedeutung denkt, die das Wort „Entsetzen" haben kann. Wenn eine Stadt belagert war, suchte man sie zu *entsetzen*, das heißt den Einschließungsring aufzubrechen und die Belagerer zu vertreiben. *Ent*-Setzen ist in diesem Sinn Gegenwort zu *Beset-*

zung, *Besatzung*. Und so ist auch das Entsetzt-Sein derer, die ein Wunder Jesu erleben, das Aufbrechen eines Besetzt-Seins, des Besetzt-Seins von der Vorstellung, was nun einmal so sei, könne sich nicht ändern.

Das ist nun nicht einfach ein anderes Verständnis von „Entsetzen", sondern deckt einen Grund auf für das Entsetzen als Reaktion des äußersten Erschreckens. Denn die Befreiung von der Zwangsvorstellung, das, was so sei, sei nun einmal so, ist nicht nur angenehm. Wenn ich unter einem Zustand leide, kann es zu meiner Beruhigung beitragen, daß er nun einmal nicht änderbar ist. Das Sich-Abfinden mit dem Gegebenen kann eine große Weisheit sein; aber es gibt auch die Verführung, *das* für unveränderbar, für schlechterdings immobil auszugeben, unter dem ich zwar leide, das ich aber letztlich nicht ändern will. Und wenn sich plötzlich etwas als veränderbar erweist, in dessen Unveränderbarkeit ich mich eingewöhnt habe, dann kann das eine „Entsetzen" die Folge des anderen werden. Denn nun wird es womöglich noch schwerer, zu ertragen, daß – versetzen wir uns die Situation der Wunder Jesu – manche Lahme gehen (*aber nicht alle*), manche Blinde sehen (*aber keineswegs alle*) und selbst der Tod nicht das letzte Wort hat (*und doch für fast ausnahmslos alle ein so zwingendes*).

Es ist viel *mehr* möglich, als ich für möglich hielt – das kann eine schöne Erfahrung sein; es kann aber das noch härter machen, was ist – und was weiterhin so ist, obwohl oder gerade weil es nicht mehr „nun einmal" so ist. Wo wunderbare Änderung möglich wird, ist das Ertragen des noch Unveränderten um so schwerer. Ich habe deshalb einmal vorgeschlagen, das Wort „Wunder" *auch* als Komparativ von „wund" zu lesen ...

„Es wird nach einem happy end/ im Film jewöhnlich abjeblendt" – so beginnt *Kurt Tucholsky*s Gedicht „Danach" (1930), in dem die Fortsetzung nach dem Ende des Liebesfilms in den Blick kommt. Nach mehrfachem „Na, un denn –?" die – Sie erinnern sich vielleicht – bösen Schlußzeilen: „Die Ehe war zum jrößten Teile/ vabrühte Milch un Langeweile/ Und darum wird beim happy end/ im Film jewöhnlich abjeblendt". Würde man mit schwarzem Humor biblische Wundergeschichten weiterschreiben, käme zum Beispiel heraus, daß der Gelähmte am Teich Betesda nach 36 Jahren Krankheit keineswegs ins normale Leben zurückkehren konnte, ja, daß ihm mit dem Bett am Teich der einzige Ort genommen war, an dem er – wie kümmerlich auch immer – seinen Platz gefunden hatte. Zu erzählen wäre dann, wie die wiedergewonnene Mobilität umschlug in noch viel größere Lähmung, die Vertreibung aus dem Abseits als dem einzig sicheren Ort ihm zur völligen Katastrophe wurde.

Das Elend vieler Negersklaven in den Südstaaten wurde noch größer, als nach dem Sezessionskrieg deren Freilassung verfügt war. Denn nun hatten sie den letzten Rest von Sicherheit verloren, und die Verheißung, sie könnten ja Tellerwäscher werden, um dann bekanntlich zum Millionär aufzusteigen, fügte denen, die bestenfalls Tellerwäscher wurden und – mit Glück – blieben, zum Elend noch die Schuld hinzu, die ihnen offen stehenden Chancen nicht genutzt zu haben. Gewiß: Der Preis der Freiheit kann kaum je so groß sein, daß er zum Argument gegen die Freiheit wird, aber wo dieser Preis nicht benannt wird, stimmt ebenso etwas nicht wie dort, wo vorwiegend die einen den Preis für die Freiheit vorwiegend der anderen zahlen.

Es gibt in der Bibel viele „Mobilitäts-" und „Mobilisierungsgeschichten". Mobilität erlangen, bedeutet, wieder auf die Beine zu kommen, auf den eigenen Füßen zu stehen – zuerst im ganz wörtlichen Sinne und dann im weiteren, in dem Mobilität mit Autarkie und Autonomie, mit Freiheit zusammen hängt.

„Die totale Mobilmachung"

Wo *alles* mobil gemacht wird, haben wir den Sprachraum der Medizin verlassen und befinden uns in einem anderen Jargon. „Jemandem Beine machen" heißt nicht, ihn und sie auf die Beine bringen, sondern wider Willen in Bewegung setzen: „vermöbeln" sagt man auch dazu. Im Wortfeld „mobil" liegen Leichtigkeit und Zwang eng beieinander: Ein „Mobile" ist eine besonders luftige und zarte Plastik; man muß das Wort nur zum „Mobilen Einsatzkommando" ergänzen und findet ganz andere Formen von Bewegung in Wort und Bild gesetzt. „Mars macht mobil" – noch immer, wenn auch heute (folgen wir der Werbung): „bei Arbeit, Sport und Spiel".

„Die totale Mobilmachung" – das ist zuerst der Titel eines Buches von *Ernst Jünger* (1931) – das Wort „total" kennzeichnete später bekanntlich auch anderes. Diese buchstäblich martialische Seite des Wortes „Mobilität" soll ebenso wenig verdrängt werden wie die militärische Abkunft des

Wortes „Fortschritt" (*progressus*), welches das Vorrücken des (römischen) Heeres und mit ihm der Zivilisation bezeichnete. Es gab eine Zeit, in der die Worte „Fortschritt" und „progressiv" *eo ipso* positiv konnotiert waren (bis hin zum bösen Witz aus Prag um 1968, demzufolge der Parteichef Nowotny, der wegen einer offenkundigen Paralyse zum Rücktritt aufgefordert worden sei, gefleht habe: „Genossen, könnt ihr mir nicht wenigstens eine *progressive* Paralyse bescheinigen!?"...). Die mobilitätshaltigen Worte „Fortschritt" und „Zukunft" fungierten als Worthülsen, unvergeßlich in jenem CDU-Wahlslogan „Zukunft statt Rot-Grün", dessen Logik Sätzen wie „Abends ist's kälter als draußen" oder „Durch den Wald ist's kürzer als zu Fuß" gleicht. „Zukunft statt Rot-Grün" – ebenso hätte man plakatieren können: „Nächsten Donnerstag statt gestreift". Aber es geht in solchen Slogans nicht um die Logik, sondern um das, was die Worte auslösen. Und „Fortschritt" und „Zukunft" standen eben *an sich* – ohne jede inhaltlich Füllung – für etwas Positives. Inzwischen haben wir begonnen zu fragen, *was* fortschreiten solle und was besser nicht, was in Zukunft sein solle und was nicht, statt den Fortschritt und die Zukunft *an sich* zum Fetisch zu erheben. Beim Stichwort „Mobilität" fehlt diese Rückfrage noch weithin, „Mobilität", „mobil" zu sein, verheißt Gutes an sich. Schon deshalb soll das Wort „Mobilmachung" nicht vergessen werden und auch nicht der Beitrag der Bibel zu diesem Aspekt unseres Themas.

In 5. Mose 20 finden sich Gesetze zur Kriegsführung, die einer „totalen Mobilmachung" ebenso entgegen stehen wie jeder Art von „totalem Krieg". Für zweiteres verweise ich nur auf die Bestimmung, daß die lebensnotwendigen Bäume auch des Feindes zu schonen sind; für ersteres zitiere ich aus den Versen 3-8:

Höre, Israel! Ihr zieht heute in den Kampf gegen eure Feinde. Euer Herz verzage nicht, fürchtet euch nicht und erschreckt nicht und laßt euch nicht grauen vor ihnen; Adonaj, euer Gott, geht ja mit euch, daß er für euch streite mit euren Feinden, um euch aufzuhelfen. ... Wer ein neues Haus gebaut hat und hat's noch nicht eingeweiht, der mache sich auf und kehre heim, auf daß er nicht sterbe im Krieg und ein anderer es einweihe. Wer einen Weinberg gepflanzt hat und hat seine Früchte noch nicht genossen, der mache sich auf und kehre heim, daß er nicht im Kriege sterbe und ein anderer seine Früchte genieße. Wer mit einer jungen Frau ver-

lobt ist und hat sie noch nicht in sein Haus gebracht, der mache sich auf und kehre heim, daß er nicht im Krieg sterbe und ein anderer sie nehme.
... Wer sich fürchtet und ein verzagtes Herz hat, der mache sich auf und kehre heim, auf daß er nicht auch das Herz seiner Brüder weich mache, wie sein Herz ist.

Von totaler Mobilmachung kann hier nicht die Rede sein, wie denn überhaupt gerade die *Befolgung* des im Gotteskrieg Gebotenen faktisch Kriege unführbar machen würde. Es gibt in diesen biblischen Kriegsgesetzen, wie wir hörten, viele legitime Gründe, der Mobilmachung sich zu entziehen. Einer ist, schlicht Angst zu haben. Gerade da, wo uns die Bibel in der archaisch-religiösen Begründung der Gotteskriege unheimlich werden kann, erweist sie sich als menschenfreundlich, ökologiebewußt und totalitätsresistent. Auch das eine „biblische Erinnerung" angesichts *eines* Wortgebrauchs von „mobil". Mars macht mobil ... Der Gott der Bibel ist eben nicht Mars.

„hinter der Herde weggeholt"

In den Sozialwissenschaften kam im Laufe der Zwanziger Jahre der Begriff „Mobilität" auf, und zwar vor allem zur Kennzeichnung sozialer Statusveränderungen in individuellen Lebensläufen und Familienbiographien. Soziale Mobilität wird heute mehr denn je Realität, Notwendigkeit und Chance. Immer weniger Menschen werden ihr Leben lang im einst erlernten Beruf arbeiten, um nur diesen Aspekt zu nennen. In dieser Hinsicht scheint die „Mobilität" in biblischen Zeiten gering. In aller Regel hatte man den „Beruf", den der Vater hatte, und die eigenen Söhne und Enkel blieben meist beim ererbten Erwerb. Und doch sind biblische Geschichten voller abrupter sozialer Wechsel. Die Nachfolge Jesu bedeutete den Bruch mit Familie und gewohnter Lebensführung. In Lukas 9, 57ff. zum Beispiel lesen wir:

Und als sie auf dem Wege waren, sprach einer zu ihm: Ich will dir folgen, wohin du gehst. Und Jesus sprach zu ihm: Die Füchse haben Gruben, und die Vögel unter dem Himmel haben Nester; aber der Menschensohn hat nichts, wo er sein Haupt hinlege. Und er sprach zu einem andern: Folge mir nach! Der sprach aber: Herr, erlaube mir, daß ich zuvor hingehe und meinen Vater begrabe. Aber Jesus sprach zu ihm: Laß die Toten ihre Toten begraben; du aber geh hin und verkündige das Reich Gottes!

Und ein andrer sprach: Herr, ich will dir nachfolgen; aber erlaube mir zuvor, daß ich Abschied nehme von denen, die in meinem Haus sind. Jesus aber sprach zu ihm: Wer seine Hand an den Pflug legt und sieht zurück, der ist nicht geschickt für das Reich Gottes.

Die hier geforderte Mobilität ist buchstäblich „rücksichtslos"; mobil zu sein bedeutet hier keineswegs, sich alle Wege und Richtungen offen zu halten, sondern den *einen* Weg zu gehen. Die in der Exegese gebrauchte Kennzeichnung der Jesusgruppe als „Wanderradikale" hat darin ihr Recht. Neutestamentliche Berufungsgeschichten wiederholen vorausgehende in Israel. Da wird Amos aus seinem „bürgerlichen Beruf" als Vieh- und Feigenzüchter herausgerissen, indem Gott ihn packt „hinter der Herde weg". Das wird für Amos zum bezwingenden Geschehen: „Der Löwe brüllt, wer fürchtet sich da nicht? Gott redet, wer prophezeit da nicht?" (Am 3, 8). Amos wiederholt, was zuvor Mose geschah. Auch er, der sich nach seiner Flucht aus Ägypten fast gewöhnt hatte an das Leben im midianitischen Land bei seinem Schwiegervater Jetro, dessen Schafe er hütete, wird durch ein bezwingendes Erlebnis (den Anblick eines Dornbuschs, der brennt und nicht verbrennt) zunächst vom Wege abgebracht und dann auf einen Weg geführt, den Weg zur Befreiung seines Volkes aus der ägyptischen Knechtschaft. Saul wird zum König ausersehen, als er gerade verschwundene Eselinnen sucht; David ist der jüngste der Brüder, den keiner auf der Rechnung hatte, doch Gott hatte unter den Söhnen Isais *ihn* zum König bestimmt. Gottes Geistkraft wirkt – gerade in den Geschichten von Saul und David – nicht nur *be*geisternd, sondern auch *ent*geisternd; sie legitimiert, und ebenso entzieht sie Legitimation; sie kann Kraft verleihen und ebenso Sicherheit nehmen. In der vielleicht größten Utopie der Geistkraft Gottes, in Joel 3 (der alttestamentlichen Verheißung, die im Neuen Testament das Pfingstgeschehen trägt), kommt eine Mobilität in Wort und Bild, die nicht weniger ist als die Auflösung aller Hierarchien und tradierten Rollen – von Männern und Frauen, Jungen und Alten, Mägden und Herren:

Dann werde ich meine Geistkraft ausschütten auf alles Fleisch. Eure Söhne und Töchter werden Prophetinnen und Propheten sein. Eure Alten werden Träume haben. Eure jungen Männer werden Visionen haben. Auch über Knechte und Mägde werde ich in jenen Tagen meine Geistkraft ausschütten.

Nicht der „Kreislauf der Eliten" (*Pareto*) ist die Grundfigur sozialer Mobilität in der Bibel, sondern die Umwertung der Werte: „Er stößt die Gewaltigen vom Thron und erhöht die Niedrigen. Die Hungrigen füllt er mit Gütern und läßt die Reichen leer ausgehen". So klingt es in Lukas 2 in Marias Lobgesang, und Maria zitiert hier das Lied der Hanna vom Beginn der Samuelbücher. „Die ersten werden die letzten sein", lautet ein überlieferter Jesusspruch. Wenn man den Satz ernst nimmt, geht es da nicht um eine einmalige Neumöblierung der Rollen und Ränge, sondern um je neue grundstürzende Veränderung, wo immer es „erste" und „letzte" gibt. Mit solchen Maximen ist kaum Staat zu machen. Daß es doch ging und daß die Kirche die vermutlich „global" verläßlichsten und stabilsten Hierarchien ausgebildet hat, geschah um den Preis der Entschärfung der rebellischen, anarchischen Linie der Bibel.

Exodus

Von einer weiteren Mobilität ist zu reden, der elementar räumlichen. Die Theologie befaßt sich traditionell, wenn ich recht sehe, mehr mit Zeit- als mit Raumerfahrungen. Erst in jüngster Zeit ändert sich das (vor allem in der „Praktischen Theologie"), und es ist kein Zufall, daß der nächste Deutsche Evangelische Kirchentag (2001 in Frankfurt und allemale nicht ohne Bezug zu diesem Ort) eine Losung haben wird, die mit dem Raum zu tun hat. „Du stellst meine Füße auf weiten Raum" lautet sie mit Worten aus Psalm 31, 9.

Mobil sein bedeutet, unterwegs sein. Erzählungen von Wegen und Wanderungen durchziehen die ganze Bibel vom 1. Mosebuch am Anfang bis zur Johannesoffenbarung an ihrem Ende. Die Väter und Mütter Israels durchzogen das Land als Wandernde und wurden seßhaft erst im Grab. Die Evangelien sind weithin erzählt als Itinerarien, als Wegberichte von Station zu Station. Die schlechterdings grundlegende Wanderung aber ist der vierzig lange Jahre dauernde Weg Israels durch die Wüste, der auf den Auszug aus Ägypten folgt. Die erzwungene Mobilität wurde dabei zur Last, die Befreiung zur Bürde. Daß auf die Knechtschaft nicht sogleich die Freiheit folgte, sondern der beschwerliche Weg der Befreiung, ließ das Volk, wie die Mosebücher erzählen, immer wieder murren und sich in auf-

sässig-nostalgischer Trägheit an die angeblichen „Fleischtöpfe Ägyptens" zurücksehnen. Der Satz: „Du hast das Volk aus Ägypten geführt" – an Mose wie an Gott selbst gerichtet – wird zum offenen Vorwurf. Gott aber geht dem wandernden Volk voran. In 2. Mose 13, 21 heißt es (in der Verdeutschung von *Martin Buber* und *Franz Rosenzweig*):
Vor ihnen einher ging ER,
des Tags in einer Säule Gewölks, sie den Weg zu leiten,
des Nachts in einer Säule Feuers, ihnen zu leuchten,
damit sie tags und nachts gehen konnten.

Wie wird Gott hier wahrnehmbar? Anders als der aristotelische „unbewegte Beweger" ist Israels Gott selbst „mobil", geht selbst, geht dem Volk voran. Israel kann in der Wüste Gott wahrnehmen im Kontrast zur umgebenden Wirklichkeit. Im Dunkel der Nacht wird er erkennbar in einer Feuersäule, in der Helligkeit des Tages dagegen als dunklere Wolke. Das Kontrastbild ist transparent auf eine Grundfrage nach Gott. Er kommt hier nicht in den Blick als Garant dessen, was ist und wie es ist, sondern in einer Gegenerfahrung, denn das, was ist, ist nicht alles. Und weil, was ist, nicht alles ist, kann das, was ist, sich ändern.

Als „kürzeste Definition von Religion" formuliert *Johann Baptist Metz*: „Unterbrechung". Von der Bibel her will ich ihr eine ebenso kurze an die Seite stellen, nämlich: „Überschreiten". Ist es Zufall, daß im Hebräischen der Name „Hebräer" (*ivri*) und das Verb „überschreiten" (*avar*) wurzelverwandt klingen? Solches Transzendieren freilich wäre abzugrenzen gegen eine Verortung Gottes „im Jenseits" als bloße Kompensation des irdischen Jammertals, welche letzteres umso fester einmauert. Das *Überschreiten* richtet sich vielmehr gegen die Vorstellung, daß das, was ist, *nun einmal* so ist.

Die im Exodusbuch erzählte Wahrnehmung Gottes im Kontrast zum je Gegebenen (tags in einer Wolkensäule, nachts in einer Feuersäule) reizt zu (gezielt anachronistischen) Folgeüberlegungen: Wo alles hell ist, in der Herrschaft der „Aufklärung" (*enlightenment, les lumières, illuminismo* – die Nachbarsprachen benennen deutlicher als die deutsche Bezeichnung die Lichtmetaphorik dieser Epoche), wäre Gott *dagegen* wahrnehmbar in einer Wolke (seit „Aufklärung" von einem Begriff der Philosophie zu einem der Polizei und des Enthüllungsjournalismus geriet, um so mehr ...). Wo aber die (nicht nur „romantische") Nacht (das mythisch-mystische

Dunkel in mancherlei Gestalt) das Feld beherrscht, ist es um den Feuerschein zu tun, um die klaren Begriffe, das Dunkle der Gefühle und das Wolkige des Ungefähren zu erhellen.

Die Gleichzeitigkeit *beider* Zustände macht die Mobilisierung *beider* Gegenerfahrungen notwendig. Aber was ist wann dran? Denn es gibt nicht nur die notwendige Dialektik von Gehen und Bleiben, Tradition und Erneuerung, Weg und Ziel; es gibt auch die fatale Komplementarität von Unübersichtlichkeit und Fundamentalismus. Wo alles im Fluß ist, sucht man um so festeren Halt. Doch leichtes Gepäck mit wenigen Grundüberzeugungen als Konserven macht zwar womöglich das Gehen weniger beschwerlich, doch es könnte sich unterwegs als zu geringe und zu einseitige Wegzehrung erweisen, um ans Ziel zu gelangen. Denn so zentral in der Bibel das Gehen und die Wege sind, so ist dennoch nicht der Weg schon das Ziel. Und allemal kann es trügerisch sein, Wege durch Bewegungen zu ersetzen. Auf der Stelle stehen und mit den Flügeln schlagen ist schließlich auch Bewegung. Deshalb müssen wir noch genauer hinsehen.

Biblische Mobilität erweist sich als Dialektik von Gehen und Bleiben, als Weg nicht aus der Heimat, sondern in die Heimat. Denn anders als der Heimatbegriff der Autochthonen, denen das vorgebliche „Immer schon" ihrer Ansässigkeit zum vermeintlichen Vorrecht gegenüber den je Hinzukommenden dient, ist Israels Heimat nicht das Land, in dem man „immer schon" war; sondern das Land, in das man kam, kommt, kommen wird. „Heimat ist das Entronnensein", so steht es in der „Dialektik der Aufklärung" von *Max Horkheimer* und *Theodor W. Adorno*. Nehmen wir einen weiteren Satz hinzu, nämlich den Wunsch, den sich Jüdinnen und Juden bis heute zu Päsach zurufen: *leschana habba'a biruschalajim* („Nächstes Jahr in Jerusalem")!

Gemeinsam könnten die Sätze als Motto über einer „biblisch-jüdischen Heimatkunde" stehen.

menucha – Freiheit und Heimat

Zu Beginn dieses (vorletzten) Abschnitts einige literarische Lesefunde zu unserem Thema. Der erste stammt aus *Sten Nadolnys* Roman „Selim oder Die Gabe der Rede". Der Roman spielt in Berlin:

Zur Universität fuhr Alexander mit der U-Bahn. Der Satz „Nach Krumme Lanke zurückbleiben" beschäftigte ihn philosophisch: Vielleicht blieb man nie „irgendwo" zurück, sondern immer „irgendwohin"?

Als unverhofftes Gegenstück fand ich neulich eine Biographie von *Karl Valentin*, die ein Zitat des genialen (so nannte Tucholsky ihn:) „Linksdenkers" zum Titel hat. Es lautet:

Du bleibst da – und zwar sofort!

In beiden Sätzen wird die Semantik von Gehen und Bleiben durcheinander gewirbelt; es zeigt sich, daß es sich bei beidem um Bewegungen handeln kann und beide keinen platten Gegensatz bezeichnen. Und dafür, daß das Zurückgekehrtsein sich als Angekommensein vom Dagebliebensein kategorial unterscheidet, nenne ich als eine dritte nichtbiblische literarische Anleihe (viele von Ihnen kennen das, und deshalb will ich den Kontext für diesmal voraussetzen) den berühmt gewordene Ausruf von Bär und Tiger in *Janoschs* Geschichte:

„*Oh, wie schön ist Panama!* "

Und noch ein vierter kleiner Text. In *Wolfdietrich Schnurres* wunderbarem Buch „Der Schattenfotograf" finde ich diese Passage:

Als Anfangsgleichnis dann vielleicht dies: „Was würdest du machen, wenn du ganz allein auf der Welt wärst?" – „Dann setz ich mich in den Zug und fahr zu meiner Tante nach Leipzig." Leider nicht von mir; jüdisch. Aber ich hätte den Titel dafür: Geborgenheit.

Ohne das Moment des Bleibens wird die Mobilität zum Selbstzweck oder zum permanenten Hinterherhecheln hinter jedem vermeintlichen Ziel, um nur nichts zu verpassen. Wer meint, stets erreichbar sein zu müssen (ein Ideal des mobilen Telefons z.B.), macht sich verfügbar; wer sich stets vernetzt halten will, hat sich schon im Netz verfangen. „Es kömmt drauf an", *aus Freiheit* und *in Freiheit* Möglichkeiten ungenutzt zu lassen, statt alles Erreichbare erreichen, alles Machbare machen zu wollen.

In der Hebräischen Bibel hat die Dialektik von Gehen und Bleiben ein Wort gefunden, das Wort *menucha*, das wörtlich „Ruhe" bedeutet und womöglich am angemessensten mit „Heimat und Freiheit" wiedergegeben werden kann. Es ist die Ruhe des Sitzens „unter dem Weinstock und dem Feigenbaum" – nach getaner Arbeit – „ohne daß einer sie aufstört", wie es am Ende der großen Friedensvision (mit dem gewaltigen Bild des Umschmiedens der „Schwerter zu Pflugscharen") in Micha 4 heißt. Ohne diese Ruhe wäre die Arbeit halbiertes Leben. Jene Ruhe, *menucha*, ist die große Verheißung für das Ende der Wege, Unterpfand dafür, daß Mobilität nicht in bloßer Rastlosigkeit ihre Signatur findet.

Die Dialektik von Gehen und Bleiben durchzieht biblische Texte zuweilen so, daß beide Motive dicht beieinander zu stehen kommen. „Bleibe im Lande und nähre dich redlich!" Dieser Satz aus Psalm 37, 3, der – für sich gelesen – geradezu eine Gegenparole zur Mobilitätsforderung sein könnte, wird in demselben Psalm gleich im übernächsten Vers fortgesetzt durch den fast noch berühmter gewordenen Satz: „Befiehl dem HERRN deine Wege!", und wieder im übernächsten Vers lesen wir (abermals in der Übersetzung der Luther-Bibel): „Sei stille dem HERRN und warte auf ihn!" „Bleiben", „Wege gehen" und „warten" sind offenbar keine bloßen Gegensätze, sondern Haltungen, die aufeinander angewiesen sind. Das Leitthema des Psalms aber ist „Gerechtigkeit". Das mag uns daran erinnern (und das wäre dann wohl die entscheidende biblische Erinnerung), daß „Mobilität" eher so etwas wie eine Sekundärtugend beschreibt und nie zum primären Ziel werden darf. Der Exodus ist nicht Weg an und für sich, sondern Weg aus der Knechtschaft – „Ur-Sprung" der biblischer Theologie in ihrer Gänze.

Das Bleiben verheißt nicht Ruhe als „erste Bürgerpflicht" oder gar als Selbstzweck, sondern steht für das gelingende Leben, in dem man – wie es mehr als einmal in der Bibel heißt – die Häuser, die man baut, selbst werde bewohnen, die Früchte der Weinberge, die man anpflanzt, selbst werde genießen können, in dem Arbeit nicht ins Leere geht und ein Leben zu Ende gelebt werden kann, in dem zuletzt nicht die Autarkie und die Autonomie zum Ideal erhoben wird, sondern die Solidarität und die Gerechtigkeit, und in der das Angewiesensein auf andere keinen Mangel an Autarkie, sondern die Fülle des gemeinsamen Lebens bezeichnet.

Im Netz

Ein letzter Abschnitt mit einem ganz anderen Aspekt des Themas „Mobilität". Ich sehe eine ganze Reklameseite in der Zeitung, in der Siemens für sein „Mobiles Netz" wirbt. Da gibt es jeweils mit Jahreszahlen drei Stufen der Mobilität zu sehen, die Mondlandung (1969), die Landung eines Sondierungsfahrzeugs auf dem Mars (1998) und schließlich (2000): „Der Mensch entdeckt ein neues Universum", nämlich „die mobile Welt von Siemens". Die Daten und Bilder lassen erst auf den zweiten Blick eine Umkehrung der Bewegung erkennen. Denn um die „mobile Welt" des Jahres 2000 zu betreten, muß man keine Reisen mehr machen. Man zieht nicht in die Welt hinaus, man zieht die Welt ins eigene Haus hinein. Diese Mobilität verbindet sich mit einer auf den Mouseklick reduzierten Bewegung.

Nun scheint es sich von selbst zu verstehen, daß eine „biblische Erinnerung" im Blick auf diese Mobilität ebenso wie im Blick auf die „Auto-Mobilität" nur aus Kalauern bestehen kann wie die zu Beginn erzählte FIAT-Geschichte oder die noch ältere Auskunft: Jesus fuhr in einem FORD/T. Das Internet und die Fischernetze der Jünger verbindet kaum mehr als das Wort „Netz", und die biblischen Wehe-Sprüche lassen sich kaum zum „www" zusammenbinden. Wenn wir uns jedoch von vordergründigen Wortverbindungen freimachen und ebenso darauf verzichten, den Graben der grundlegend veränderten technischen Voraussetzungen überspringen zu wollen, werden verblüffende Beobachtungen und Überlegungen möglich.

Seit einiger Zeit fällt mir auf, daß in den Versuch der Beschreibung biblischer Textbewegungen immer mehr Sprachbilder aus der Film- und Computerwelt einfließen. Das hängt natürlich zunächst damit zusammen, daß je gegenwärtige Erfahrungs- und Deutungskategorien in jede Auslegung einfließen. Aber ich kann mich des Eindrucks nicht erwehren (und inzwischen will ich das auch gar nicht mehr), daß Film- und Computermetaphern besonders geeignet sind, bestimmte Elemente biblischen und rabbinischen Textverständnisses zu beschreiben. Texte prophetischer Visionen lassen sich erstaunlich gut mit Hilfe von Kategorien wie „Filmschnitt" oder „Überblendung" erfassen.

Da erlebt der Prophet Hesekiel (Ezechiel) Luftreisen, die ihn an einen viele hundert Kilometer entfernten Ort bringen, den er genau beschreiben kann. Kommt er an diesen Ort, oder kommt dieser Ort zu ihm? Da tritt (bei Sacharja und Daniel vor allem) aus einem Bild (wie in *Woody Allen*s Film „The Purple Rose of Cairo") eine Figur heraus und tritt in Beziehung zu dem Bild, dem sie selbst zugehört. Vor allem aber ist der Text selbst – in Relation zu seiner Auslegung – durchaus zutreffend als „Textspeicher" beschreibbar.

Der in Jerusalem lehrende Talmudforscher *Jonah Fraenkel* erzählte eine Geschichte, die mir wahrscheinlich machte, daß es sich bei solchen Sprachformen nicht um etwas handelt, das erst die Folge der Computer ist. Ich will versuchen, die kleine Geschichte weiter zu erzählen, die an der entscheidenden Stelle einer Handbewegung bedarf. Fraenkel berichtete von einem Besuch, den er als etwa 14jähriger mit seinem Vater in den Vierziger Jahren in Jerusalem bei einem der großen alten aus Deutschland stammenden Talmudgelehrten gemacht habe. Man saß beim Essen, und ein anderer Gast fragte den Gelehrten, ob eine bestimmte Formulierung, die er nannte, im Talmud vorkomme. Daraufhin habe der Rabbi die Augen geschlossen und habe mit dem Finger eine langsame wie abtastende, halbkreisartige Bewegung durch die Luft vollführt. Als er am Ende seiner Bewegung ankam, sagte er: „Nein, diese Stelle gibt es nicht."

Jener Gelehrte hatte den Text gespeichert; er rief den Textspeicher auf und durchsuchte ihn wie mit einem Befehl „Suche", den ich meinen Computer gebe. Am Ende kam (in diesem Fall) die Meldung, die mein Computer so anzeigt: „Der Suchvorgang innerhalb des Dokuments ist abgeschlossen. Das gesuchte Element konnte nicht gefunden werden." Nun kann man sagen, zwar lasse sich das, was jener rabbinische Gelehrte (wie viele in vielen Jahrhunderten vor ihm) ohne Computer konnte (und was kaum jemand von uns noch kann), mit Hilfe der Computerwelt und ihrer Sprache heute trefflich beschreiben, habe aber mit ihr im Kern nichts zu tun. Ich bin da nicht so sicher und will das versuchsweise etwas ausführen.

Grundlage und Kennzeichen rabbinischer Bibelauslegung ist der höchst aufregende und enorm kreative Antagonismus zwischen dem Festen und dem Mobilen. Der Text der „Schrift" ist fest; er gilt so, wie er überliefert ist und da steht. Aber die rabbinische Auslegung ist ungeheuer frei. Das Verhältnis zwischen dem festen, sakrosankten Text und der zuweilen geradezu überbordenden Offenheit der Auslegung ist eine jüdische Antwort auf die Frage nach der Relation von Gehen und Bleiben, Tradition und Erneuerung. Jede Auslegung hat am Text selbst Anhalt, doch jede legt auf ihre Weise etwas im Text frei, sei es, indem sie das Augenmerk auf eine winzige Besonderheit der überlieferten Schreibweise richtet, sei es daß sie die Worte des Textes mit Worten anderer Texte kombiniert.

Prinzipiell kann alles mit allem verknüpft werden zu einem „wor[l]d. wide.web", einem Gewebe eines virtuellen Gesamttextes, der (in der rabbinischen Konzeption der Verbindung von „schriftlicher" und „mündlicher Tora") die Summe aller tatsächlich erfolgten und noch möglichen Auslegungen umfaßt.

Aus dem Psalmenwort „Eines hat Gott gesprochen, zwei sind's, die ich gehört habe" (Ps 62, 12 – *achat dibbär elohim, schtajim-su schama'ti*) hat die jüdische Auslegung das Prinzip abgeleitet, daß jeder biblische Satz mindestens zwei Auslegungen zuläßt, ja erfordert – mindestens zwei, doch es können – nach einem bekannten rabbinischen Diktum – bis zu siebzig sein. Die Offenheit aber ist die andere Seite des festen gespeicherten Textes. Diese Dialektik von Mobilität und Stabilität scheint mir besonders aufregend. Das „anything goes" und die Spielarten der Postmoderne sind – auch wegen dieser Erinnerung – eben nicht vorschnell unter den Verdacht der „Beliebigkeit" zu stellen. Es geht um eine Vielfalt ohne Beliebigkeit, auf unser Thema gewendet: um Mobilität ohne Ortlosigkeit.

Eine Form jüdischer Exegese – weniger der klassisch rabbinischen als der kabbalistischen, also der der jüdischen Mystik – basiert auf der Möglichkeit, den Sinn von Worten durch Anagramme und Permutationen zu erfassen, also durch Umstellungen der Buchstabenfolge und serielle Buchstabenreihen. Hier berühren sich Grundprinzipien der Kabbala mit solchen der Mathematik und Informatik, der Musik und – nicht zuletzt – der Genetik. Wie die Welt der Worte aus zum Beispiel den 22 Buchstaben des hebräischen oder den 26 des deutschen Alphabets zusammengesetzt ist, die je durch ihre Abfolge zu komplexen Informationen werden, so verhält es sich bei den Tönen der Musik, bei den Zahlen und bei den Basen der DNA entsprechend. Dieses kabbalistische Moment modernster Wissenschaft hat – wie könnte es anders sein – Schriftsteller zur Verarbeitung gereizt, ich denke an den Roman „Das Foucaultsche Pendel" von *Umberto Eco* (dt. 1989) oder (noch enger beim Thema) an *Harry Mulisch*s Roman „Die Prozedur" (dt. 1999). Doch bereits *Gershom Scholem* weihte den ersten Großrechner Israels im Chaim-Weizmann-Institut in Rehovot (am 17. Juni 1965) ein mit einer Rede mit dem Titel „Der Golem von Prag und der Golem von Rehovot", in der er das Prinzip des Computers verband mit der alten Überlieferung von Bezalel, dem MaHaRaL, dem Hohen Rabbi Löw in Prag (um

1600), der – mittels einer Buchstabenkombination! – einen künstlichen Menschen, den Golem, erschuf, der der bedrängten Prager jüdischen Gemeinde helfen sollte und tatsächlich half und der am Ende selbst (das Motiv des „Zauberlehrlings") zum größten Problem wurde.

Das Zauberlehrlingsmotiv *muß* anklingen, wann immer neue Technik ein besseres Leben verheißt. Aber ich möchte meine „biblischen Erinnerungen" nicht in skeptischer Kulturkritik enden lassen – nicht, weil ich sie für unangemessen hielte, sondern weil sie ohnehin präsent sein dürfte. Stattdessen möchte ich meinen Vergleich des Unvergleichbaren noch ein wenig fortsetzen und so etwas wie einen rabbinischen „Chatroom" vorstellen.

Die rabbinische Auslegungsliteratur – vor allem in den Midraschim und den beiden Talmudim, dem *Talmud Bavli* und dem *Talmud Jeruschalmi* – stellt so etwas wie einen Textspeicher der rabbinischen Auslegungen dar. Die literarische Form (der ursprünglich mündlich überlieferten „Texte") ist die der Auseinandersetzung, der Diskussion. Argumente werden zitiert, aktualisiert, ausgetauscht; eine Auslegung wird genannt, dagegen eine andere, oft noch eine dritte und vierte. Was die Auslegung biblischer Texte angeht, so kann es nicht vielfältig genug zugehen. Nicht, wer am Ende Recht bekommt, ist hier die entscheidende Frage (anders ist das bei der *Halacha*, der Frage nach der den Geboten entsprechenden Lebens*praxis*), sondern der Versuch, dem auszulegenden Text so viele Gehalte und Impulse zu entnehmen wie nur möglich. So stehen Auffassungen hart gegeneinander und können gegeneinander, nebeneinander und *so* miteinander stehen bleiben. Rabbi „x" sagt etwas im Namen des Rabbi „y", Rabbi „z" widerspricht dem im Namen des Rabbi „u", der seinerseits Rabbi „v" zitiert, der sich gegen die Auffassung des Rabbi „w" wendet und so fort. Der lebendige Diskurs, die mündliche Diskussion ist die Form dieser Exegese. Aber nun das Eigentümliche: Die meisten, die da miteinander diskutieren, haben nie am selben Ort und in der selben Zeit gelebt. Der Diskurs findet statt in einem die Räume – *und* (da sind die Rabbinen weiter als die neue Welt der Mobilität) die Zeiten – oft Jahrhunderte übergreifenden „Chatroom".

Die Mobilität der Auslegung verbindet sich mit einer geradezu statisch scheinenden Treue zu den früheren Auslegungen. Tradition und Erneuerung bleiben verbunden – bis hin zu der Forderung, man dürfe nichts lehren, was man nicht von seinem Lehrer gehört habe, und dem gleichzeitigen Kriterium, nur ein Lehrhausgespräch, das eine Erneuerung gebracht habe, habe einen Nutzen gehabt. Wie platt wäre dagegen der Einwand, beides widerspreche sich aber doch? *Das* wußten die Rabbinen auch, und sie haben in solchen bis zum logischen Widerspruch zugespitzten Sätzen zum Ausdruck gebracht, daß die Frage nach der Wahrheit oft im „entweder-oder" nicht aufgeht, daß es stets Geschichten und Gegengeschichten gibt, ja daß eine Geschichte zuweilen nur wahr ist, weil ihre Gegengeschichte auch wahr ist.

In einer Situation, in der (das ist mein Eindruck der gegenwärtigen theologischen und kirchlichen Landschaft) zwei nach meiner Überzeugung unerläßliche Aspekte kritischer Theorie und Theologie verloren zu gehen drohen, nämlich „Religionskritik" einerseits und „dialektisches Denken" andererseits, ist die Erinnerung an solche Diskurse womöglich besonders wichtig.

Ich bin am Ende meines Beitrags, in dem ich versucht habe, der Anfrage gerecht zu werden, am Anfang dieses Kongresses „biblische Erinnerungen" ins Gespräch zu bringen. Ob das gelungen ist, müssen Sie beurteilen, und es muß sich in den weiteren Gesprächen erweisen, wenn es um die konkreten Fragen im Umgang mit „Mobilität" zu tun ist. Es könnte sich als nützlich erweisen, immer wieder einmal grundsätzlich zu fragen, von was für einer Mobilität die Rede ist. Geht es zum Beispiel darum, jemanden auf die Beine zu bringen oder jemandem Beine zu machen, etwas auf die Beine zu stellen oder jemandem ein Bein zu stellen?

Oder: Wer eigentlich soll mit wem kommunizieren – und worüber? Es mag ja nützlich sein, daß ich in kürzester Zeit wissen kann, welche Arbeiten über das Thema „Mobilität" weltweit erschienen sind, daß ich sie mir auf meinen Bildschirm holen kann – aber das ändert nichts daran, daß ich nur sehr wenige dieser Arbeiten werde zur Kenntnis nehmen und noch viele weniger werde verstehen können. Ein in dieser Hinsicht (statistisch:) durchschnittlicher Gelehrter des Mittelalters besaß etwa sieben Bücher. Die aber kannte er.

Und dann vielleicht auch diese Frage: Haben die Stimmen derer, die früher gelebt haben und ohne die wir nicht lebten, „Stimmrecht" im „neuen Universum", wie die Rabbinen der früheren Generationen Sitz und Stimme behielten im Diskurs der späteren?

Vor allem aber wäre mir als „biblische Erinnerung" die Wahrnehmung der Dialektik von Mobilität und Stabilität, von Gehen und Bleiben entscheidend. So formuliert ist das noch längst keine Antwort, aber – und darum ging es mir bei meinen „biblischen Erinnerungen in sechs Schritten" – vielleicht eine richtige Frage.

Vom Werden eines (Heiligen) Buches*

I.

Dieser Vortrag, meine sehr verehrten Damen und Herren, steht in einer Reihe, in der je ein jüdischer, ein muslimischer und ein christlicher Referent nach der Entstehung des für ihn zentralen Buches fragt. Es versteht sich von daher, daß im Vortrag von Rabbiner Dr. Stein vor allem von der Tora die Rede war und in dem von Herrn Dr. Elyas der Koran im Zentrum steht. In der Überschrift meines Referats ist dagegen nur von einem Heiligen Buch die Rede – und das Wort „heilig" ist dabei – aus guten Gründen, von denen noch die Rede sein wird – in Klammern gesetzt. Man könnte ja vielleicht erwarten, daß ein christlicher Referent in einer solchen Reihe vor allem das zum Thema machen werde, das seine „Religion" von den beiden anderen „Buchreligionen" unterscheide, also vornehmlich vom Neuen Testament und seinem Werden sprechen werde. Ich werde darauf nicht den Schwerpunkt setzen. Vielmehr geht es mir vor allem um die Frage der Schriftlektüre für Christinnen und Christen. Was ist für Christen „die Schrift"? Welche Form, welche Verbindlichkeit, welche Normativität besitzt sie?

Die Einladenden haben sich gewiß etwas dabei gedacht, für diesen Vortrag nicht eine(n) NeutestamentlerIn, sondern einen Alttestamentler (und biblischen Hermeneutiker) zu fragen. Ich verstehe das so, daß jedenfalls auch die – eigentümliche und religionsgeschichtlich unvergleichliche – Tatsache zur Frage werden soll, daß wir als Christinnen und Christen eine Heilige Schrift haben, deren erster und weitaus größter Teil auch die Heilige Schrift einer anderen Religion ist, des Judentums. Nicht das NT, sondern die (ganze) Bibel ist die normative Grundlage des Christentums (in besonderer Weise noch einmal des Protestantismus). In den letzten Jahren ist jedoch immer mehr Christen fraglich geworden, ob wir denn so selbstverständlich

---

* *Vorgetragen vor der Gesellschaft für Christlich Jüdische Zusammenarbeit am 21.9.1999 in Minden*

diesen ersten und größeren Teil der Bibel für uns beanspruchen können, ob nicht bereits darin eine Enteignung des Judentums sich manifestiert.

Andererseits – und es wird oft ein einerseits und ein andererseits geben – könnte es ja auch eine Form judenfeindlicher Gesinnung sein, das sogenannte AT aus dem für Christenmenschen verbindlichen Teil der „Schrift" auszuschließen, wie es von Markion bis zu den Deutschen Christen, von Schleiermacher bis Franz Alt unternommen wurde und wird. Doch was bedeutet in diesem Zusammenhang eigentlich die Rede von einer verbindlichen Schrift? Damit ist mein Hauptthema für heute abend benannt. Ich möchte das an einem aktuellen Thema und einer in den letzten Wochen häufig zu hörenden Redeweise demonstrieren.

Aus aktuellem Anlaß und aus guten Gründen haben sich die Kirchen in die Debatte um die Ladenöffnungen am Sonntag eingeschaltet. Ich möchte jetzt nicht diskutieren, welche Gründe für oder gegen die völlige Liberalisierung der Geschäftszeiten sprechen, sondern nur auf eines verweisen. Mit größter Selbstverständlichkeit begründen Interessenvertreter der Kirchen (vom Ratsvorsitzenden der EKD, Präses Kock, bis zu vielen Leserbriefschreiberinnen und –schreibern) ihre Ablehnung der Öffnung von Geschäften am Sonntag mit der Bibel. Die Sonntagsruhe sei, wie sie meist unverstellt, zuweilen – aus ansatzweisem Wissen um die Problematik – ein wenig verklausulierend bekunden, *in der Bibel geboten*.

Gemeint sind die „Zehn Gebote". Aber die „Zehn Gebote", auf die man sich so beziehen will, sind unbestreitbar nicht die „Zehn Gebote" (Zehn Worte) im 2. und im 5. Mosebuch der Bibel, sondern allenfalls die „Zehn Gebote" in Luthers Katechismus. Dort ist bekanntlich allgemein von der Heiligung des *Feiertags* die Rede (und so auch des Sonntags). In der Bibel aber ist die *Sabbat*ruhe geboten und nicht die *Sonntags*ruhe. Und das ist – nicht nur im Blick auf den konkret gemeinten Wochentag, sondern auch in mehrerer anderer Hinsicht – keineswegs dasselbe.

Das Beispiel steht für viele. Man beruft sich auf die Bibel, aber man meint dann nicht das, was in der Bibel steht, sondern etwas, das sich – besser oder schlechter begründet – an eine biblische Norm in gewisser Weise anschließen läßt, was die kirchliche Tradition im Lauf der Zeit daraus gemacht hat oder auch nur das, wovon man gern hätte, daß es so in der Bibel stünde.

Bleiben wir noch einen Moment beim Sabbatgebot und seiner Katechismusfassung. In Luthers „Kleinem Katechismus" lautet das Gebot: *„Du sollst den Feiertag heiligen"*, und die Auslegung lautet: *„Wir sollen Gott fürchten und lieben, daß wir die Predigt und sein Wort nicht verachten, sondern dasselbige heilig halten, gerne hören und lernen."* Die Verbindung von Feiertagsheiligung und Predigt zielt auf den Gottesdienst. Und so kann es nicht wundern, daß sich für die meisten Christinnen und Christen das „Feiertagsgebot" mit der Pflicht zum Besuch des Sonntagsgottesdienstes verknüpft (und so kann es ebenso wenig wundern, daß in Umfragen dieses Gebot als das am wenigsten zeitgemäße benannt wurde). Nun ergibt ein Blick auf das biblische Sabbatgebot (über die Tatsache, daß es um die Heiligung des – in unserer Terminologie – *Samstags* und nicht die des *Sonntags* geht), daß in diesem Gebot von einer gottesdienstlichen Begehung mit keinem Wort die Rede ist. (In diesem Gebot steht weder etwas von Opfer oder Gebet oder Predigt noch von Tempel- oder Synagogenbesuch ...). *Inhalt und Ziel* des Gebots ist die Unterbrechung der Arbeit und die *gemeinsame* Ruhe. Es sind also zwischen Bibel und Katechismus gleich mehrere Umdeutungen zu beobachten (die Zählung dieses Gebotes als des 3. – unter Streichung des „Bilderverbots" in lutherischer [und katholischer] Tradition – kommt noch dazu). Nicht einmal davon kann also wirklich die Rede sein, daß Christinnen und Christen die „Zehn Gebote" für verbindlich erachten. (Ob man dann auch tut, was man für verbindlich hält, ist dann noch eine ganz andere Frage ...)

Ich will das noch verschärfen. Ein Lehrer berichtet, er habe in letzter Zeit mehrfach etwas erlebt, das ihn ratlos mache. Da kommt etwa eine muslimische Schülerin und sagt, sie habe mit Verblüffung gehört, daß etwas, was sie aus dem Koran kenne, auch in der Bibel stehe. Und dann fragt sie: „Aber warum haltet ihr euch denn nicht daran?"

Diese Frage bringt auch mich in Verlegenheit. Dabei kommt es mir jetzt auf Genauigkeit an. Mir geht es nicht um die Frage, ob sich Menschen in ihrer Praxis an das halten, was sie in der Theorie akzeptieren. Warum das so ist, ist auch eine interessante Frage (vielleicht gibt es ja auch Gründe, die *für* diese Inkonsequenz sprechen). Mir geht es jetzt nur um die Frage, warum zum Beispiel meine Kirche viele Dinge, die in der „Heiligen Schrift" stehen, nicht für verbindlich erachtet, also nicht einmal einfordert. Dafür erachtet sie umgekehrt vieles für verbindlich, was ich jedenfalls nicht in der Bibel finde (etwa, daß Christen an Jesus glauben und Jesus Christus Gott sei oder die Lehre von der Trinität). Es geht dabei – und auch das möchte ich möglichst klar stellen – nicht um die Differenz zwischen sogenannten bibeltreuen Christen (etwa evangelikaler Prägung) einerseits und, sagen wir: „modernen", liberalen oder weniger „bibelfesten" Christen andererseits. In dem Sinne, in dem ich jetzt frage, halten sich auch treue Christen evangelikalen Zuschnitts etwa aus Minden-Ravensberg oder dem Siegerland (ich darf das sagen: ich bin an der Sieg geboren) an viele Dinge nicht, die in der Bibel geboten sind. Aber was ist dann davon zu halten, daß dieselben Menschen (seien es Kirchenleitungen, seien es „Evangelikale", seien es „Linke") an anderen Stellen hingegen darauf beharren, daß etwas geboten sei, *weil* es in der Bibel stehe?

Da verteidigt die Kirchenleitung den arbeitsfreien Sonntag (bzw. das, was davon angesichts der vielen – teils auch meinen Bedürfnissen entgegen kommenden – Aufweichungen geblieben ist) als angeblich biblisches Gut. Aber jede Bischöfin, jeder Präses weiß, daß weder das Alte noch das Neue Testament den Sonntag zum Tag der Arbeitsruhe bestimmt hat, sondern der römische Kaiser Konstantin. Und gerade evangelische Präsides und vor allem Bischöfinnen werden in anderer Hinsicht *sehr wohl* darauf beharren, daß ihre Grundlage in der Bibel und nicht in „*Rom*" liegt.

Da lehnen Evangelikale die Homosexualität ab, weil sie in der Bibel verurteilt werde. Die wenigsten von ihnen kämen auf die Idee, einen Menschen, der Blutwurst oder ein „medium" gebratenes Steak ißt, ebenso zu attackieren, obwohl die Bibel [Alten *und* Neuen Testaments] das *ebenso*, an *vergleichbaren* Stellen, mit *derselben* Begründung und in *derselben* Schärfe ablehnt).

Da berufen sich Befreiungstheologinnen und -theologen auf die Bibel, wenn es um die Befreiung der Unterdrückten und um das Recht der Armen geht, aber auch sie würden andere Stellen nicht für verbindlich halten, etwa die, die positiv von der Pracht des Herrschers reden oder davon, daß es nun einmal Reiche und Arme gebe.

Katholische Bischöfe argumentieren zuweilen biblisch-biblizistisch, zum Beispiel dann, wenn sie Frauen im Priesteramt ablehnen. (Ob das, was sie als biblische Aussagen annehmen, wirklich Aussagen der Bibel sind, steht wiederum auf einem anderen Blatt.) An anderen Stellen aber werden sie sich hüten, biblisch-biblizistisch zu argumentieren (etwa bei Ehebruch und Schwangerschaftsabbruch). Umgekehrt argumentieren aber auch Feministinnen bald mit, bald gegen die Bibel, Ökologinnen und Ökologen tun es, Friedensbewegte tun es, ich tue es.

Und dann werden wir – allesamt und mit allem Recht – von außen befragt, was denn das für ein „Glaube", für eine „Theologie", vor allem für eine Berufung auf die „Heilige Schrift" sei, bei der man, ganz wie es einem und einer passe, die Bibel manchmal für gültig und manchmal für überholt halte, sie manchmal geradezu wörtlich nehme und dann wieder den Wortlaut so hinbiege, daß irgendwie etwas gegenwärtig Brauchbares herauskomme, wobei das, was dann heraus kommt, verblüffende Ähnlichkeit mit dem hat, was man auch ohne die Bibel für richtig hält.

Ich hoffe deutlich gemacht zu haben, daß sich diese Überlegungen nicht gegen bestimmte christliche Vertreter oder Gruppen wenden, sondern auf ein Problem aufmerksam machen wollen, das wir (ich vereinnahme Sie jetzt ungebührlich) alle miteinander teilen, so weit wir Christinnen und Christen sind. Wie können wir von der Bibel als einem *Heiligen Buch* reden und sie so behandeln?

Eigentlich würde ich jetzt gern abbrechen, um mit Ihnen an dieser Stelle ausführlich zu diskutieren. Aber Sie erwarten mit Recht, daß ein Referent noch ein andere Aufgabe hat, als ein Problem zu nennen, seine eigene Ratlosigkeit einzugestehen und es damit bewenden zu lassen. Tatsächlich meine ich noch etwas zu dieser Frage sagen zu können, das sich möglicherweise als hilfreich erweist. Aber ich habe keine glatte Antwort, und manches wird offen bleiben. Ich möchte dennoch versuchen, etwas weiter zu kommen, und bitte Sie um Geduld für einen etwas längeren Zugang. Ich möchte nämlich danach fragen, was denn überhaupt ein „Heiliges Buch" sei und ob die Bibel für Christen wirklich ein heiliges Buch ist.

II.

Eine Religion, die auf einem „Heiligen Buch" fußt (oder auf mehreren), nennt man „Buchreligion". Der Begriff geht zurück auf den Indologen und Religionswissenschaftler *Friedrich Max Müller* (1823-1900). Müller, der unter anderem bei dem Sprachwissenschaftler *Franz Bopp* und dem Philosophen *Friedrich Wilhelm Joseph von Schelling* studiert hatte, war seit Mitte des 19. Jahrhunderts Professor, später Privatgelehrter in Oxford. Eines seiner zahlreichen und großen Werke war die Herausgabe der Sammlung „Sacred Books of the East", die seit 1879 erschien und beim Abschluß im Jahre 1910 fünfzig Bände umfaßte. Müller prägte den Begriff „Buchreligion" als Gegenbegriff zu „Kultreligion". Nicht der Kult, nicht die Zentrierung um ein Heiligtum, nicht die Pflege der Götter und die sorgfältige Beachtung der ihnen gebührenden Riten (nicht also „religio" im römischen Sinne) bildet die identitätsstiftende Basis einer Buchreligion, sondern eben ein (*das*) Buch. Die muslimische Bezeichnung „Besitzer des Buches" findet sich bereits im Koran zur Kennzeichnung der Juden und Christen im Unterschied zu Anhängern anderer Religionen. Die „Buchreligion", die Juden und Christen mit den Muslimen verbindet, wurde ein Grund für deren relative Begünstigung in muslimischen Herrschaftsbereichen (z.B. im maurischen Spanien *vor* der Reconquista)

Der klassische Typ der „Buchreligion" geht auf das Judentum des babylonischen Exils im 6. Jh. vor unserer Zeitrechnung zurück. Das Buch (zuerst vermutlich das Buch *Dvarim* [Deuteronomium], dann die Tora und schließlich der TaNaK, der Kanon der Hebräischen Bibel – das „AT") trat in bestimmter Hinsicht an die Stelle von Staat und Tempel. Die „Schrift" wurde zur Urkunde der Identität Israels, die Bibel wurde – in der berühmt gewordenen Formulierung *Heinrich Heines* („Geständnisse", 1854) – den Juden ein „portatives Vaterland". Die „portative", das heißt durch das Exil und die weiteren Exile mitnehmbare „Heimat" konnte an die Stelle des untergegangenen Staates und des zerstörten Tempels treten; „in der Schrift" konnte zu Hause sein, wer im Exil (das alte deutsche Wort dafür lautet „Elend"), im Ghetto, in den Ländern der Gola nie ganz zu Hause sein konnte. „Portativ" war dieses „Vaterland" nicht nur darin, daß das Buch ein transportierbarer Gegenstand war, sondern mehr noch darin, daß man es sich einverleiben konnte. Im Buch konnte beheimatet sein, wer dem Schriftkörper im eigenen Körper Raum gab, das Wort zum eigenen Wort werden ließ.

Das Wort zum eigenen Wort werden lassen ...: – was das bedeuten kann, möchte ich mit einem Beispiel ein wenig entfalten.

Im Traktat *Avoda zara* (18b-19b) des *Talmud Bavli* gibt es eine zusammenhängende Auslegung der ersten Verse von Psalm 1. Ich möchte jetzt nur auf eine kleine Passage aufmerksam machen, die sich auf den zweiten Vers von Ps 1 bezieht. Dort ist im Gegensatz zu den arroganten Spöttern von dem die Rede, (der) an der Tora Adonajs (*betorat jhwh*) seine Lust hat, über seine Tora (*ubetorato*) nachsinnt Tag und Nacht.

Die doppelte Possessivbestimmung (*Tora Adonajs* und *seine Tora*) wird den Rabbinen zur Frage. Weil die Tora nicht geschwätzig ist, will sagen: keine unnötigen Wiederholungen aufweist, muß das Nebeneinander der Rede von der *Tora Adonajs* und *seiner* Tora auf etwas aufmerksam machen. Die Rabbinen beziehen deshalb das „seine" in der Wendung *ubetorato* nicht auf Gott, sondern auf den betenden Menschen selbst. Ihm soll das Wort der Tora Gottes zur eigenen Tora werden, er soll es sich buchstäblich einverleiben, bis es – in protestantischer Sprache formuliert – vom „verbum externum" zum „verbum internum" geworden ist.

Wem das Buch zur Heimat werden soll, die und der muß dem Buch in sich Heimat geben; nur wer die Schrift in sich aufnimmt, kann in der Schrift aufgehoben sein.

Zum „portative(n) Vaterland" wurde der Kanon der Hebräischen Bibel, die „Schrift", Miqra, der TaNaK (das „AT"). Wie – in welchen Schritten, unter welchen Bedingungen, mit welchen Plausibilitäten – kam es zur Ausbildung dieses Kanons, zum Werden dieses (Heiligen) Buches?

Ich beschränke mich auf *eine* wichtige Station, nämlich die Kanonisierung der Mosebücher, des Pentateuchs, der Tora. Mehrere Autoren, auf deren Arbeiten ich mich beziehe (vor allem *Frank Crüsemann, Rainer Albertz, Erich Zenger* und *Erhard Blum*), haben in größerer Übereinstimmung und manchen Nuancen im einzelnen den betreffenden Vorgang als Zusammenspiel innerisraelitischer Entwicklungen einerseits und eines von außen kommenden Anstoßes andererseits herausgearbeitet. Eine genaue Datierung dieses Vorgangs ist (wie meist im Blick auf die Bibel) schwer; gewiß ist, daß entscheidende Schritte in der Zeit gegangen wurden, die sich an das „Babylonische Exil" Israels anschloß, das heißt in der langen Zeit der persischen Oberherrschaft im 6.-4. Jh. vor unserer Zeitrechnung.

Zur Erklärung der Kanonisierung der Tora haben E. Blum und der Iranist *Peter Frei* – zunächst unabhängig voneinander und mit unterschiedlicher Auffassung der Rolle der persischen Institutionen – die politischen und religionspolitischen Rahmenbedingungen ins Spiel gebracht, für die Frei den Begriff der „persischen Reichsautorisation" prägte. Die Zentralorganisation des (erstaunlich toleranten) persischen Reiches gewährte (im Unterschied zu anderen Imperien) den verschiedenen Völkern des Großreiches eine vergleichsweise weitgehende Selbstverwaltung nebst jeweiligen kultischen und religiösen Eigenarten. Voraussetzung solcher Teilautonomie war die schriftliche Fixierung der von der Zentralgewalt zu autorisierenden beziehungsweise zu sanktionierenden Normen. Es spricht einiges dafür, daß diese Rahmenbedingungen den Anlaß gaben, auch in Israel die einzelnen bereits normativen Texte in eine neue normative Gesamtform zu bringen. Auch wenn es somit eine persische (religions)politische Initialzündung zur Kanonisierung der Tora als normative Urkunde Israels gegeben haben könnte, muß ebenso gesehen werden, daß die Überlieferungen Israels selbst auf eine solche Entwicklung hin angelegt waren.

Die Trägerkreise der identitätsstiftenden Überlieferungen waren jedoch keineswegs homogen oder auch nur von gleichen Intentionen beseelt. Wie für die Zeit vor dem Exil ist auch für die nachexilische Zeit mit einem Neben- und Gegeneinander konkurrierender Parteien zu rechnen. Nationalkonservativen Gruppen standen Reformgruppen, priesterlichen Kreisen stand eine „Laienbewegung" gegenüber. Um in dieser Lage zu einer gemeinsamen und verbindlichen Fassung der Überlieferungen zu kommen, bedurfte es der Ausbalancierung der widerstreitenden Interessen und Schwerpunktsetzungen. Das ist der Grund, warum in der Tora nicht nur unterschiedlich akzentuierte, sondern z.T. einander hart widersprechende Linien verbunden sind. Es geht dabei nicht nur um unterschiedliche Fassungen von Erzählstoffen (wie die differierenden Angaben über die Anzahl der Tiere in Noahs Arche, die Dauer der Flut etc.), sondern um strikt einander entgegengesetzte Optionen. Man nehme nur einmal wahr, daß der Anspruch der „Rotte Korach" (gezielt anachronistisch gesagt: *das Priestertum aller Gläubigen*), für den sie nach 4. Mose 16 ausgetilgt wird, im Kern kein anderer ist als der, den das 5.Mosebuch, das Deuteronomium, vertritt.

Man wird sich den Vorgang, in dem noch derart widerstreitende Linien in der *einen* Tora (im bekannten dialektischen Sinne des Wortes:) *aufgehoben* wurden, durchaus spannungs- und konfliktgeladen vorstellen müssen. Die genannten Forscher versehen ihn mit Begriffen wie „Diskurs"

(Albertz), „so etwas wie Toleranz" (Crüsemann) oder „Tora als Kompromißdokument" (Zenger).

Über diese möglichen Charakterisierungen des im einzelnen nur zu erahnenden Prozesses hinaus stellt sich die Frage nach der Plausibilität, der inneren Logik des so zustande gekommenen Buches und damit die nach seinem Charakter. Warum hat sich man nicht eindeutig für die eine und gegen die andere Linie entschieden? Warum hat man nicht (wie bei den älteren Rechtstexten und -sammlungen) nach dem Modell der Fortschreibung einander widerstreitende Linien in Ausgleich gebracht? Wie kann das eine *und* das andere, gegenläufige zum Teil eines normativen Werkes werden? Was bedeutet das für den Status jener Widersprüche und des Buches, in dem sie als Widersprüche aufgehoben sind? Wie wird man mit ihnen umgehen? Vor allem: Was soll gelten, und von wem, wie und wo wird das entschieden?

Nun wird man berücksichtigen müssen, daß in der betreffenden Zeit die normativen Texte nicht zum ersten Male verfaßt, sondern gesichtet, bearbeitet und beurteilt wurden. Um so mehr ging es um die Frage, was gelten solle. Crüsemann bringt im Blick auf diese Frage einen Text ins Spiel, der in persischer Zeit spielt und der mindestens als Analogie gesehen werden kann.

Das Esterbuch erzählt, wie der persische König aufgrund verbrecherischer Machenschaften bewegt wird, ein Gesetz zur Vernichtung aller Juden im Reich zu erlassen. Ester, die jüdische Frau des Königs, deckt, geleitet von Ihrem Vormund Mardochai, den Plan auf und rettet die Juden. Sie bittet den König, seinen Erlaß zurückzunehmen, den er (Est 8, 5) autoritativ in die Provinzen verschickt hatte. Der König ist bereit, durch neue Erlasse die Wirkung der alten faktisch aufzuheben, doch (so Est 8 ,8) „ein Schreiben, das im Namen des Königs geschrieben und mit dem Siegel des Königs gesiegelt wurde, ist nicht rückgängig zu machen."

Das ist „das Gesetz der Meder und Perser". Was einmal Gesetz war, ist nicht zurückzunehmen. Wohl aber kann neues Recht die Wirkung des alten aufheben.

Nach diesem Modell könnte die Logik der Widersprüche in der Tora zu verstehen sein. Aber die Frage, was denn nun *gelten* solle, ist damit nicht gelöst, sondern erst recht gestellt. Wie ist sie im Blick auf Tora und TaNaK, auf Altes und Neues Testament zu beantworten? Und was für ein „Buch" ist dann die Tora und schließlich der TaNaK, das „AT" und schließlich die ganze (christliche) Bibel? Ein „heiliges Buch", ein „kanonisches Buch", ein „klassisches Buch"?

Um die Tragweite der Entscheidung für den einen oder den anderen Begriff abschätzen zu können, empfiehlt sich ein Blick auf die Ausführungen, die der Ägyptologe und Religionswissenschaftler *Jan Assmann* zum Status „klassischer", „kanonischer" und „heiliger Texte" gemacht hat und die bei vielen Exegeten mit Recht große Aufmerksamkeit gefunden haben.

Klassische Texte konstituieren die kulturelle Identität einer Epoche oder Gruppe, normieren „Bildung" und haben sowohl ästhetische als auch ethische Vorbildfunktion.

Heilige Texte sind „eine Art sprachlicher Tempel, eine Vergegenwärtigung des Heiligen im Medium der Stimme." Sie werden rezitiert, müssen aber nicht unbedingt verstanden oder gedeutet werden. Bei der Rezitation kommt es auf die Genauigkeit der Wiedergabe an; die Wörtlichkeit ist entscheidend, nicht der Sinn. Deshalb können „heilige Texte" im Grunde nicht übersetzt werden – weder in eine andere Sprache noch in eine andere Zeit. (Ein „heiliger Text" in diesem strikten Sinne ist der Koran.)

Kanonische Texte normieren die Werte einer Gesellschaft. Dabei ist das In-Geltung-Setzen von Texten zu einem Kanon verbunden mit der Zensurierung, das heißt dem Ausschluß der Texte, die nicht kanonisch werden sollen. Doch repräsentiert nicht der Text als solcher, das heißt in seiner bloßen Zitation oder Rezitation die verbindliche Normierung, sondern der als verbindlich verstandene Sinn des Textes. Deshalb bedarf der kanonische Text des Kommentars, der seinen unveränderbaren Wortlaut je neu erschließt und aktualisiert in Geltung setzt.

Griffig zusammengefaßt: Klassische Texte bedürfen des *gebildeten Publikums*, das sie goutiert, heilige der *Priester*, die sie zu Gehör bringen, kanonische der *Schriftgelehrten,* die sie auslegen.

Wenden wir diese m.E. hilfreiche Differenzierung auf „die Schrift" an, das Buch (der Bücher), die Bibel, so zeigt sich, daß sie – je nach Verständnis und Gebrauch – allen drei Kategorien angehört.

Noch immer gehört die Bibel zum *klassischen* Literatur- und Bildungskanon unserer Kultur. Auch wenn gerade dieser Status „der Schrift" drastisch schwindet, zählen zahlreiche biblische Sätze und Bilder noch immer zu den Topoi, die vielen Menschen unmittelbar eingängig sind, weshalb sich etwa die Werbung in hohem Maße (und [weil kaum noch ein „Tabu" im Wege steht] eher zunehmend) biblischer Worte und Motive bedient, weil sie der Konsumenten-Zielgruppe vertraut sind und die erwünschten Wirkungen hervorrufen.

Zugleich fungiert die Bibel auch als (im engeren Sinne) „heiliger Text". Wenngleich das heute besonders für eine ungleiche Koalition aus kirchenfernen Menschen und Fundamentalisten gelten mag, war die „Heilige Schrift" sowohl in der jüdischen als auch in der christlichen Geschichte lange Zeit unfraglich ein *heiliges Buch*, ein Buch, dessen Schriften „die Hände verunreinigen", auf das man schwur, das man nicht profanieren durfte, und sie war und ist heute noch immer ein Buch, dessen Worte in kultischem, gottesdienstlichem Zusammenhang zitiert und rezitiert wurden.

Insofern aber der Wortlaut dieses Buches mit dem je zu eruierenden Sinn nicht in eins gesetzt wurde, vielmehr der Sinn im Wortlaut erst gefunden werden muß – sei es im Konzept des viel- oder vierfachen Schriftsinns, sei es in der Unterscheidung von „Buchstabe" und „Geist", sei es in den hermeneutischen Regeln der rabbinischen Exegese, sei es im Konzept der Typologie oder des „sensus plenior" –, wurde der konstitutive Zusammenhang von Text und Auslegung gesehen und damit der Status der „Schrift" als *kanonisches Buch* behauptet.

Bei weiterer Überlegung zeigt sich nun aber auch, daß im Blick auf die Bibel die Kategorien „klassisch", „kanonisch" und „heilig" einander durchdringen und sich gegenseitig beeinflussen: Indem die Bibel im gottesdienstlichen Gebrauch als *heiliges* Buch rezitiert wird, zeigt sich stets neu deren Auslegungsbedürftigkeit und Auslegungsfähigkeit, die sie als *kanonisches* Buch in Geltung hält. In der Auslegung (sei es in der Form der Predigt, der Vorlesung, der Bibelarbeit, des Gesprächskreises in der Gemeinde, sei es in der des talmudischen Diskurses) erweist sich der je aktualisierte Sinn, der seinerseits die Hochschätzung der Bibel als *klassisches* Buch begründen kann.

Kommen wir nach dieser Klärung zentraler Kategorien zurück zur Kanonisierung der Tora in der persischen Zeit und womöglich auf persischen Anstoß hin. Die Frage, die zu den Zwischenüberlegungen Anlaß gab, war die, wie es verstehbar ist, daß in der kanonisierten Tora (im Prinzip ebenso läßt sich das für die ganze Bibel fragen) offenkundig einander widerstrebende bis einander strikt widersprechende Linien vereinbar wurden und waren.

Kanonische Texte bedürfen als solche der Auslegung; institutionell der Schriftgelehrten. Was je jetzt gelten soll, resultiert nicht *eo ipso* aus dem Wortlaut des Textes, sondern muß – mit den je geltenden Auslegungsregeln – diesem Wortlaut entnommen werden, wobei – das zeigen bereits innerbiblische Beziehungen von Texten auf Texte, das zeigt vor allem die rabbinische Auseinandersetzungsliteratur – Texte mit Texten in ein Gespräch gebracht werden, damit die Texte mit der jeweiligen Gegenwart ins Gespräch kommen können beziehungsweise – genauer noch – die jeweilige Gegenwart mit ihnen und der in ihnen geronnenen Zeit.

Ein solcher Umgang mit einem bereits kanonischen Text (der Tora) zeigt sich im erweiterten kanonischen Text (des TaNaK, des AT) selbst. So rekurriert (um nur dieses eine Beispiel zu nennen) im Blick auf die Frage, wer zur Gemeinde Adonajs Zugang haben dürfe, das Rutbuch auf die in Dtn 23, 1ff. genannten Ausschlußbestimmungen (besonders der Fremden, explizit der AmmoniterInnen und MoabiterInnen) *konträr* zur Rezeption derselben kanonischen Stelle im Nehemiabuch (13, 1-3). Auch das Buch Rut achtet (im Sinne der zitierten Überlegung Crüsemanns) „das Gesetz der Meder und Perser", das heißt es zielt nicht auf die *Streichung* der Bestimmungen von Dtn 23. Wohl aber fügt die im Buch Ruth erzählte Geschichte ihnen eine erzählte Realität hinzu, die sie faktisch als aufgehoben erscheinen lassen muß (wenn anders David [und Jesus] zur Gemeinde Adonajs gehören sollen ...).

Worin besteht die Verbindlichkeit des als *kanonischen* „Heiligen Buches"? Sie besteht nicht in einer verbindlich vorausgesetzten Widerspruchsfreiheit und *deshalb* unmittelbaren Geltung seiner Worte. Auch einer in einem kanonischen Buch stehenden Aussage kann man offenbar widersprechen; mehr noch: solche Widersprüche befinden sich im kanonischen Buch selbst – und zwar als dessen konstitutiver Bestandteil, nicht als ein unglückseligerweise noch verbliebener „unlogischer Rest" oder als Ergebnis der Ungeschicklichkeit der (in der Sicht mancher Exegeten ja bekanntlich habituell unbeholfenen) „Redaktoren".

Und doch behält das kanonische Buch seine Verbindlichkeit, und zwar eben darin, daß sich der Widerspruch gegen einzelne seiner Aussagen in der Berufung auf das kanonische Buch selbst zu bewähren hat. Insofern verbinden sich im Kanon Offenheit und Geschlossenheit, ja der Kanon ist durch eben diese Dialektik charakterisiert.

III.

Die Bibel – daran möchte ich noch einmal anknüpfen – enthält unterschiedliche Akzentuierungen, Differenzen, ja, Widersprüche, und diese Unterschiede bis Widersprüche sind nicht leider, sondern glücklicherweise vorhanden. Große Themen der Hebräischen Bibel, des „AT", kommen doppelt vor: Zweimal wird zu Beginn von der Schöpfung erzählt (in 1.Mose 1 und 2) – ähnlich, doch nicht gleich; zweimal sind die „Zehn Gebote" überliefert (in 2. Mose 20 und 5. Mose 5) – ähnlich, doch nicht gleich; zweimal kommt die Geschichte der Königszeit Israels zur ausführlichen Darstellung (in den Büchern Samuel – Könige *und* in den Chronikbüchern) – ähnlich, doch nicht nur nicht gleich, sondern auch mit durchaus widersprüchlichen Akzenten. Im NT ist es prinzipiell nicht anders. Es gibt nicht *das* Evangelium, es gibt im Kanon derer vier – und sie erzählen von der Botschaft und Praxis Jesu ähnlich, doch keineswegs gleich und oft mit sehr gegensätzlichen Akzenten.

Nun gibt es Fälle, wo man sich rasch darauf verständigen kann, daß die verschiedenen Akzente einander ergänzen und das Gesamtbild bereichern. Aber es gibt Fälle, in denen wir – wenn denn neuzeitliche Rationaliät und Logik überhaupt etwas bedeuten soll – nur sagen können, daß entweder das eine oder das andere stimmen kann oder auch beides nicht – jedenfalls nicht beides. So kann Jesus kaum, wie es im Johannesevangelium vorausgesetzt ist, *nicht* in Bethlehem geboren sein *und*, wie es andere Evangelien voraussetzen, *doch* in Bethlehem geboren sein. Besonders wichtig werden solche Gegensätze, wenn es um die Frage der Geltung geht. Auch dann, wenn man nicht mehr mit einem problematisch gewordenen Paulusbild die Fragen der Reformationszeit in das NT hinein trägt, wird man nicht umhin können, bei Paulus andere Akzente zu sehen als im Jakobusbrief. Vollends zum Dilemma wird es dort, wo ein biblischer Text einen anderen direkt ins Unrecht setzt. So behauptet der 2. Brief an die Thessalonicher, daß der 1. Brief an die Thessalonicher eine Fälschung sei. Nun stehen *beide* im NT und damit verbindet sich wenigstens ein Problem. Was bedeutet das alles für den Status der Bibel als „Heiliger Schrift" oder als „kanonischer Schrift"?

Eines scheint mir deutlich. Der Text der Bibel selbst kann (und soll) etwas für die Urteilsbildung bedeuten, aber er ersetzt die Urteilsbildung nicht. In konkreter Lage kann man sich auf einen biblischen Text zuweilen *nur* berufen, wenn man sich zugleich gegen andere entscheidet. Für die Bedeutung der „Schrift" für je gegenwärtige Urteilsbildung ließe sich zugespitzt formulieren: Wer die Bibel als Grundlage des Glaubens wahr nimmt, kann *mit* Texten sein und *gegen* sie, aber nicht *ohne* sie. Man kann einer Aussage eines kanonischen Textes entschieden widersprechen (wie es etwa *Martin Buber* im Blick auf die „Aqeda" [1. Mose 22] tat), man kann aber dem Text gegenüber nicht indifferent und – im wörtlichen Sinne – *interesselos* sich verhalten. Man kann (nochmals anders akzentuiert) erklären, das, was da stehe, solle jetzt nicht gelten, man kann nicht erklären, es sei gleichgültig, was da stehe.

Im Hintergrund meiner Formulierungen steht eine mehrfach von *Elie Wiesel* geäußerte Bemerkung, der Jude könne mit oder gegen, aber nicht ohne Gott sein. Ich habe das versuchsweise auf die Bibel übertragen. Man kann im Einzelfall für sie, gegen sie, aber nicht ohne sie sein. Aber auch umgekehrt: Wer in der Bibel alles als *gleich gültig* ansieht, kann leicht dazu kommen, gerade darum letztlich alles als *gleichgültig* anzusehen.

Eine Grundüberlegung des letzten Abschnitts möchte ich noch einmal hervorheben: Dem kanonischen Text ist die Auslegungsbedürftigkeit inhärent und mit ihr seine mögliche (und im Blick auf den Kanon der Bibel faktische) Widersprüchlichkeit. Sie ist kein Mangel, sondern ein konstitutives Element eines kanonischen Textes. Wo derselbe Text als „heiliger" zitiert und rezitiert wird, meldet er sich immer auch als kanonischer, das heißt auslegungsfähiger und auslegungsbedürftiger Text. Vielleicht läßt sich von hier aus noch einmal formulieren, worin im Blick auf die Zeitlichkeit die *Gemeinsamkeit* und die *Differenz* von kanonischem und heiligem Buch besteht. Gegenüber den linearen und den flächigen Perspektiven von Diachronie und Synchronie als Fragestellungen der historischen Exegese besteht die *Gemeinsamkeit* beider darin, daß in ihnen (im heiligen und im kanonischen Buch) nicht nur *verschiedene* und nicht nur *eine*, sondern *alle* Zeit aufgehoben ist. Das Buch umgreift die Zeit selbst. (Die Schöpfungstexte der Bibel sind zugleich eschatologische Texte.) Damit sind aber weder das kanonische noch das heilige Buch zeitlos. Doch liegt in ihrer Zeitlichkeit im Blick auf das entscheidende Prinzip der Geltung eine entscheidende *Differenz*. Auf die Frage, *wann* es gelte, lautet für das Heilige Buch die Antwort „*immer*", für das kanonische die Antwort: „*heute*" – und im Blick auf den Kanon der Hebräischen Bibel präziser: „heute, wenn dich deine Kinder fragen ..."

Das „heute" der Geltung eines kanonischen Textes schließt ein, daß je heute der Diskurs darüber zu führen ist, was gelten soll und was nicht. Je heute werden dabei unterschiedliche Optionen gegeneinander stehen. Aber auch der Widerspruch soll sich in Beziehung setzen zu dem, dem er widerspricht. Und auch das, was heute *nicht* gelten soll, ist fest zu halten und weiter zu tradieren, denn es ist nicht ausgemacht, ob es nicht an einem anderen „heute" wieder zur Geltung gebracht werden muß. Wo unterschiedliche Auslegungen zur Debatte stehen, gibt es Rede und Gegenrede, Geschichten und Gegengeschichten. Sie sind aber nicht bloße Meinungen, die sich bald der einen, bald der anderen Tradition bemächtigen. Das unterscheidet zum Beispiel den talmudischen Diskurs von gegenwärtiger Meinungsbeliebigkeit. Deshalb ist mit der Offenheit des kanonischen Buches, das eben deshalb je heute der Auslegung bedarf, auch die Verbindlichkeit des Kanons zu betonen. Eben das ist in der rabbinischen Hermeneutik mit der (in der Zuspitzung noch gegen die Logik) Forderung nach Tradition *und* Erneuerung verbunden, der eine entsprechende Verbindung von Freiheit *und* Treue an der Seite steht.

Ich möchte noch einmal Differenzen zwischen einem *klassischen*, einem *heiligen* und einem *kanonischen* Buch benennen.

Zum *kanonischen* wird ein Text durch die Anerkennung seiner *Geltung*. Das unterscheidet ihn von einem *klassischen* Text..

Als *kanonischer* aber bedarf der Text der Auslegung, da das, was gelten soll, in ihm enthalten, aber nicht mit seinem Wortlaut identisch ist und deshalb je heute im Diskurs, das heißt auch im Streit herausgefunden werden muß. Das unterscheidet ihn von einem *heiligen* Text.

Von der jüdischen, vor allem der rabbinischen Schriftlektüre lerne ich, daß es mehr als einen Textsinn gibt. Das macht mich aufmerksam auf die frühen Traditionen christlicher Auslegungsgeschichte und ihre Konzeptionen vom viel- beziehungsweise vierfachen Schriftsinn. Der Vers Ps 62, 12 wurde für die rabbinische Schriftlektüre zu einer Grundstelle. Er lautet: „Eines hat Gott gesprochen, zwei sind's, die ich gehört habe." *(achat dibbär elohim, schtajim-su schama'ti.)* Dieser Vers wird in der rabbinischen Diskussion oft zitiert; aus ihm folgt die hermeneutische Konsequenz: *„ein* Schriftvers hat verschiedene Deutungen, nicht aber ist *eine* Deutung aus verschiedenen Schriftversen zu entnehmen."

Wer nicht nur „eins" kennt, kennt bald auch mehr als „zwei". Es gibt *viele* Deutungen: „Im Lehrhaus von Rabbi Jischmael wurde auf Grund von (Jeremia 23, 27) ,Ist Mein Wort nicht wie ein Feuer, spricht Er, wie ein Hammer, der den Felsen zerschlägt?' gelehrt: Wie ein Hammer, der einen Felsen in Steinbrocken zerschlägt, so gibt auch ein Schriftvers eine Vielzahl von Bedeutungen preis."

Ich nehme den letzten Satz noch einmal auf: „Wie ein Hammer, der einen Felsen in Steinbrocken zerschlägt, so gibt auch ein Schriftvers eine Vielzahl von Bedeutungen preis." In diesem Sinne empfände ich es nicht als Beleidigung, sondern als hohe Ehre, wenn man meine Bibelauslegungen als „behämmert" bezeichnen würde. Dagegen empfände ich eine Formulierung, die man in bester Absicht auf einen Wissenschaftler münzt, als schärfste Kritik, wenn man nämlich sagte, ich würde meinen Stoff beherrschen.

Ich zitiere einige Sätze des Judaisten Günter Stemberger: „Die Tora ,ist zur Auslegung gegeben'. Dieser rabbinische Grundsatz ist ernst zu nehmen. Der Text ist nicht etwas Fertiges: der Empfänger muß ihn sich erst zu eigen machen, durch Auslegung sich aneignen. Nach einem rätselhaften Gleichnis des Zohar (...) ist die Tora ein schönes Mädchen ohne Augen (...); der die Bibel studiert, ist dagegen voll von Augen; er ist es, der ihre Schönheit entdeckt und ihr ihre Farben gibt. Erst der Leser" *(ich füge hinzu: oder die Leserin)* „macht die Bibel zu dem, was sie ist."

Eine zweite Anleihe bei Stemberger, die sich darauf bezieht, daß als Kontrapunkt zur offenen Auslegung die Geschlossenheit des überlieferten Textes fungiert: „Der bis ins Detail als Sequenz von Konsonanten festgelegte Text ist in all seinen Möglichkeiten von Gott gewollt und ‚zur Auslegung freigegeben (...).' Gegenpol des festen Textes ist die offene Auslegung. Auslegung bedeutet mehr als das Befragen des Textes nach seiner ursprünglichen, vom Autor gewollten Bedeutung. Diese bleibt nicht unberücksichtigt, ist aber nur ein Aspekt des Umgangs mit dem biblischen Text."

Und schließlich zu diesem Thema noch ein talmudisches „Original-Zitat" aus bGittin 43a: *„Kein Mensch kann die Worte der Tora verstehen, bevor er darüber gestolpert ist."*

IV.

Ich will in einem letzten, kurzen, Abschnitt des Vortrags noch einmal an den Anfang und auf das Anfangsbeispiel zurück kommen. Wäre die Bibel für uns ein „Heiliges Buch", so wäre es schlicht unredlich, mit ihr die Sonntagsheiligung zu begründen, denn sie kommt in der Bibel nicht vor. Aber die Bibel als kanonisches Buch bedarf, um verbindlich zu sein, der Auslegung, und die Auslegung bedarf der Diskussion – und beides bedarf der Lektüre, die dem Text nicht nur Sinn entnimmt, sondern ihm auch Sinn gibt.

Das NT kann für uns, wenn es richtig, das heißt nicht als ein Buch gegen das Judentum, sondern als Zeugnis einer zunächst innerjüdischen Diskussion über die Geltung der „Schrift", des „AT", verstanden wird, durchaus zum Vorbild einer solchen Lektüre und Debatte werden. Da gibt es die innerjüdische Debatte zwischen Jesus und anderen jüdischen Schriftgelehrten über die Geltung des Schabbatgebotes. In dieser Debatte argumentiert Jesus ganz im Rahmen jüdischer Schriftauslegung. Eine atl. Geschichte (die von David und den Schaubroten bei den Priestern von Nob) wird ihm zum Modell für die Spitzenaussage: Der Sabbat ist für den Menschen da und nicht der Mensch für den Sabbat. Diese Aussage – es sei wiederholt – ist nicht gegen das Judentum gerichtet, sondern stellt innerhalb des Judentums *eine* Argumentationsmöglichkeit dar. Gegen die Gefahr der Formalisierung des Gebotes erinnert Jesus an seine menschenfreundliche Absicht. Aber so wie Jesus in einer bestimmten Situation *einen* Aspekt stark macht, so könnte es in anderer Situation geboten sein, einen *anderen* Aspekt stark zu machen. Heute leben wir in unserem Land nicht in der Gefahr, daß Menschen in ihrer Freiheit und Entfaltungsmöglichkeit durch formalisierte religiöse Gebote eingezwängt leben müssen. Ich meine jedenfalls, daß die Gefahr eher die ist, daß der Primat der wirtschaftlichen Interessen sich weiter verabsolutiert und sich die Zeit- und Lebensrhythmen und -bedürfnisse von Menschen unterwirft. Und deshalb wäre es womöglich heute geboten, die Richtung wieder umzukehren und den Sabbat (und dann auch den Sonntag) der Herrschaft des ökonomischen Kalküls zu entziehen. Und so gäbe es dann auch einen Sinn, geradezu umgekehrt zugespitzt zu sagen: Der Mensch ist für den Schabbat da.

Doch auch das wäre dann nicht *der Sinn* der biblischen Texte. Es ist einer von vielen möglichen, einer, über den zu diskutieren ist und der erst in der Diskussion zum heute verbindlichen Sinn erklärt werden könnte. Von der rabbinischen Diskussion wäre da viel zu lernen: eine Streitkultur, die nach der Wahrheit fragt, ohne sie als Besitz auszugeben und nicht zuletzt der Umgang mit der Minderheit.

Immer wieder ginge es um eine *Vielfalt ohne Beliebigkeit* und um eine *Verbindlichkeit ohne Zwang*. So wären die Treue zur Bibel als einem kanonischen Buch und die Würde der demokratischen Freiheit zu verbinden. Der Sinn ist in einem kanonischen Buch nicht immer schon gegeben; er muß in Lektüre und Diskussion erfragt, gefunden und formuliert werden. Dabei gibt es (so war es ja bereits bei der Entstehung der Bibel) unterschiedliche Lesarten und auch unterschiedliche Interessen. Es ist nur ehrlich, das auch offen zu sagen. Wer behauptet, keine Interessen zu haben, zeigt dadurch nur, daß er Interessen hat, die das Licht der Öffentlichkeit scheuen müssen. Interessen offen zu legen beweist aber umgekehrt noch nicht deren Legitimität. Aber auch sie muß im Diskurs auf dem Prüfstand stehen. Eine Aussage wird nicht dadurch wahr, daß man sie mit einem Bibelwort verbinden kann. Wenn sich Christinnen und Christen (hier sehe ich keinen prinzipiellen Unterschied zu jüdischer Bibelauslegung) auf die Bibel als *kanonisches* Buch beziehen, so liegt deren Verbindlichkeit – damit will ich zum Schluß kommen – nicht in der behaupteten Wahrheit eines Sinnes.

Man kann *mit* einem Text der Bibel sein, man kann auch *gegen* ihn sein – man kann, wenn man denn Christin oder Christ sein will (es gibt ja keinen

Zwang, das sein zu wollen!), nicht *ohne* die Bibel sein. Jede theologische Aussage soll Rechenschaft ablegen können und auch müssen, wie sie sich auf die Bibel bezieht. Dennoch – nein *deshalb* – gibt es viele mögliche theologische Aussagen. Keine ist an und für sich wahr, *kaum* eine an und für sich falsch.

Was *gelten* soll, muß in den Gemeinden und Synoden, in inoffiziellen Gesprächen, in Seminardiskussionen in freier und demokratischer Diskussion ausgehandelt werden. Keineswegs ist die Wahrheit stets bei der Mehrheit, aber – auch das habe ich aus der rabbinischen Diskussion gelernt – es gibt (in der Kirche wie im Staat) keine im Prinzip bessere Entscheidungsebene als die der freien Diskussion und dann der Abstimmung. Daran, daß die Diskussion frei ist, daß keine Positionen und Interessen mit Macht oder gar Gewalt ausgeschlossen werden, hängt alles. Dann kann – nicht auf ewig, sondern im Prinzip immer wieder neu diskutierbar und revidierbar – gelten, was die Mehrheit entscheidet. Alles hängt dann aber auch daran, daß die Mehrheit für eine Weile die *Geltung* ihrer Auffassung, nicht aber deren *Wahrheit* für sich beanspruchen kann und daß die Auffassung der Minderheit nicht zu den Akten gelegt wird, sondern weiter im Gespräch bleibt.

Das erwählte Volk und die Völker*
Recht und Grenze christlicher Lektüre des Alten Testaments

I.

Das Thema, das Sie mir gestellt haben, ist sehr weit gefaßt und umgreift zwei große und vielschichtige Bereiche. Der erste Titel (Das erwählte Volk und die Völker) läßt nach dem Verhältnis, der Relation zwischen Israel, dem biblischen Volk Gottes, und den Völkern (d.h. auch den Christinnen und Christen) fragen und damit grundsätzlich nach dem Verhältnis zwischen Israel und der Kirche, dem Hauptthema der Hauptvorlage. Der zweite Titel (der mehr ist als ein Untertitel) beschreibt seinerseits einen komplexen Fragezusammenhang, nämlich die Frage nach einer christlichen Lektüre der Hebräischen Bibel, des Alten Testaments (wobei bereits diese beiden Bezeichnungen [Hebräische Bibel und Altes Testament] einen Teil der Problemstellung markieren. Ich möchte versuchen, beide Fragestellungen nicht zu vermischen, aber doch zu verbinden, wobei es so sein wird, daß eine Reihe von auch möglichen und ebenfalls wichtigen Aspekten der einen und der anderen Frage nur am Rande oder gar nicht behandelt wird. Deshalb freue ich mich über die Möglichkeit der Diskussion nach dem Referat, bei der wir ja noch auf einige solcher weiteren Fragen zu sprechen kommen können.

Ich möchte bei dem bereits angedeuteten Zugang einsetzen, nämlich bei der Frage der Bezeichnung des Teils der Bibel, der Jüdinnen und Juden sowie Christinnen und Christen gemeinsam ist. Die uns so geläufige (wenngleich nicht der Bibel selbst angehörende) Bezeichnung „Altes Testament" (im Gegenüber zum „Neuen Testament", in dem allein sie sinnvoll ist) enthält ein Problem, genauer gesagt: *beide* Worte – „alt" und „Testament" – und dann noch einmal deren Verbindung sind zumindest erläuterungsbe-

---

* *Vortrag gehalten im Rahmen der Veranstaltungen im Zusammenhang mit der Hauptvorlage 1999 der Evangelischen Kirche von Westfalen „Gott hat sein Volk nicht verstoßen"*

dürftig. Die Bezeichnung „alt" *muß* nicht, aber *kann* verstanden werden im Sinne von „veraltet", „überholt", „verstaubt", „nicht mehr zeitgemäß". In einer Zeit, in der jedes Produkt, das auf dem Markt angeboten wird, nahezu zwanghaft mit dem Prädikat „neu" versehen wird, wobei stets mit zu hören ist, daß – nehmen wir ein Beispiel – das „neue" Persil viel besser ist als das alte (und alles alte), wird dieser Klang vorherrschend.

Nun wird man auch den anderen Klang mithören können, in dem „alt" im Sinne von „besonders wertvoll", „altehrwürdig" oder auch „klassisch" gebraucht wird (wie in der Rede von den „alten Meistern" in der Kunstgeschichte oder auch bei mancher „Altstadt"), aber auch in dieser Wertschätzung klingt mit, daß das „Alte" zwar eine besondere Güte hat, sich freilich nicht auf der Höhe der Zeit befindet und heute kaum brauchbar ist.

Vollends zum Problem wird die Charakterisierung „alt" in Verbindung mit dem Wort „Testament". Im gegenwärtigen Sprachgebrauch ist es ja nahezu unvermeidlich, das Wort „Testament" in seiner juristischen Bedeutung als „letztwillige Verfügung" zu hören. Und da ist es nun eindeutig, daß ein *neues* Testament ein gegebenenfalls noch vorhandenes *altes* ungültig macht. Wenn in einem neuen Testament andere Begünstigten eines Erbes benannt werden als in einem alten, so gilt, daß die im alten Testament genannten Erben durch das neue Testament enterbt werden.

Mit dem Stichwort „Enterbung" haben wir, was das Verhältnis von Altem und Neuem Testament und zugleich das von Juden und Christen betrifft, einen weiteren Kern unserer Fragestellungen angesprochen. Denn das war ja (und ist weithin noch heute) die von vielen Christinnen und Christen wie selbstverständlich geteilte Auffassung, daß durch Jesus und das Neue Testament ein neuer Glaube und ein neues Gottesvolk ins Leben gerufen worden seien, die fortan an die Stelle des Glaubens Israels und Israels als des Volkes Gottes getreten seien. Es ist dieser Verstehens-, nein: Mißverstehenszusammenhang, in dem die Bezeichnung „Altes Testament" zum Problem geworden ist. Es handelt sich um eine Art Grundmuster, in das eine große Zahl von (durchweg falschen) Gegensatzpaaren eingefügt wurde (und z.T. noch immer wird). Da wird dann ein alttestamentlicher (meist heißt es verräterisch „alttestamentarischer") Gott der Rache einem neutestamentlichen (selten hört man: neutestamentarischen!) Gott der Liebe gegenüber gestellt, da wird dem alttestamentlichen Gesetz ein neutestamentliches Evangelium entgegengesetzt, da wird von der Überwindung des angeblich engen, egoistisch auf das eigene Volk bezogenen Ethos Israels durch die altruistische Weltethik Jesu geredet.

Besonders aufschlußreich ist es, daß diese Muster meist nicht aus der Wahrnehmung der Worte der beiden Teile der christlichen Bibel entspringen, sondern umgekehrt Worte nach ihrem vermeintlichen Inhalt dem Alten oder dem Neuen Testament zugewiesen werden. So kommt es, daß noch immer viele Menschen das Gebot der Nächstenliebe für ein Wort Jesu halten, das er gegen die Pharisäer, ja gegen Mose und das Alte Testament gesagt habe (in Wahrheit steht es im 3. Buch Mose, und Jesus zitiert es in voller Übereinstimmung mit seinem pharisäischen Gesprächspartner als die gemeinsame Basis), da möchte man die Psalmen (und vor allem den 23. Psalm) gern zum Neuen Testament rechnen, während man umgekehrt (den Test habe ich mehrfach gemacht) bestimmte Gewalt- und Racheworte des Neuen Testaments selbstverständlich dem Alten zuordnen will.

Man könnte Stunden damit füllen, die Standard-Clichés in diesen Fragen auch nur aufzuführen – und Wochen, sie aufzuklären und zu beseitigen. Allerdings zeigen sich gerade bei diesem notwendigen Geschäft oft die Grenzen der Aufklärung, denn Vorurteile haben nun einmal den großen „Vorzug", das eigene Denken und die eigene Wahrnehmung nicht nur zu steuern, sondern auch zu ersetzen.

Wir haben noch einiges vor heute abend, und deshalb möchte ich mich bei diesen Zerrbildern nicht zu lange aufhalten. Sie mußten aber erwähnt werden, um die Problematik anzudeuten, die sich mit dem – *so* verstehbaren und oft *so* verstandenen – Begriff „Altes Testament" verbinden. In den letzten Jahren ist die Sensibilität für diese Frage spürbar gewachsen (in vielen Gemeinden, in Synoden und Kirchenleitungen und auch in manchen Hochschulen). Die Hauptvorlage, in deren Zusammenhang wir heute hier zusammen sind, ist ihrerseits ein Zeichen für diese gewachsene Sensibilität. In voller Übereinstimmung mit der entsprechenden Passage der Hauptvorlage (S.43) möchte ich deshalb auf eine Frage antworten, die sich nach den Ausführungen zur Problematik der Bezeichnung „Altes Testament" wie selbstverständlich ergibt, die Frage nämlich, wie wir denn angesichts dieser Problematik diesen ersten Teil der christlichen Bibel nennen sollten.

Da die Hinweise in der Hauptvorlage notwendigerweise sehr knapp sind, möchte ich dazu eine etwas ausführlichere Bemerkung machen (weiteres könnte in der Diskussion zur Sprache kommen). Es geht darum (ich zitiere aus der Hauptvorlage, S. 43) „es lebendig im Bewußtsein zu halten, daß der erste Teil der christlichen Bibel zuvor dem Judentum gehörte und es auch weiterhin tut", sowie darum, daß das „Alte Testament" (ebd.) „nicht als ‚veraltet' begriffen werden" (darf) „‚ als wäre das ‚alte Testament' bloße Vorstufe und Vorankündigung dessen, was erst im ‚Neuen Testament' erfüllt oder gar übertroffen und überwunden wäre". *Mit* den Verfasserinnen und Verfassern der Hauptvorlage meine ich, daß es keinen anderen Begriff (anstelle der Bezeichnung „Altes Testament") gibt, der das alles hinreichend bezeichnet. Schauen wir die als Alternativen vorgeschlagenen und oft schon gebrauchten Begriffe kurz an:

Die Bezeichnung „Hebräische Bibel" ist geeignet, darauf aufmerksam zu machen, daß dieser Teil unserer christlichen Bibel die Bibel Israels war und ist. Sie ist aber hinsichtlich des Wortes „hebräisch" als Sprachbezeichnung zugleich unscharf, insofern als es im Alten Testament Abschnitte gibt, die nicht in *hebräischer*, sondern in *aramäischer* Sprache abgefaßt sind (Teile des Daniel- und des Esrabuches), und insofern, als die Rede von der „Hebräischen Bibel" als Fortsetzung die von der „Griechischen Bibel" für das „Neue Testament" nahe legt, wobei sich das Problem ergibt, daß auch die in wichtigen Teilen des Judentums verbreitete Septuaginta, die griechische Übersetzung des „Alten Testaments" eine „griechische Bibel" ist.

Die Bezeichnung „Jüdische Bibel" für das Alte Testament ist ebenso richtig und problematisch zugleich. Sie könnte nahelegen, daß dieser Teil der Bibel eben jüdisch sei und für Christinnen und Christen keine oder weniger Bedeutung habe.

Recht große Zustimmung hat der Vorschlag erfahren, statt vom „Alten" vom „Ersten Testament" zu sprechen, um dem Mißklang von „alt" als „veraltet, überholt" zu wehren. Aber das angedeutete Problem eines juristischen Verständnisses von „Testament" bleibt auch hier, denn wie ein neues ein altes Testament ungültig macht, so auch ein zweites ein erstes. Zudem legt das Zahlwort nahe, als könne man auch weiterzählen und über ein zweites hinaus ein drittes oder weiteres „Testament" für möglich halten.

Viel spricht dafür, *die* Bezeichnung zu gebrauchen, die im Neuen Testament selbst die Schriften meint, die „unser" Altes Testament" bilden, nämlich das Wort „Schrift" beziehungsweise „Schriften". Aber dann müßte man – jedenfalls gegenwärtig –, um richtig verstanden zu werden, hinzufügen, daß man mit dem Wort „Schrift" nicht „unsere" Bibel meine, sondern deren ersten Teil, die Bibel Jesu, des Paulus und der übrigen neutestamentlichen Zeuginnen und Zeugen – und also brauchte man als Zusatzerklärung wiederum Bezeichnungen wie „Altes Testament", „Hebräische Bibel" und so weiter.

In dieser etwas komplizierten Situation halte ich es (mit der Hauptvorlage) für richtig, „mehrere Begriffe nebeneinander zu gebrauchen und diesen Gebrauch einzuüben"(ebd.). Gerade eine Vielfalt der Bezeichnungen (Altes Testament/Schrift, Schriften/Hebräische Bibel/Erstes Testament/ Jüdische Bibel) könnte das Bewußtsein dafür wach halten, daß dieser Teil zu unserer christlichen Bibel gehört und doch nicht uns gehört, daß er in der christlichen Bibel eine Ergänzung durch das „Neue Testament" erfahren hat und doch ohne diese besondere christliche Weiterführung nicht etwa unvollständig oder defizitär ist. Deshalb (und überhaupt im Mißtrauen gegen *jede verordnete Eindeutigkeit*) halte ich einen wechselnden, je das zu Betonende hervorhebenden (und deshalb je zu bedenkenden) Sprachgebrauch für richtiger als die Suche nach einer neuen verbindlichen Terminologie.

Die Frage nach dem Sprachgebrauch hat uns, so hoffe ich, mitten ins Thema geführt. Denn „als Christen das Alte Testament/die Hebräische Bibel/die Schrift (zu) lesen", fordert, sie in eben der genannten doppelten Weise wahrzunehmen, als etwas, das zu uns gehört, aber nicht uns gehört, als Grund des Glaubens Jesu, des Neuen Testaments und der frühen Gemeinden *und* als bleibende Bibel Israels, als „alt" *und* gegenwärtig.

Wie sieht eine solche Lektüre des „Alten Testaments" aus, wenn wir sie auf den erstgenannten Titel meines Referats beziehen, auf die Frage nach dem Volk Gottes und den Völkern in der Perspektive der Hebräischen Bibel, der „Schrift"?

Bevor ich in einem zweiten Teil meines Referats dieser Frage nachgehen werde, möchte ich eine Zwischenbemerkung machen. Ich habe mich einigermaßen ausführlich zu einem auf den ersten Blick nur terminologischen

Problem geäußert, nämlich der Bezeichnung „Altes Testament". Auch wenn deutlich geworden sein dürfte, daß es um mehr als eine *Sprach*regelung geht, ja daß eine Sprach*regelung* gerade nicht die Lösung wäre, ist bereits die Problematisierung einer für die meisten Christinnen und Christen so selbstverständlichen Bezeichnung wie „Altes Testament" geeignet, bei manchen Menschen nicht nur Irritation zu erzeugen, sondern aus der Irritation erwachsenden Unmut. Und dann kann man Sätze hören wie den folgenden: „Darf man denn nicht einmal mehr 'Altes Testament' sagen, ohne daß einem jemand eine judenfeindliche Gesinnung unterstellt?"

Tatsächlich gibt es ja in unserem Alltagssprachgebrauch und auch und mehr noch in der Sprache der Kirche Worte, die man nicht mehr in üblicher Weise sagen sollte. Noch immer werden heuchlerische Menschen als „Pharisäer" bezeichnet (die meisten, die so reden, kommen gar nicht auf die Idee, daß sie damit das Judentum – und mit ihm übrigens auch den gerade dieser Gruppe im Judentum besonders nahe stehenden Jesus – beleidigen). Noch immer singen wir Kirchenlieder, in denen wie selbstverständlich die christliche Gemeinde als das „wahre Israel" bezeichnet wird (die meisten, die das singen, kommen gar nicht auf die Idee, daß sie damit dem realen Israel – dem biblischen und dem gegenwärtigen – bestreiten, „wahres" Israel zu sein). Diese faktische Leugnung der Fortexistenz Israels hat nicht zwangsläufig zum Versuch der Auslöschung des jüdischen Volkes durch Nazi-Deutschland geführt; es gibt keinen *automatischen* Weg vom christlichen Antijudaismus zu Auschwitz, aber es gibt einen *Weg* vom einen zum anderen, und diese Geschichte macht in Deutschland auch die theologischen Fragen zu so lastenden und dramatischen.

Gerade bei den Menschen, die, darauf aufmerksam gemacht und selbst aufmerksam geworden, der Problematik ansichtig werden, kommt es dann nicht selten zu einer aus Verlegenheit und schlechtem Gewissen gebildeten Scheu, überhaupt noch etwas zum Thema „Christen und Juden" zu sagen, weil man ja nicht wieder etwas Falsches sagen will. Und dann gerinnt gerade dieses Thema zu einem permanenten Verbotsschild, das einem immer wieder einschärft, was man alles nicht tun, nicht sagen, nicht denken darf.

Ich möchte mit dem, was ich Ihnen heute abend vortrage, nicht (jedenfalls keinesfalls vor allem) solche Verbotsschilder aufstellen. Gewiß ist es so, daß wir uns als Christinnen und Christen und dann noch einmal als Deutsche der christlich-jüdischen und der deutsch-jüdischen Geschichte nicht unbefangen nähern können. Gewiß gehören Schuld und Scham für uns unauflöslich zum Bedenken und Gedenken dieser Geschichte hinzu. Die Wahrnehmung Israels in der christlichen Geschichte, auch und gerade in der Geschichte der christlichen Bibellektüre, ist von Verstellungen, Verzerrungen und Verfälschungen durchzogen. Es bleibt eine Aufgabe, diese Verzerrungen, wenn wir sie auch nicht ungeschehen machen können, wenigstens nicht fortzusetzen. Und dabei gibt es eben auch vieles, das wir *verlernen* sollten, so nicht weiter sagen (und nicht weitersagen) sollten. Aber dabei soll das andere nicht unterschlagen werden. Denn ebenso, wie man auf Sprach- und Denkfiguren stößt, die sich nicht fortsetzen sollten, findet man, wenn man sich auf das Thema einläßt, ganz neue Möglichkeiten. In einer Perspektive, die Israel wahr-nimmt, werden Linien und Chancen erkennbar, die nicht zur Reduktion und Verarmung „unseres" Glaubens führen, sondern zu unerwarteter Bereicherung. Und dann geht es nicht mehr nur um das, was wir nicht mehr sagen sollten, sondern auch um das, was wir jetzt neu sagen können. Viele Menschen, die sich wie ich hauptberuflich mit Bibelauslegung befassen, haben in der Wahrnehmung Israels und des Reichtums jüdischen Bibellesens ganz neue Welten entdeckt. Um diesen Reichtum, diese neuen Entdeckungsmöglichkeiten und die daraus resultierenden Möglichkeiten des Dialogs zwischen jüdischen Menschen und uns als Menschen als den Völkern geht es ebenso wie um die notwendigen Korrekturen.

Bei einer Entdeckungsreise in ein noch unbekanntes Gebiet darf man sich wundern und darf auch zeigen, daß einem vieles fremd ist. Wer aber in fremden Gebieten immer nur das sehen will, was er schon kennt, soll sich nicht wundern, wenn er nichts zu entdecken findet.

II.

Nähern wir uns nun der in der ersten Überschrift genannten Frage nach dem Verhältnis von Volk und Völkern in der Hebräischen Bibel. Gerade eben habe ich bereits in einer Formulierung einen zentralen Punkt benannt, indem ich von jüdischen Menschen und von Menschen aus den

Völkern sprach und in die letzteren auch mich als Christen und als Deutschen eingeschlossen habe.

Ich muß wiederum einsetzen bei einem Sprachgebrauch, nämlich den der uns geläufigen Bibelübersetzungen. Sowohl das hebräische Wort *gojim* als auch das entsprechende griechische Wort *ethne* wurde in den älteren Übersetzungen durchweg, in den neueren (z.B. der revidierten Luther-Bibel) oft (in der Zürcher Bibel seltener) mit dem Wort „Heiden" wiedergegeben. Nun dürfte das Wort „Heiden" in unserem aktiven Sprachgebrauch nicht mehr oft vorkommen (am häufigsten noch in der gelegentlichen Selbstbezeichnung von Menschen, die ein wenig spöttisch sich selbst als „Heide" bezeichnen, um damit auszudrücken, daß sie sich keiner Kirche zugehörig fühlen). Aber wenn wir fragen, was ein Heide sei, so werden wir wie selbstverständlich die Antwort bekommen, ein Heide sei einer, der, eine die nicht christlich, nicht getauft sei. Es gibt eben Christen und Heiden. Zuweilen nimmt man (bewußt oder unbewußt) die Angehörigen der großen Religionen (Juden, Muslime, womöglich Hindus und Buddhisten) vom Heidenbegriff aus, womit er dann vorchristlichen Religionen (die heidnischen Germanen z.B.) oder sogenannten „Naturreligionen" vorbehalten bleibt, von deren „heidnischen Bräuchen" die Rede sein kann. „Heidnisch" bedeutet dann auch so etwas wie „unzivilisiert". Und dann gibt es noch den Wortgebrauch, der als „heidnisch" bestimmte Formen der säkularen Welt bezeichnen könnte, etwa die Mißachtung kirchlicher Feiertage und Gebräuche (man spricht dann vom „Neuheidentum").

Aber welche Nuance des Wortgebrauchs von „Heide" und „heidnisch" man auch zugrunde legen will, kaum jemand käme auf die Idee, bekennende Christinnen und Christen in Deutschland unter die Heiden zu rechnen. Wenn man in den deutschen Bibel von „Heiden" liest oder wenn im Gottesdienst bei der Bibellesung von „Heiden" die Rede ist, wird man sich also keinesfalls selbst als gemeint erkennen. Und wenn ein solcher Bibeltext vom „Volk Gottes" im Gegensatz zu den „Heiden" spricht, dann wird man wie selbstverständlich sich selbst beziehungsweise der christlichen Gemeinde einen Ort im „Volk Gottes" zuweisen und in den Heiden – was immer, jedenfalls die anderen erkennen. Im biblischen (alt- *und* neutestamentlichen) Sprachgebrauch jedoch sind die *gojim* beziehungsweise *ethne* schlicht die nichtjüdischen Völker. Von „den Völkern" statt von „den

Heiden" zu sprechen, ist deshalb nicht nur höflicher, sondern richtig und es macht deutlich – das ist das entscheidende –, daß wir (als Christinnen und Christen, als Deutsche) allzumal zu den Völkern gehören. Menschen aus den Völkern, die sich in der Folge der Verkündigung Jesu und vor allem der Mission des Paulus zum lebendigen Gott, nämlich dem Gott Israels bekannten und bekennen, bleiben deshalb Menschen aus den Völkern (wenn man so will: Sie bleiben Heiden).

Diese Klärung hat viele Folgen. Eine möchte ich benennen, obwohl sie heute nicht unser eigentliches Thema ist. Der Missions- und Taufbefehl am Ende des Matthäusevangeliums fordert die Jünger auf:

„Darum gehet hin und macht zu Jüngern alle Völker: Taufet sie auf den Namen des Vaters und des Sohnes und des heiligen Geistes ...!"

Die Worte „alle Völker" bezeichnen alle nichtjüdischen Völker. Schon deshalb kann aus diesem Wort gerade nicht die Judenmission abgeleitet werden. Es gibt noch andere Gründe, warum Christinnen und Christen und allemale Deutsche nicht dazu berufen sind, jüdische Menschen zu missionieren. Aber gerade der Missions- und Taufbefehl im Neuen Testament selbst hat das jüdische Volk nicht im Blick. Auch auf diesen Aspekt unseres Themas wollte ich wenigstens kurz und klar verweisen.

Was bedeutet diese Wahrnehmung für eine christliche Lektüre des Alten Testaments, der Hebräischen Bibel? Zunächst einmal: Wir (Christinnen und Christen) sind nicht die ersten und nicht die unmittelbaren Adressaten der Hebräischen Bibel, und auch als zweite und als solche *legitime* Leserinnen und Leser sind wir nicht die Hauptpersonen. Das heißt aber nicht, daß wir als Menschen aus den Völkern nicht vorkämen in diesem Teil der Bibel. Gerade dann, wenn wir lernen, uns nicht an die Stelle Israels zu setzen, als wären wir die eigentlich gemeinten, das „wahre Israel", als hätte die Kirche Israel beerbt (wie wenn Israel tot wäre), gerade dann eröffnen sich Perspektiven, in denen wir uns nicht als die ersten und eigentlichen Adressaten, wohl aber als mit angesprochene und mit gemeinte Adressatinnen und Adressaten erkennen dürfen. Und wir werden dann auch zunehmend erkennen, daß und wie das Thema des Verhältnisses zwischen Israel als dem Volk Gottes und den nichtjüdischen Völkern und ihrem Zugang zum Gott Israels und Vater Jesu Christi ein entscheidendes Thema des Alten Testaments ist. Es ist die Wahrnehmung, daß wir nicht

Israel sind und auch nicht an Israels Stelle getreten sind, die uns die weitere Wahrnehmung eröffnet, daß wir gerade als Menschen aus den Völkern im Alten Testament einen wichtigen Ort haben.

Und nun müßten wir eigentlich von dieser Perspektive her die ganze Hebräische Bibel, das ganze Alte Testament miteinander lesen und diskutieren, uns unsere Beobachtungen und Überlegungen mitteilen. An *einem* Abend ist es allenfalls möglich, einige wenige Hinweise zu geben. Darum will ich mich nun an Beispielen bemühen.

III.

Die Jüdische Bibel hat – vom Anfang an – eine doppelte Perspektive, eine universale, die ganze Welt und alle Menschen in den Blick nehmende und eine partikulare, auf Israel als das erwählte Volk Gottes bezogene. Diese beiden Perspektiven durchdringen einander. Die „Schrift" beginnt mit der Erzählung von der Weltschöpfung. Da sind „Himmel und Erde", da ist die ganze Welt als von Gott erschaffen bekannt. Gott, der die ganze Welt erschuf, ist der Gott Israels. Aber im Unterschied zu den Schöpfungsmythen der meisten Völker ist der erste Mensch, der nach dem Zeugnis der Bibel erschaffen wurde, nicht der Repräsentant des erzählenden Volkes (in griechischen Mythen ist der erste Mensch Grieche [bzw. noch differenzierter Dorer oder Jonier], in sumerischen Mythen ist der erste Mensch Sumerer, in philippinischen ist der erste richtige Mensch ... nun: der Schöpfergott ist hier ein Bäcker, der nach zwei Fehlversuchen, bei denen er die gebackenen Menschen zuerst anbrennen ließ – die Schwarzen –, um dann die zweiten zu früh aus dem Ofen zu holen – *uns*, die nicht richtig durchgebackenen Weißen –, um erst bei der dritten „Ladung" die richtig geratenen – und nun bezeichnenderweise nicht allgemein „Gelben", sondern die Philippinen zu machen.

Anders in der „Schrift": Der erste Mensch ist kein Israelit (auch kein „Mann"), sondern *adam* – der Mensch, das Gattungswesen „Mensch". Dieser universale Einsatz der Bibel kann nicht genug beachtet werden. Warum, so fragen die Rabbinen, stammen alle Menschen von einem ab? Und die Antwort lautet: Damit nicht einer sagen kann: Mein Vater war größer als dein Vater. Und in der Debatte um das größte aller Gebote verweist Rabbi Akiva auf das Gebot der Nächstenliebe, Ben Asai aber sagt, es gebe noch ein Gebot, das größer sei als dieses, nämlich der Satz in 1. Mose 5, wonach Adam Seth nach seinem Bilde zeugte und Seth damit nach dem Bild Gottes gezeugt wurde – und mit ihm alle Menschen. Die Gottebenbildlichkeit einer jeden, eines jeden, die und der Menschenantlitz trägt ist die letzte und vielleicht letztlich einzig tragende Begründung der unteilbaren Menschenwürde und der Menschenrechte. Das alles ergibt sich aus der universalen Perspektive der Jüdischen Bibel.

Ein weiteres großes Thema der biblischen Urgeschichte ist die universale Flut, zugleich Vernichtung wie Fortsetzung und Neubeginn der Menschheitsgeschichte. Mit den Überlebenden schließt Gott einen Bund, den Bund mit Noah und seinen Nachkommen. Dieser erste in der Bibel erzählte Bund, dessen Zeichen Gottes Bogen in den Wolken ist (ein zum Regenbogen umgerüsteter Kriegsbogen, eine Art „Schwerter-zu-Pflugscharen-Motiv") ist ein Bund mit allen Menschen. Zu ihm gehören die noachidischen Gebote, in die man den Text von 1. Mose 9 verdichtet hat. Es sind die Wahrung des Rechtsprinzips, die Meidung des Götzendienstes und der Gottesleugnung, das Verbot von Mord, Diebstahl und Unzucht sowie der Grausamkeit gegenüber Tieren. Diese sieben Gebote sind in bestimmter Hinsicht einem Naturrecht vergleichbar, dem, woran alle Menschen sich halten sollen – unabhängig von ihrer jeweiligen Kultur, Religion, Sprache, Herkunft, Sozialisation. Auch hier eine universale, die Menschheit als ganze betreffende Perspektive und Zielrichtung – in diesen Bund sind alle Völker eingeschlossen. Denn die Völker stammen in der biblischen Darstellung (wie gleich im folgenden Kapitel 1. Mose 10 erzählt wird) von den Noahsöhnen ab und entfalten und differenzieren sich.

Dann aber gibt es, folgen wir den biblischen Erzählungen, einen Versuch der Herstellung einer anderen Einheit von Menschen und Menschheit, den Versuch der Errichtung eines allumfassenden, alle Unterschiede zwischen Menschen gewaltsam einebnenden Einheitsreiches, wie es sich in 1. Mose 11 in der Geschichte vom Babylonischen Turm manifestiert. Gegen diese Einheit stellt Gott die bereits im vorangehenden Kapitel erzählte Vielfalt der Völker und Sprachen wieder her. Multikulturalität und Vielfalt von Völkern, Sprachen und Kulturen sind daher keine Strafe Gottes, sondern die gewollte Folge seines Eingreifens, seiner Verhinderung eines Einheitsreiches, des Prinzips – fast möchte man sagen: – „Ein Volk, ein Reich, ein Führer".

Mit der am Ende der Urgeschichte erfolgten Differenzierung der Menschheit in verschiedene Völker, Sprachen und Kulturen aber ergibt sich neu die Frage nach einem besonderen Volk, dem Volk Gottes. Noch tritt es nicht direkt auf (erst im 2. Mosebuch wird Israel als Volk genannt), aber die in 1. Mose 12 beginnende Geschichte Abrahams und dann die der weiteren Erzväter und -mütter führt hin zur Geschichte Israels. Abraham zieht aus aus den Zentren der Hochkultur, die jüdische Überlieferung läßt ihn nicht mitmachen beim Bau des Turms von Babel. Abraham zieht aus in ein Land, das Gott ihm zeigen will. Damit beginnt die besondere Geschichte, die mit der universalen nicht mehr in eins fällt. Aber gleich beim Beginn, in den allerersten Versen der Abra(ha)m-Geschichte(n) geht es um das Verhältnis zwischen dem Volk, zu dem Abraham werden soll und wird, und den Völkern. Diese Verse (1. Mose 12, 1-3) sind für unser Thema von größter Bedeutung. Ich lese sie in einer um Genauigkeit bemühten Übersetzung (wobei ich nicht verschweigen will, daß es um die grammatische und damit sachliche Auffassung eines wichtigen Wortes einen ausführlichen und noch nicht abgeschlossenen Disput der Exegetinnen und Exegeten gibt):

Und es sprach Adonaj (Gott) zu Abram:
„Geh für dich aus deinem Land und aus deiner Verwandtschaft und
aus dem Haus deines Vaters
in ein Land, das ich dich werde sehen lassen!
Und ich will dich machen zu einem großen Volk,
und ich will dich segnen und will groß machen deinen Namen,
und sei du ein Segen!
Und segnen will ich die, die dich segnen,
und die dich geringschätzig behandeln, will ich verfluchen;
und es sollen sich segnen lassen in dir alle Sippen des Erdbodens!"

Es ist kein Zufall, daß an der Schnittstelle zwischen der Geschichte der ganzen Menschheit einerseits und der besonderen Geschichte Abrahams, der Abrahamkinder und des Volkes Israel andererseits, an der Schnittstelle zwischen universaler und partikularer Geschichte das Verhältnis zwischen dem Volk und den Völkern zum Thema wird. Abrahams Volk heißt hier *goj*, im Hebräischen das Wort für ein Volk in Relation zu anderen Völkern. Die Beziehung zwischen dem Volk, zu dem Abraham werden wird, und den (anderen) Völkern ist formuliert in engster Verbindung mit dem Stichwort „Segen". Abraham sei ein Segen (das ist ein Wort, das Realität bewirkt), und *in* beziehungsweise *mit* Abraham sollen sich, können sich die Völker segnen lassen, mitgesegnet sein. Diese letzte Wendung des Abschnitts hat zu den angedeuteten unterschiedlichen Beurteilungen der Auslegerinnen und Ausleger geführt. Während die eine Position in Abraham einen Segensmittler sieht (die entscheidende Aussage wäre dann die, daß Abrahams Segen sich gleichsam auf die Völker ausdehnt, bei ihnen ankommt und darin sein Ziel erreicht), besteht die andere darauf, daß der Segen allein Israels Segen ist, daß Abraham hier lediglich als ein besonders, geradezu paradigmatisch gesegneter Mensch erscheint (ausgedrückt wäre dann der Wunsch anderer, *so* gesegnet zu sein wie Abraham). In letzter Zeit gewinnt eine vermittelnde Position an Plausibilität, derzufolge es auf beides ankommt, darauf, daß Abraham und sein Volk, das Volk Israel, gesegnet ist und bleibt, daß der Segen für Israel nicht instrumentalisiert werden darf, als habe er den *Zweck*, andere Völker zu erreichen, daß aber andererseits wahrzunehmen ist, daß in, mit und durch Abraham und Israel auch die anderen Völker Anteil haben können, daß sie, daß wir „mitgesegnet mit Israel" sind, wie es *M. Frettlöh* in ihrem Buch „Theologie des Segens" herausgearbeitet hat.

Allerdings geht diesem Satz in 1. Mose 12 ein anderer voraus. „Und segnen will ich die, die dich segnen, und die dich geringschätzig behandeln, will ich verfluchen." Mit diesem Satz bindet Gott selbst sich in seinem Verhalten gegenüber den Völkern daran, wie sie sich verhalten gegenüber dem Volk, zu dem Abraham werden wird. Einen Menschen, eine Sippe, ein Volk, die Abraham segnen, wird Gott segnen; und wer Abraham verflucht, gering achtet, wörtlich: leicht nimmt, den wird Gott verfluchen. Während der Segen je mit demselben Verb bezeichnet wird, finden sich im anderen Satzteil zwei Verben, die fluchen bedeuten, wobei Gott den Fluch noch mit einem womöglich noch substanzielleren beantworten wird.

Völker und Menschen aus den Völkern kommen also sehr deutlich in den Blick in diesen ersten Worten an Abra(ha)m. Sie sind in dieser Bestimmung mit hineingenommen in die Beziehung zwischen Gott und Abra(ha)m, dem Gott Israels und dem Volk Israel. Aber sie kommen nur vor in diesem Mit-hineingenommen-Sein, nicht außerhalb der Beziehung zwischen Gott und Abraham – und erst recht nicht so, daß sie sich an die Stelle Abrahams und seiner Kinder setzen könnten.

Gott schließt auch mit Abraham einen Bund. Der Abrahambund ist nicht wie der Noahbund einer, der mit der ganzen Menschheit geschlossen wird und dessen Verpflichtung alle Menschen bindet, und er ist andererseits nicht wie der Mosebund einer, der allein mit dem Volk Israel geschlossen wird und dessen Verpflichtungen Israel bindet. In der Frage, ob es sich dabei um mehrere Bünde handelt oder um verschiedenen Formen letztlich einen Bundes, wird zur Zeit mit verschiedenen Konzepten diskutiert. Es handelt sich dabei um einen der vielen Punkte, bei denen die in der alttestamentlichen Wissenschaft endlich erfolgte Wahrnehmung Israels – des biblischen, des geschichtlichen und des gegenwärtigen Israel – zu vielen Entdeckungen und neuen Fragen führt, die noch nicht zu fertigen Ergebnissen geronnen sind. Vielleicht muß man noch viel grundsätzlicher sagen: Ein Christentum und eine christliche Theologie, die nicht von der Absetzung vom Judentum, wenn nicht der Judenfeindschaft „lebt", ist etwas, das es noch zu entdecken und zu formulieren gilt. So vorläufig und zum Teil auch so umstritten das ist, was wir da zu formulieren versuchen – eines ist gewiß: Ein solches Christentum, eine solche Theologie erst könnte sich auf die Bibel (das Alte *und* das Neue Testament) gründen.

Eher tastend möchte ich deshalb eine Frage anschließen. Kinder Abrahams sind nicht nur Isaak, sondern auch Ismael und die Kinder der Ketura; Nachkommen Abrahams sind nicht nur Jakob, der den Namen Israel bekommt und zum Vater der Stämme Israels wird, sondern auch Esau. Gehören, so läßt sich von daher fragen, zu den Kindern Abrahams nicht auch die arabischen Völker? In der biblischen Perspektive ist die Linie Abraham – Israel die entscheidende; aber die anderen Linien sind in der Bibel mitgenannt. Die besondere Beziehung der abrahamitischen Religionen (Judentum, Christentum und Islam) könnte jedenfalls an die Abrahamgeschichten und den Abrahamsegen anknüpfen, wobei wir dazu sagen sollten, daß die muslimische Abrahambeziehung dichter sein dürfte als die christliche. Man könnte Abraham an einem Ort zwischen Noah und Mose, in bestimmter Hinsicht zwischen Menschheitsgeschichte und besonderer Geschichte allein des Gottesvolkes Israel sehen. Die Einzigartigkeit Israels wäre von einer solchen Perspektive nicht bedroht, wenn sie denn nicht (wie es bei manchen gegenwärtigen „Trialogprojekten" nach meinem Eindruck sein könnte) dazu instrumentalisiert werden könnte, eben die Einzigartigkeit Israels auflösen zu *sollen*. Dagegen freilich müßte man an einige sehr schlichte und sehr fundamentale Tatsachen erinnern, daran, daß Jesus Jude war, und daran, daß der Gott, zu dem Menschen aus den Völkern durch die Botschaft Jesu und die Mission des Paulus Zugang finden konnten, der Gott Israels war und ist.

Gott schließt den Bund mit Mose, mit dem Volk Israel. Ein Element dieses Bundes und der mit ihm verbundenen Tora sind die „Zehn Worte" (Zehn Gebote). Lange nahm man an, daß diese „Zehn Gebote" eine Art Leitfaden universaler Ethik seien, die, so hat es *Thomas Mann* einmal formuliert, „Quintessenz des Menschenanstandes". Nun hat der Bielefelder Alttestamentler *Frank Crüsemann* in einem sehr wichtigen Buch über den Dekalog herausgearbeitet, daß es sich bei den „Zehn Geboten" keineswegs um das Konzentrat der gesamten alttestamentlichen Ethik handelt, sondern um einen durch einen genau begrenzten Adressaten- und Themenkreis bestimmten Entwurf des ethischen Verhaltens freier und nicht unvermögender Männer in ihrem Verhältnis zueinander. Was diesen Gegenstandsbereich angeht, sind die „Zehn Gebote" grundlegend, aber es gibt andere Themen der Ethik, die in ihnen nicht vorkommen und die gleichwohl zentral sind in der alttestamentlichen Ethik (ich nenne nur das Verhalten gegenüber Schwächeren im allgemeinen und den Fremden im besonderen und die Frage der politischen Ethik). Insofern überwiegt bei den „Zehn Geboten" in mehrfacher Hinsicht das Partikulare, das Besondere.

Aber (auch darauf hat Crüsemann aufmerksam gemacht) gleichwohl ist auch und gerade mit den „Zehn Geboten" ein universaler Aspekt verbunden, einer, der nicht den Inhalt, sondern die kommunikative Situation betrifft. Denn nach biblischem Zeugnis sind einzig diese Gebote von Gott selbst – ohne Vermittlung des Mose – verkündet worden. Die jüdische Überlieferung verstärkt diese Besonderheit dadurch, daß sie lehrt, als Gott die „Zehn Worte" sprach, habe die gesamte Schöpfung geschwiegen, und die Worte seien in allen bekannten Sprachen der Welt erklungen. Wieder finden wir das Besondere und das Universale, das Volk und die Völker, den einzigartigen Bezug zu Israel und die Menschheitsperspektive in enger Verbindung.

Wiederum können wir erkennen, daß nicht wir – wir Christinnen und Christen nicht und wir Deutsche nicht – die Hauptpersonen sind bei diesem Geschehen, am Sinai schon gar nicht, aber daß wir uns dennoch mit hinein nehmen lassen können in die Worte der Jüdischen Bibel. Nicht daß sie zuerst und vor allem uns gesagt wären, sondern so, daß wir – wie wenn die „Zehn Worte" zu Israel gesagt sind, aber in allen Sprachen der Welt erklingen – auf das hören, was Israel gesagt ist und uns das – *so* – *auch* sagen lassen. Deshalb ist es richtig, daß die „Zehn Gebote" in den Katechismen stehen (nicht richtig ist es allerdings, daß sich von daher die Vorstellung entwickelte, sie seien vor allem den Kindern gesagt und dienten als Erziehungsmittel für Heranwachsende ...)

IV.

Wir sind bei unserem Durchgang durch einige wichtige Stationen der Hebräischen Bibel im Blick auf unser Thema noch fast am Anfang, aber unsere Zeit nähert sich schon langsam dem Ende. Nur weniges konnte und kann angesprochen werden, aber ich hoffe, daß sich die Bedeutung des Perspektivenwechsels zeigt, der dann erfolgt, wenn wir uns als Leserinnen und Leser des Alten Testaments nicht länger an die Stelle Israels setzen und gerade dadurch als Menschen aus den Völkern unseren Ort in diesem Buch finden können. Lassen Sie mich das nun im Blick auf weitere Bücher und Themen der Hebräischen Bibel wenigstens andeuten. Es gibt noch viel zu entdecken.

Da sind die Propheten Israels. Sie wandten sich in ihren Worten und Zeichenhandlungen an ihr Volk, aber wiederum kommen die Völker als Mit-Adressaten in den Blick.

Jeremia wird berufen zum Propheten für die Völker (Jer 1, 10), noch bevor seine besondere Sendung für Israel zum Thema wird. Der universale Anspruch dieser Prophetie bildet den Rahmen für die besondere Aufgabe, die Jeremia in und an seinem Volk wahrzunehmen hat. Da ist der Prophet Jona, der es lernen muß, daß sein Bekenntnis zu Gott als dem Schöpfer Gottes Liebe und Fürsorge noch für Ninive, die böse Stadt, einschließen muß.

Und da ist Jesaja und sein Buch (das zu dem einen Jesajabuch weitergeschrieben wurde in späteren Phasen der Geschichte des Gottesvolkes, im Exil und darüber hinaus). Im Jesajabuch kommen die Völker immer wieder in den Blick In Jes 19 kann sogar im Blick auf Ägypten und Assyrien von „meinem Volk" die Rede sein. Und an mehreren Stellen des Jesajabuches ist von Israel die Rede als dem „Licht der Völker" und dem „Zeichen (Panier) der Völker" (nes'ammim). Die Völkerperspektive wird gerade in diesen Texten sehr deutlich; anders gesagt: wir kommen vor in diesen Worten, wir sind mitgemeint.

Ich möchte jetzt zum Abschluß besonders an einen Text erinnern, der sich im Jesajabuch in Kapitel 2 und in ganz ähnlichen Worten im 4. Kapitel des Michabuches findet.

Ich lese gleich die Fassung des Michabuches, und zwar in der für den kommenden Kirchentag in Stuttgart von einer Gruppe von Exegetinnen und Exegeten gemeinsam erarbeiteten Übersetzung, aber ich möchte zuvor eine Zwischenbemerkung einfügen, die auch mit unserem Thema zu tun hat.

Der Gottesname, der im geschriebenen Bibeltext aus den vier Konsonanten j-h-w-h besteht und der bereits in biblischer Zeit nicht mehr ausgesprochen wurde, ist in der Kirchentagsübersetzung mit dem Wort Adonaj wiedergegeben, einem allein Gott vorbehaltenen Herrentitel, der in jüdischer Tradition an Stelle des Eigennamens des Gottes Israels gesprochen wurde. Im griechischen Neuen Testament wurde der Gottesname durch das Wort „kyrios" wiedergegeben. „Kyrios" konnte aber auch den „Herrn Jesus" meinen – davon leitet sich das Wort *kyriake* – Kirche ab. Kyrios bedeutet „Herr" Wenn nun in deutschen Übersetzungen des Alten Testaments vom „Herrn" die Rede ist, konnten und können bis heute Christinnen und Christen meinen, damit sei der „Herr Jesus" gemeint. Auch das ist – neben manchen anderen Gründen (z.B. dem, daß die Anrede „Herr" heute jedem deutschen Mann zukommt, nicht aber einer Frau, womit Gott – anders als in der Bibel selbst – allein auf die Männlichkeit festgelegt wird), ein Grund, den Gottesnamen nicht mehr oder jedenfalls nicht ausschließlich mit „Herr" wiederzugeben.

Micha 4, 1-7:
In der Zukunft der Tage geschieht's:

Der Berg mit dem Haus Adonajs wird
feststehen als Haupt der Berge,
erhaben wird er sein über die Hügel,
und Völker strömen zu ihm hin.
Viele Nationen gehen und sprechen:
„Kommt, laßt uns hinaufziehen zum Berg Adonajs,
zum Haus von Jakobs Gott,
daß uns Weisung zuteil werde von Gottes Wegen her
und wir gehen wollen in Gottes Pfaden."
Ja, von Zion geht Tora aus
und das Wort Adonajs von Jerusalem.
Gott wird Recht sprechen zwischen vielen Völkern
und mächtige Nationen zurechtweisen
bis zu den fernsten.
Dann schmieden sie ihre Schwerter zu Pflugscharen
und ihre Speere zu Winzermessern.
Nicht mehr erheben sie das Schwert, Nation gegen Nation,
und nicht erlernen sie weiterhin den Krieg.
Dann sitzen die Menschen unter ihren Weinstöcken
und Feigenbäumen, und niemand schreckt sie auf.
Ja, der Mund Adonajs, gebietend über die Kriegsheere,
hat das geredet.
Ja, die Völker gehen,
alle im Namen ihrer Gottheiten.
Wir aber, wir gehen im Namen Adonajs, unseres Gottes,
für immer und auf Dauer.
An jenem Tage, Spruch Adonajs,
will ich aufnehmen die Lahmgeschlagene,
und die Umherirrende will ich einsammeln,
und wem ich Böses tat.
Ich werde machen die Lahmgeschlagene zum Neubeginn,
und die Erschöpfte zu einer mächtigen Nation.
Regieren wird Adonaj über sie
auf dem Berg Zion
von jetzt an und für immer.

Es gäbe vieles zu sagen zu diesem Text. Das Motiv „Schwerter zu Pflugscharen" ist bekannt und spielte eine große Rolle in der Friedensbewegung und bei den Kirchentagen dieser Zeit. Tatsächlich ist die Vision einer anderen als kriegerischen Austragung der Konflikte der Völker, eines Völkerrechts, ebenso gewaltig und hoffnungsvoll – im guten Sinne des Wortes: ebenso utopisch – wie die Erwartung, daß die Völker selbst, statt kriegerisch an den Zion und die Stadt Jerusalem anzurennen, von dort sich Weisung holen und selbst ihre Kriegsgeräte umrüsten zu Werkzeugen produktiver Arbeit. Der weltpolitische Horizont des Textes ist unüberhörbar. Alle Völker – selbst die fernsten, wie es ausdrücklich heißt – sind im Blick; alle sind einbezogen, an alle wendet sich diese Verheißung. Aber wieder ist auch das andere wahrzunehmen: diese Verheißung, dieser Frieden, hat einen Ort: Jerusalem, der Zion. Und das Recht ist kein allgemeines und universales Völkerrecht, sondern die Tora des Gottes Israel. So ist die Verheißung des Micha- und des Jesajabuches auf alle Völker bezogen und doch konzentriert auf Israel, das Gottesvolk, auf Jerusalem, die Gottesstadt, auf den Zion, den Gottesberg.

Wieder kommen das Universale, das Weltbürgerliche, und das Besondere, das einzigartige, nämlich Israel *gemeinsam* in den Blick. Wieder sind „wir" nicht die Hauptpersonen, und doch kommen wir vor, sind wir eingeschlossen in die Verheißung Israels. Nicht, indem wir uns an Israels Stelle setzen, sondern mit auf das hören, das Israel gesagt und verheißen ist. Auf Israel hören – das wird zum Weg, auf dem auch wir vorkommen.

Als Christinnen und Christen das Alte Testament lesen heißt deshalb: auf Israel hören. In der Beziehung auf das Volk kommen die Völker an ihren Ort. Nicht an Stelle Israels, geschweige denn als das „wahre Israel", sondern *mit* Israel. So kann die Hebräische und Jüdische Bibel für uns in legitimer Weise zum Alten, zum Ersten Testament werden, zu dem Teil der christlichen Bibel, der zu uns gehört, aber nicht uns gehört.

Wenn wir manches verlernen, können wir viel lernen.

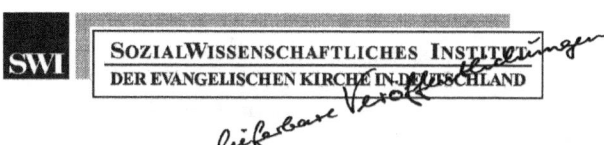

Jürgen Ebach
Theologische Reden, mit denen man keinen Staat machen kann
SWI Verlag Bochum 1989
178 Seiten, ISBN 3-925895-18-3, 12,17 Euro (DM 23,80)

Jürgen Ebach
Biblische Erinnerungen
Theologische Reden zur Zeit
SWI Verlag Bochum 1993
228 Seiten, ISBN 3-925895-41-8, 13,70 Euro (DM 26,80)

Jürgen Ebach
... und behutsam mitgehen mit deinem Gott
Theologische Reden 3
SWI Verlag Bochum 1995
219 Seiten, ISBN 3-925895-53-1, 15,24 Euro (DM 29,80)

Jürgen Ebach
Weil das, was ist, nicht alles ist
Theologische Reden 4
GEP Buch, Frankfurt am Main 1998
308 Seiten, ISBN 3-932194-15-2, 17,39 Euro (DM 34,00)

Günter Brakelmann
Für eine menschlichere Gesellschaft
Band II: Historische und sozialethische Vorträge
SWI Verlag Bochum 2001
348 Seiten, ISBN 3-925895-72-8, 25,00 Euro (49,00 DM)

Martin Huhn, Franz Segbers, Walter Sohn (Hrsg.)
Gerechtigkeit ist unteilbar
KDA-Arbeitshilfe zum Wirtschafts- und Sozialwort der Kirche.
„Für eine Zukunft in Gerechtigkeit"
SWI Verlag Bochum 1997/98 (2. erw. Auflage 1998)
175/195 Seiten, ISBN 3-925895-60-X, 12,78 Euro (DM 25,00)

Frank von Auer, Franz Segbers (Hrsg.)
Gerechtigkeitsfähiges Deutschland
Kirchen und Gewerkschaften gemeinsam für eine Zukunft
in Gerechtigkeit und Solidarität
SWI Verlag Bochum 1998
176 Seiten, ISBN 3-925895-62-0, 5,11 Euro (DM 10,00)

Joachim Weber
Diakonie in Freiheit?
Eine Kritik diakonischen Selbstverständnisses
SWI Verlag Bochum 2001
160 Seiten, ISBN 3925895-70-1, 20,00 Euro (DM 39,12)

Martin Büscher (Hrsg.)
Markt als Schicksal?
Zur Kritik und Überwindung neoliberaler Wirtschafts- und
Gesellschaftspolitik
SWI Verlag Bochum 1998
240 Seiten, ISBN 3-925895-61-2, 19,68 Euro (DM 38,50 DM)

Lutz Finkeldey (Hrsg)
Tausch statt Kaufrausch
SWI Verlag Bochum 1999
281 Seiten, ISBN 3-925895-64-7, 19,68 Euro (DM 38,50)

Klaus Heienbrok, Harry W. Jablonowski (Hrsg.)
Blick zurück nach vorn!
Standpunkte, Analysen, Konzepte zur Zukunftsgestaltung
des Ruhrgebiets
SWI Verlag Bochum 2000
139 Seiten, ISBN 3-925895-66-3, 12,78 Euro (DM 25,00)

Elisabeth Conradi, Sabine Plonz (Hrsg.)
Tätiges Leben
Pluralität und Arbeit im politischen Denken Hannah Arendts
SWI Verlag Bochum 2000
185 Seiten, ISBN 3-925895-69-8, 14,21 Euro (DM 27,80)

Zu beziehen über den Buchhandel

„Man kann nicht
nicht kommunizieren"

PAUL WATZLAWICK

BÖHM & WERBUNG
Besser besser kommunizieren

▶ Ein ganzheitliches Grundverständnis von Kommunikation ist die Basis unserer Arbeit. Von der gemeinsamen Zielsetzung bis hin zur Umsetzung von geeigneten Mitteln und Maßnahmen stehen wir kirchlichen und sozialen Institutionen zur Seite. Rufen Sie Böhm & Werbung in Schladen an: 05335 / 905647 - Hermann-Löns-Str. 10 - 38315 Schladen